中国绿色建筑市场发展报告

China Green Building Market Development Report

黄俊鹏　高雪峰　编著

中国建筑工业出版社

图书在版编目（CIP）数据

中国绿色建筑市场发展报告 = China Green
Building Market Development Report / 黄俊鹏，高雪
峰编著 . —北京：中国建筑工业出版社，2022.3
ISBN 978-7-112-26879-5

Ⅰ.①中… Ⅱ.①黄…②高… Ⅲ.①生态建筑—建
筑市场—研究报告—中国—2020 Ⅳ.① F426.9

中国版本图书馆 CIP 数据核字（2021）第 247186 号

责任编辑：陈 桦 张 健
文字编辑：柏铭泽
责任校对：张 颖

中国绿色建筑市场发展报告
China Green Building Market Development Report
黄俊鹏　高雪峰　编著

*
中国建筑工业出版社出版、发行（北京海淀三里河路 9 号）
各地新华书店、建筑书店经销
北京雅盈中佳图文设计公司制版
北京建筑工业印刷厂印刷
*
开本：787 毫米 ×1092 毫米 1/16 印张：16$\frac{3}{4}$ 字数：344 千字
2022 年 4 月第一版 2022 年 4 月第一次印刷
定价：**79.00** 元
ISBN 978-7-112-26879-5
（38731）

序言一

应对气候变化是世界各国共同面临的重大议题。

2021年10月12日，在《生物多样性公约》第十五次缔约方大会领导人峰会上，习近平主席发表主旨讲话时再次强调，为推动实现碳达峰、碳中和目标，中国将陆续发布重点领域和行业碳达峰实施方案和一系列支撑保障措施，构建起碳达峰、碳中和"1+N"政策体系。[①]

绿色建筑直接影响建筑领域碳达峰碳中和发展进程，对我国碳达峰碳中和目标的实现有重大影响。

绿色建筑是在城镇建设领域践行绿色发展理念、推动形成绿色生产和绿色生活方式，实现"双碳目标"的重要抓手。2020年7月住房和城乡建设部等7部门联合印发《绿色建筑创建行动方案》（建标〔2020〕65号），明确提出，"到2022年，当年城镇新建建筑中绿色建筑面积占比达到70%，星级绿色建筑持续增加，既有建筑能效水平不断提高，住宅健康性能不断完善，装配化建造方式占比稳步提升，绿色建材应用进一步扩大。"

为落实《绿色建筑创建行动方案》，弄清绿色建筑发展中存在的问题，探讨碳达峰碳中和背景下绿色建筑的发展路径，中国房地产业协会委托友绿智库开展绿色建筑发展市场调研。

研究团队经过一年多的调查走访，今年7月6日，《中国绿色建筑市场发展研究报告》（以下简称"报告"）在第十二届中国房地产科学发展论坛上正式发布。

---

① 习近平时间 | 碳达峰碳中和，还看中国"行" [N/OL]. 新华网，2021–10–18. http://www.xinhuanet.com//2021–10/18/c_1211408543.htm.

报告为绿色建筑从业者提供了一份数据相对翔实、内容相对丰富的绿色建筑发展研究资料，具有较好的参考价值，希望今后能有更多的绿色建筑从业者，为绿色建筑发展做出实实在在的贡献，也希望这份报告每年定期发布，如实记录我国绿色建筑事业的进步，准确反映绿色建筑取得的成就，助力绿色建筑事业高质量发展。

中国房地产业协会

陈宜明

2021 年 11 月 4 日

序言二

自从我担任中国绿色建筑与节能专业委员会主任以来，中国的绿色建筑发展取得了巨大的成就。

20 多年的历程，中国的绿色建筑取得了显眼的成绩。截至 2020 年底，全国获得绿色建筑标识的项目累计达到 2.47 万个，建筑面积超过 25.69 亿 m^2，全国城镇累计绿色建筑面积超过 66.45 亿 m^2，2020 年当年绿色建筑占城镇新建民用建筑比例达 77%。

中国绿色建筑不断发展与壮大，在全球范围内产生了一定的影响，这要归功于广大工程技术人员的不懈努力与艰苦工作；归功于高等院校将其列入教育与科研计划，培养出几代人的后备力量；归功于科研单位编制大量标准，进行高水平科研项目的研究；归功于广大建筑施工企业，用工匠精神亲手制造出成千上万的绿色大楼；更要归功于绿色发展的国策与住建部各级领导的持续耕耘。

友绿智库对绿色建筑行业过去 10 多年的发展进行了调研和总结，并在此基础上编制了《中国绿色建筑市场发展研究报告》（以下简称"报告"），工作认真、细致、周密、严谨，有较高的科学性。报告对我国绿色建筑发展的政策及绿色建筑标准，房地产企业的绿色实践、绿色建筑技术服务、绿色建筑产业链以及绿色建筑职业发展状况等主题进行了较为深入的探讨，并给出了建议。

该报告首次以全球视野勾画了世界绿色建筑的市场格局，分析并给出了全球绿色建筑技术趋势和市场规模。根据研究成果，虽然中国绿色建筑面积全球第一，评价标识的数量位居全球第四，但应用的国家或地区却非常少，国际化程度很低。

住房和城乡建设部领导要求中国的绿色建筑走向世界，几年来已在英国、美国、德国、日本、法国建立了中国绿建委事务部，并开展绿色建筑的互评工作，已评或正在过程中的有德国项目、日本项目及英、法、美十几个项目，艰辛地走出了第一步，深入开展还存在很多困难。

2020 年 9 月 22 日，国家领导人在第七十五届联合国大会一般性辩论上发表重要讲话。指出中国将提高国家自主贡献力度，采取更加有力的政策和措施，二氧化碳排放力争于 2030 年前达到峰值，努力争取 2060 年前实现碳中和。

我国建筑业对于实现碳中和至关重要，建筑业的发展应当以生态保护为基础，发展绿色为主旋律，实现低碳为最终目标。

中国的建筑碳排放研究已经走在世界前沿，未来还需要在碳交易、绿色金融助力绿色建筑等领域进行深入的研究与探索。

中国城市科学研究会

绿色建筑与节能专业委员会

2021 年

序言三

过去十多年来，我国的绿色建筑发展取得了举世瞩目的成就。

自 2004 年以来，绿色建筑在我国从无到有，到现在已经成为我国城乡建设的底色。按当前各地住房和城乡建设部门发布的"十四五"规划，预计2025 年我国就能实现新建建筑中绿色建筑 100% 覆盖，其中北京、上海、江苏、浙江、贵州、广东、江西等七大省份在 2022 年就能实现绿色建筑全覆盖。

那么是不是在 2025 年，我们就可以迎来绿色建筑的"终点"呢？

刚刚过去的 2021 年，新冠肺炎依旧肆虐，全球温度持续上升；自然灾害频发，世界动荡不安。第 26 届联合国气候变化大会（COP26）上大卫·爱登堡爵士的呼声言犹在耳，大气 CO_2 浓度还在持续上升。

这一切告诉我们：绿色是一场长征，而我们才刚刚出发。

2020 年，在第七十五届联合国大会一般性辩论上，习近平主席正式提出中国将于 2030 年前实现碳达峰，2060 年前实现碳中和。

"30·60"目标告诉我们，从目前算起，我们离真正的"深绿"还有近40 年。也就是说，当目前的职场主力"70、80"后们都七八十岁时，以碳为衡量标准的绿色建筑才真正实现了。所以，我们过去十多年的绿色建筑实践或成就，最多只是完成了建筑业、房地产业的绿色启蒙，未来的路还很漫长。

气候变化、碳中和是一个全球性议题，任何一个国家、行业、企业和个人，都无法在这一场社会巨变的历史进程中置身事外。

本书将中国的绿色建筑发展历程植入到全球可持续发展的洪流中加以观察，系统地阐述了中国在全球绿色建筑发展进程中的位置，政策环境、市场规模和市场格局、技术和产业发展趋势。

对于中国绿色建筑市场，本书从政策、标准、企业实践、运营、金融、营销、消费、咨询、工具、产业、职业和建议等 12 个方面进行了阐述，是目前国内首个从市场角度全面观察和总结绿色建筑发展现状和趋势的研究成果。

本书在编制过程中得到了众多领导和专家的大力支持，在此表示感谢！

囿于有限的时间和资源，本书在结构和内容上还有诸多不足。课题组将继续关注和记录绿色建筑的发展步伐，紧跟城乡建设领域的碳达峰、碳中和进程，不断完善本研究，定期发布行业观察。

友绿智库

2021 年 11 月 4 日

术语表

绿色建筑 Green Building	在全寿命期内，节约资源、保护环境、减少污染，为人们提供健康、适用、高效的使用空间，最大限度地实现人与自然和谐共生的高质量建筑
被动房 Passive House	在满足规范要求的舒适度和健康标准的前提下，全年供暖通风空调系统的能耗在 0~15kW·h/（m²·a）的范围内、建筑物一次能源总能耗低于 120kW·h/（m²·a）的建筑（含家用电器、热水、制冷，供暖等）
净零能耗建筑 Net Zero Energy Building	全年总能耗量近似等于在现场或在其他地方所生产的可再生能源量的建筑
近零能耗建筑 Nearly Zero Energy Buildings	适应气候特征和场地条件，通过被动式建筑设计最大幅度降低建筑供暖、空调、照明需求，通过主动技术措施最大幅度提高能源设备与系统效率，充分利用可再生能源，以最少的能源消耗提供舒适的室内环境，且其室内环境参数和能效指标是符合标准规定的建筑。建筑能耗水平应较 2016 年国家建筑节能设计标准降低 60%~75%
超低能耗建筑 Urtral Low Energy Buidling	超低能耗建筑是近零能耗建筑的初级表现形式，其室内环境参数与近零能耗建筑相同，能耗指标略低于近零能耗建筑
零能耗建筑 Zero Energy Building	以一次能源为计量单位，其全年能源消耗小于或者等于现场可再生能源系统产生的节能建筑；使用场地外可再生能源电力认证的零能耗建筑被称为绿电零能耗建筑
碳达峰 Peak Carbon Dioxide Emissions	是指某个地区或行业年度二氧化碳（CO_2）排放量达到历史最高值，然后经历平台期进入持续下降的过程，是二氧化碳（CO_2）排放量由增转降的历史拐点，标志着碳排放与经济发展实现脱钩，达峰目标包括达峰年份和峰值
碳中和 Carbon Neutrality	是指企业、组织或个人通过购买符合标准的自愿减排项目产生的减排量并予注销，以抵消自己在一定时间内产生的碳排放总量，从而清除自己的碳足迹
建筑碳排放 Carbon Emission from Buildings	建筑碳排放是指在建材生产、建材运输、建筑施工、建筑运营、建筑维修、建筑拆解、废弃物处理七个环节全生命周期排放的二氧化碳（CO_2）总和。按碳排放源也可分为直接碳排放：指建筑运营阶段直接消费的化石能源带来的碳排放，主要产生于炊事、热水和分散供暖等活动；间接碳排放：指建筑运营阶段消费的电力和热力两大二次能源带来的碳排放，这是建筑运营碳排放的主要来源；隐含碳排放：指建筑施工和建材生产、运输带来的碳排放，也被称为建筑物化碳排放

净零碳建筑 Net Zero Carbon Building	高效节能的建筑所有的能耗都由现场或者场地外的可再生能源提供，以实现建筑运行每年净零碳排放
零碳建筑 Zero Carbon Building	一种高效节能的建筑，在现场生产或购买无碳可再生能源，其数量足以抵消与运营相关的年度碳排放
主动式建筑 Active House	是指在建筑的设计、建造、运营维护的全寿命期内，通过建筑的可感知与可调节能力，实现健康舒适、节约资源与保护环境的综合平衡，促进使用者身心愉悦的一种建筑

目 录

* 标题中加 "*" 内容为本书附加数字内容，请读者扫码或登陆下面网址查看。

http://www.igreen.org/index.php?m=content&c=index&a=lists&catid=165

第1章　绿色建筑概述

1.1　绿色建筑的概念

绿色建筑的发展可以追溯到20世纪60年代的能源危机。提高能源效率和减少环境污染的研究以及当时充满活力的环保运动，这些早期的环保活动是当代绿色建筑理念的启蒙。1992年召开的地球峰会，也称为联合国环境与发展会议（UNCED），通过了《里约环境与发展宣言》，宣言促进了建筑业环保运动的兴起。随着全球第一个绿色建筑评价标准"BREEAM"的颁布实施，在随后的30年里，绿色建筑逐渐发展成一个全球运动。

世界各国对绿色建筑的定义不尽相同，其定义代表了各个国家和地区建筑业的发展状况和各地的资源状况（表1-1）。按照世界绿色建筑委员会的定

表1-1　世界各国对绿色建筑的定义

地区	组织	定义
国际	世界绿色建筑委员会（World Green Building Council，WGBC）	在设计、建造和运营过程中减少或消除负面影响，并可以对我们的气候和自然环境产生积极影响的建筑物
中国	住房和城乡建设部（Ministry of Housing and Urban-Rural Development，MoHURD）	在全寿命期内，节约资源、保护环境、减少污染，为人们提供健康、适用、高效的使用空间，最大限度地实现人与自然和谐共生的高质量建筑
美国	美国环境保护局（Enviromental Protection Agency，EPA）	绿色建筑是从选址设计、施工、运营、维护、装修和拆除整个生命周期中对环境负责的建筑物
美国	美国绿色建筑委员会（U.S.Green Building Council，USGBC）	在规划、设计、建造和运营的过程中，优先考虑能源消耗、用水、室内环境质量、材料使用，以及对场地环境影响的建筑物
英国	建筑研究院（Building Research Establishment，BRE）	绿色建筑是更具可持续性的环境，可以增强在其中生活和工作的人们的福祉，保护自然资源，使资产更具投资吸引力的建筑物
德国	德国可持续发展建筑委员会（Deutsche Gesellschaft für Nachhaltiges Bauen，DGNB）	可持续建筑是有意识地节约资源，最大限度地减少能耗，并保护环境的建筑
欧盟	欧盟委员会（Commission of the European Communities，CEC）	可持续建筑是有助于保护环境，从空间使用和空气质量上提高使用者福祉的建筑

义，绿色建筑是在设计、建造或运营中减少或消除负面影响，并可以对我们的气候和自然环境产生正面影响的建筑物（WGBC2019）。

从上述各个国家和机构对绿色建筑定义的共性可知，绿色建筑是通过节约资源、保护环境，达到提高居住者福祉目的的建筑。

绿色建筑的理念可以应用于所有类型的建筑物，包括住宅、商业、零售和公共设施，如学校和医院，只要它包括上述功能。此外，绿色建筑不仅限于建筑行业，还涉及私营和公共部门的众多利益相关者（表1-2）。

表1-2　绿色建筑行业的利益相关者

主要利益相关者	在绿色建筑产业链中的价值贡献
私营部门	
建筑服务行业参与者	包括建筑、工程、测量、咨询服务提供商，这些提供商在整个建筑项目中实施绿色建筑原则中发挥着关键作用
环境服务商	从规划到设计、建造和运营，为建筑物提供验证和质量保证服务，以确保建筑物在满足环境要求方面的性能
测试和认证服务提供商	提供建筑材料、节能设备和绿色产品的测试和认证服务
建筑材料和建筑系统供应商	提供环保材料和节能设备，以增强建筑物的整体环保性能
房地产开发商/建筑业主	在新建筑物中或在对现有建筑物进行翻新时投资可持续发展的功能
公共部门	
行业协会	促进与环境相关的企业界之间的合作，并将行业意见传达给政府
非政府环境组织/绿色团体	通过组织社区活动提高公众环境意识，充当环境保护政策的监督者
绿色建筑认证机构	建立评级系统并根据环境标准对建筑物进行认证
政府	为绿色建筑发展设定目标，鼓励私营部门获得绿色建筑认证

1.2　绿色建筑的价值

1.2.1　环境效益

节约用水：绿色商业建筑的预期节水量超过所有非住宅用水量的 7%。[1]

---

[1] Re-Assessing Green Building Performance: A Post Occupancy Evaluation of 22 GSA Buildings, KM Fowler etc., Pacific Northwest National Laboratory, 2011.

减少浪费：到2030年，绿色建筑将转移超过5.4亿t垃圾填埋场的废物。[①]

减少机动车的使用频率和行驶里程：绿色建筑的用户通过高效的场地和替代的交通方式节省了近60亿km的行驶路程。[②]

减少污染：绿色建筑有助于减少污染并改善主要工业区的室外空气质量。

绿色建材：遍及全球的绿色建筑认证项目已累计选用了超过2 000亿美元的绿色建材。[③]

1.2.2 经济效益

绿色建筑能够降低房地产的开发成本。开发成本的降低具体体现在政府鼓励、更多融资渠道、优化机电系统、减少工程变更、降低运营成本等方面。

1. 政府鼓励

目前已有不少开发商借助对绿色、生态和低碳的深入理解，借助提出的绿色开发理念享受到来自国家或省级、区域、地方政府，以及其他组织的各项绿色建筑激励政策。具体而言，政府的激励和优惠政策可以包括：以更便宜的价格获得土地，更高的住宅开发比例，增加容积率许可和开发密度奖励，加快审批流程，灵活的设计与控制，工程费用补贴，融资援助，税收优惠，各个地方政府可能提供的针对绿色项目的税收优惠、税收减免等。

2. 更多的融资渠道

绿色建筑能更好地获得私人投资和债务融资。随着能源价格上涨或可持续性资金来源增多，包括社会责任投资基金和其他私人资金，加上其他因素，目前国内已有多家银行在尝试绿色信贷，比如兴业银行、浦发银行都有针对节能减排项目的专项资金，部分房地产投资基金也明确要求所投资的房地产项目必须达到一定的LEED认证等级，或绿色建筑评价标识等级。

3. 优化机电系统

绿色建筑通常要求系统的能效更高、保温性能更强、更多的自然采光，这些技术措施的采用，通常会小额增加项目的初投资，但这种对围护结构性能的优化设计，可以降低机电系统的容量，进而降低机电系统的初投资。

---

① 曹申，董聪. 绿色建筑成本效益评价研究 [J]. 建筑经济，2010（1）: 54–57.

② USGBC. Green Building Impact Report，2008.

③ Built Environment Plus. The Road to Net Zero，2021.

4. 减少工程变更

由于其强调安全耐久，绿色建筑将不会大规模地改建。在整合设计（Integrated Design）模式中，设计和施工同时进行，这将有助于减少绿色建筑的工程变更。

5. 降低运营成本

由于更好地调试，绿色建筑在其初期运作中很少出现问题，系统能够快速地正常运转。此外，由于采用高效率的设备，以及能源系统的优化设计会带来运营能耗的降低，从而显著降低整个建筑的运营费用。

6. 改善建筑运营状况

建筑运行情况得到改善，主要是整体规划和综合设计的结果，调试可改善系统功能，提高系统可靠性，比如：地板通风技术的使用，可以使工作区更富灵活性和适应性。由于这些可持续性的属性，租户/住户的抱怨减少，租户改造的速度加快、成本降低，基本建设费用的支出频率降低。

7. 吸引更多优质租户

获得绿色建筑认证的建筑物的租金最高，而出租率通常在平均水平至高于平均水平20%的范围内。绿色建筑的空置率比非绿色建筑的空置率低4%。[①]

8. 提升用户居住品质

绿色建筑最大的效益之一是能带来用户体验的提升。越来越多的企业要求其供应商/供应链更具可持续性。如通用电气和沃尔玛等许多大公司，不仅对自身办公建筑有严格的要求，对供应商也提出可持续性的要求，而且供应链中其他方面对可持续性的要求也越来越高。随着绿色发展理念的深入，关注绿色建筑的用户越来越多，如建筑师、工程师、顾问、承包商、律师、能源企业员工、节能产品公司员工等。

1.2.3 降低风险

绿色建筑能够降低房地产的开发风险。风险的降低主要体现在两个方面：

一个方面是降低了施工风险。施工风险包括项目无法保质保量地按时完

---

① Rogier Holtermans，Nils Kok. On the Value of Environmental Certification in the Commercial Real Estate Market[J]. REAL ESTATE ECONOMICS，2017：1–38.

成，或超出预算范围的风险。施工风险可能会导致工程延误、财政问题、合同问题、法律问题、设计问题、操作问题或环境问题。绿色建筑所倡导的绿色施工理念，在施工期间能够确保项目在废弃物的管理、扬尘和水土流失、噪声管理等方面得到强化实施，尤其是施工期间的室内空气质量管理措施，能够极大地降低运营后产生室内空气质量问题的风险。

另外一个方面是绿色建筑能降低房地产开发商退出或银行贷款取消的风险。如果施工贷款的最后一笔较大金额的付款不按计划执行，将会带来取消银行贷款风险。由于越来越高的监管要求、用户需求及投资者需求，贷款方要求更好、更明显的经济性，而绿色建筑在市场上优异的表现，无疑会增强银行贷款的信心。

1.2.4　促进健康

据哈佛大学的一项研究结果表明，在高性能建筑中，通过绿色认证可以为用户的健康和生产力带来更多好处。在 10 座高性能建筑的样本中，与绿色无认证建筑相比，绿色认证建筑参与者的认知功能得分高 26.4%，对环境的感知更好，并且症状更少。[①]

大量研究发现，室内环境会直接影响员工的工作效率，空气质量的改善会使生产率提高 8%~11%。[②] 卡内基·梅隆引用的五项采光研究表明，改善光环境带来的平均收益为 5.5%，而控制温度和降低噪声可以分别防止工作效率下降 46% 和 66%。[③]

绿色建筑可创造更健康的空间，使空气更清洁，充足的自然采光，并且通过绿色理念的引入，减少油漆和面漆中的有害化学物质。

绿色建筑有助于改善室内环境质量，高质量室内空气环境可以减少因哮喘、呼吸道过敏、抑郁和压力而造成的员工缺勤。

绿色建筑发展的下一步是健康建筑。据《中国健康建筑发展研究报告2020》，[④] 健康建筑有利于居民养成健康的生活习惯，提高免疫力，有效阻断传染病传播，大力发展健康建筑无疑有利于降低居民的医疗支出。

---

① MacNaughton P, Cao X, Buonocore J, Cedeno-Laurent J.G, Spengler J.D, Bernstein A, Allen JG. A Critical Look at Energy Savings, Emissions Reductions and Health Co-benefits of the Green Building Movement, 2020.
② Allen J.G, Macomber J.D. Healthy Buildings: How Indoor Spaces Drive Performance and Productivity, 2020.
③ USGBC. Greening America's Schools Costs and Benefits, 2006.
④ 发布单位：柠檬树，凤凰网房产。

第 2 章　全球绿色建筑发展概述

当今的全球性问题，例如气候变化，能源短缺，日益严重的环境污染，人口增长和快速的城市化为可持续发展提出了巨大挑战。世界气象组织对五个国际领先数据集的整合发现，2020 年全球平均气温为 14.9℃，自 1880 年以来已上升 1.2℃（±0.1）。[①] 全球平均气温的上升，预计到 2050 年约为 4.5℃。全球与能源有关二氧化碳（CO_2）排放量将从 2012 年的 323 亿 t 增加到 2040 年的 434 亿 t。[②]

同时，不断增长的人口继续给环境带来沉重负担。据联合国《2017 年世界人口展望》，从 2005 年起的 13 年中，世界增加了约 10 亿新生儿，到 2050 年世界人口将达到 98 亿。这种人口增加和疾速的城市化进程正在加速对能源的需求，预计在 2050 年将达到 900EJ（10^{18}J）一次能源使用量。

在造成这些问题的各种原因中，建筑业作为能源和自然资源的主要消耗者备受关注。在全球范围内，建筑行业对全球的资源、环境、社会、经济和人类健康造成了重大影响。

2020 年 1 月全球建筑建设联盟（GlobalABC）在其发布的《2019 年建筑业全球形势报告》中指出，建筑业能耗量占全球能耗量的 36%，相关二氧化碳（CO_2）排放占全球排放量的 39%。其中，建筑材料（如钢铁、水泥和玻璃）制造占全球 11% 的温室气体排放量。2017—2018 年，全球建筑行业排放增加了 2%；全球建筑能耗量增加了 1%，自 2010 年以来增加了 7%。建筑部门产生全球 30% 的温室气体和 40%~50% 的水污染。此外，建筑业贡献了发达国家 40% 的固体废物。

建筑业的碳排放可分为直接碳排放和间接碳排放，前者指的是在建筑业发生的化石燃料燃烧过程中导致的二氧化碳（CO_2）排放，主要包括建筑内的直接供暖、炊事、生活热水、医院或酒店蒸汽等导致的碳排放；后者指外界输入建筑的电力、热力包含的碳排放。我国大部分研究和讨论中涉及的碳排放包

---

① IPCC《全球升温 1.5℃》，2019.
② 美国能源信息署（EIA）《2019 年国际能源展望》，2019.

括直接与间接碳排放，甚至部分研究中还涉及了建材（如钢铁、水泥、玻璃等）生产过程中产生的碳排放。此外，建筑运行使用制冷产品可能产生制冷剂泄漏，也会产生非二氧化碳（CO_2）温室气体排放。

发展绿色建筑有助于解决上述问题。绿色建筑专注于提高建筑能效并减轻建筑对环境的负面影响。绿色建筑可以整合建筑生命周期各阶段的各项技术策略，包括选址、设计、施工、运营、维护、翻新和拆除，以减少建筑物对能源、水、材料和其他自然资源的负面影响。绿色建筑也可以减少废物、空气和水污染、室内污染、热岛环境污染、雨水径流、噪声等。绿色建筑的引入和实施确实在许多项目中减少了能源消耗和二氧化碳（CO_2）排放并改善了水管理。

2.1　发展历程

从时间的维度看，全球绿色建筑运动大致经历了四波浪潮，见表2-1。

从20世纪60年代开始到1987年联合国环境署发表《我们共同的未来》报告，为绿色建筑理念启蒙时期。

从1990年英国发布世界首个绿色建筑标准BREEAM，到1999年澳大利亚推出NABERS绿色建筑评价体系，为绿色建筑全球运动的第一波浪潮。绿色建筑评价体系和市场运作机制在发达国家和部分发达经济体（如中国香港和中国台湾）逐步形成。

从2000年加拿大Green Globes，到2009年意大利推出ITACA Protocol，为绿色建筑全球运动的第二波浪潮。在该阶段，绿色建筑的理念被广泛接受，各项建筑节能技术创新层出不穷，但价格依旧昂贵，绿色建筑市场化推广机制逐步完善。

2010年到2014年为全球绿色建筑全球运动的第三波浪潮。南美、东南亚、中东等国在发达国家绿色建筑评价标准的基础上，逐步开发出本国的绿色建筑评价标准，并建立了绿色建筑评价标识的市场运作机制。该段时间世界各国认证的绿色建筑项目数量急剧增加。

从2015年至今，随着美国WELL健康建筑标准的形成和推广，全球绿色建筑运动进入第四波浪潮：绿色建筑理念的丰富和完善阶段。

图2-1用各个国家推出各自的绿色建筑评价标准的时间点形象地展示了全球绿色建筑运动的四波浪潮。

表2-1　全球绿色建筑发展时间线

时间（年）	阶段	内涵
20世纪60年代	绿色建筑理念启蒙	美国建筑师保罗·索勒瑞提出了生态建筑理念
1969		美国建筑师伊安·麦克哈格著《设计结合自然》一书，标志着生态建筑学的正式诞生
1970s		中东石油禁运导致的石油危机使得太阳能、地热、风能等各种建筑节能技术的应用得到普遍重视
20世纪80年代		世界自然保护组织首次提出"可持续发展"的口号，同时，节能建筑体系逐步完善，在德国、英国、法国、加拿大等发达国家得到广泛应用
1987		联合国环境署发表《我们共同的未来》报告，确立了可持续发展的思想
1990	绿色建筑全球运动的第一波浪潮：绿色建筑评价标准形成	世界首个绿色建筑标准BREEAM在英国发布
1992		"联合国环境与发展大会"使可持续发展理念逐步深入人心，各国开始根据该理念制定自己的可持续发展战略，法国推出高环境质量评价体系HQE（High Environmental Quality）
1993		美国绿色建筑委员会成立
1996		中国香港地区推出HK-BEEM
1998		加拿大推出绿色建筑挑战（Green Building Challenge，简称GBC）
1999		澳大利亚推出NABERS
		中国台湾地区推出《绿建筑九大标章》
2000	绿色建筑全球运动的第二波浪潮：绿色建筑市场化推广机制逐步完善	加拿大推出绿色地球仪Green Globes
2001		日本发布CASBEE
2002		芬兰推出PromisE环境评估与分类系统
		韩国推出KGBC绿色建筑认证体系
2003		新西兰推出绿星Green Star
		印度推出Teri绿色建筑评估系统
2005		新加坡发布Green Mark绿色标记
2006		中国发布《绿色建筑评价标准》GB/T 50378—2006
		德国可持续建筑委员会推出DGNB评估体系
		美国国际未来生活研究所发布居住建筑挑战Living Building Challenge
		美国Built It Green发布GreenPint评级
2008		美国全国房屋建筑商协会（NAHB）发布NGBS国家绿色建筑标准
2009		意大利推出ITACA Protocol

续表

时间（年）	阶段	内涵
2010—2014	绿色建筑全球运动的第三波浪潮：绿色建筑快速发展	南美、东南亚、中东等地的国家在发达国家绿色建筑评价标准的基础上，逐步开发出本国的绿色建筑评价标准，并建立了绿色建筑评价标识的市场运作机制。 该段时间世界各国认证的绿色建筑项目数量急剧增加
2015	绿色建筑全球运动的第四波浪潮：绿色建筑理念的丰富和完善	美国 WELL 健康建筑标准
2017		欧洲 AH 主动式建筑理念提出，强调健康和舒适的动态平衡
2019		中国《绿色建筑评价标准》GB/T 50378—2019 发布，新标准更加强调绿色建筑以人为本，增加安全耐久、健康舒适等章节
2020		中国版《主动式建筑标准》正式实施

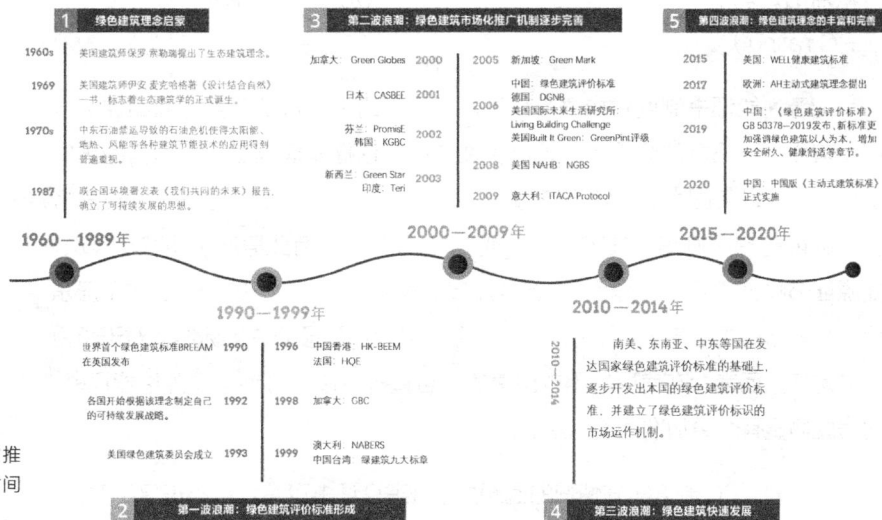

图 2-1　全球各主要国家推出绿色建筑评价标准的时间（单位：年）

2.2　政策环境

　　为实现 2050 年碳中和的目标，欧盟制定了一系列经济、金融改革政策，包括清洁能源计划（The Clean Energy Package for all Europeans）、循环经济行动计划（CEAP）、欧盟能源产品政策。这是一套面向欧盟 2020 年以后气候、能源、循环经济的法规政策体系，其中包括对建筑领域的具体要求。①

———————

① 赵建勋. 关于完善市场机制促进建筑节能与绿色建筑发展的思考 [J]. 建设科技，2020（20）：27-31.

为确保在执行过程中全社会对改革政策执行的统一性，欧盟专门制定了欧盟绿色分类标准（EU Green Taxonomy）。在该绿色分类标准的基础上，进一步制定了欧盟绿色债券标准、欧盟气候转型基准线、欧盟 ESG 信息披露基准线等，引导绿色投融资规范发展。在建筑领域，欧盟绿色分类标准要求到2020 年底，所有新建建筑应全部为近零能耗建筑（NZEB），配套能耗监测体系和处罚机制，并纳入建筑能源性能指令（EPBD）。

在欧洲一揽子清洁能源计划项下包括建筑能源性能指令（EPBD）、能效指令（EED）、可再生能源指令（RED）。其中建筑能源性能指令是欧盟建筑转型的核心法律，它为欧盟 2050 年建筑脱碳设置了清晰的目标以及达到目标的实施路径（包括：长期既有建筑改造政策；建筑现代化改造等）。EPBD 项下的能源性能证书制度（Energy Performance Certificate EPC）将欧盟的建筑按照能源性能分为 A-G，7 个级别，并给出相应的节能分数（EPC rating）。

能源性能证书制度对构建有利于建筑脱碳的市场机制有多方面的促进作用。首先，EPBD 法令规定建筑能源性能指标达标是建筑出租、出售的重要前提之一。以英国为例，对于自持物业，如果能源性能为 F 或 G 级，房东将会面临最高 5 000 镑（住宅房产）或 150 000 镑（商业房产）罚款。其次，能源证书解决了房东对出租或出售房屋节能改造积极性不高的问题。对于房东而言，其出租或出售的房屋的能源性能分数必须达到最低许可标准；对于承租人或购房人而言，在房屋出租或出售的广告宣传阶段就可参考能源性能证书，对房屋质量有个更加准确的判断。

欧盟对 EPC 制度实施情况的回溯显示，EPC 证书可有效减小信息不对称，分数更高的房屋，交易达成的时间更短，买方对房屋的质量更有信心。再次，各国政府可以通过不断提高能源性能证书的达标标准，不断引导提升建筑的能源性能。例如，目前英国能源性能证书的合格等级为"E"，2025 年合格等级将升级为"D"，2030 年可能还会升级为"C"。

受能源危机的影响，美国政府在 20 世纪 70 年代末 80 年代初就已开始制定并实施建筑物及家用电器的能源效率标准。1975 年出台的《能源政策和节能法案》为能源利用、节能减排提供了法律依据，1978 年颁布《节能政策法和能源税法》，主要规定了民用节能投资和可再生能源投资的税收优惠是15%（最多不超过 300 美元）。这一阶段处于节能工作开展的初期，侧重于对建筑采取节能措施的激励。1988 年颁布《国家能源管理改进法》，1992 年制定了《国家能源政策法》并于 2003 年进行了修订，将以前的"目标"转换为"要求"，实现了节能标准从规范性要求到强制性要求的转变。2001 年颁布《税收激励政策—2001 安全法（H.R.4）》，主要规定了对 2001 年至 2003 年期间新建的住宅，比国际普遍采用的标准节能 30% 或 50% 以上的，每套住宅减免 1 000 或 2 000 美元的税收等经济激励的措施。

2005 年的《能源政策法案》成为现阶段美国实施绿色建筑、建筑节能的法律依据之一，提倡能源节约和提高能源效率、能源供应多样化、开发替代能源等，2007 年美国发布《能源独立安全草案（EISA）》，主要是提升电器、器材、照明的能源标准及其照明能效标准；奥巴马 2009 年 10 月签署总统令，要求联邦政府的所有新办公楼设计从 2020 年起贯彻 2030 年实现零能耗建筑的要求，2015 年回收 50% 的垃圾，2020 年节水 26%。

经济激励政策是成功实施绿色建筑的关键。美国联邦政府、各州政府以及公用事业单位等都采取了一系列经济措施对开发绿色建筑以及高效节能产品进行激励，这些财政税收激励措施主要有节能基金、现金补贴（主要有贴息补助与直接补贴两种形式）、税收抵免、抵押贷款、加速折旧制度、低收入家庭节能计划等。这些经济激励政策不仅在法律法规中，而且也体现在能源之星、LEED 等自愿性的绿色建筑评估认证体系中。

在美国，除经济激励政策外，较有效和普及的绿色建筑激励策略之一是通过市场激励。比如对实施绿色建筑的开发商给予额外的建筑密度、高度的奖励或加快工程项目建设申请程序的奖励。此外，美国还比较注重对绿色建筑进行技术培训、免费检测等技术支持，某些城市也提供免费的绿色建筑开发计划编制或认证培训工作。

美国绿色建筑政策法规采取"胡萝卜 + 大棒"的模式，政策法规的强制性与自愿性相互结合、相互补充。既有强制性的能源政策法案、总统令等，也有自愿性的评价标准等；既有联邦政府层面的绿色建筑政策法规，也有全美第一个强制性地方绿色建筑标准。绿色建筑法律法规体系使绿色建筑的发展适应了不同地区的经济、环境、自然条件。

美国绿色建筑之所以能够取得如此好的效果，积极的财政、税收等经济激励政策发挥了重要的作用，与绿色建筑相关的法律法规、各评价体系中都有不同的经济激励手段及措施。美国绿色建筑评价主要是第三方的验证和认证，保证了评价体系的公正性和公平性，形成了政府、市场、第三方机构共同推进绿色建筑实施的有效机制。

2.3 市场格局

从 1990 年，英国发布世界首个绿色建筑标准开始，世界主流大国或经济体均建立了自己本国的绿色建筑评估体系。据友绿网统计，截至 2020 年 12 月，35 个国家或机构共颁布了 50 个绿色建筑标准。美国、加拿大、俄罗斯等国都有 3 个以上绿色建筑标准同时在市场上运作。而欧盟各国在欧盟统一的建筑节能指令下，也都开发了各自的绿色建筑评级体系，以及相应的市场运营机制。

关于该 50 个绿色建筑评价标准的简介，可参阅附录 1。

图 2-2 显示，在获得认证标识的绿色建筑项目数量上，英国 BREEAM、法国 HQE、美国 LEED 是全球获得认证数量最多的绿色建筑评价标识。中国紧随其后，排在第四位。其次是澳大利亚的 NABERS，美国 GPR、德国 DGNB、日本 CASBEE 等评估体系。

需要说明的是，中国绿色建筑评价标识的数量远低于获得绿色建筑认证的建筑物数量。因中国房地产开发的特点，开发商在申报绿色建筑评价标识时，通常将项目边界内数个甚至数十个建筑物（多数为住宅）打包在一起申报，此举造成绿色建筑标识的数量远低于实际绿色建筑的数量。

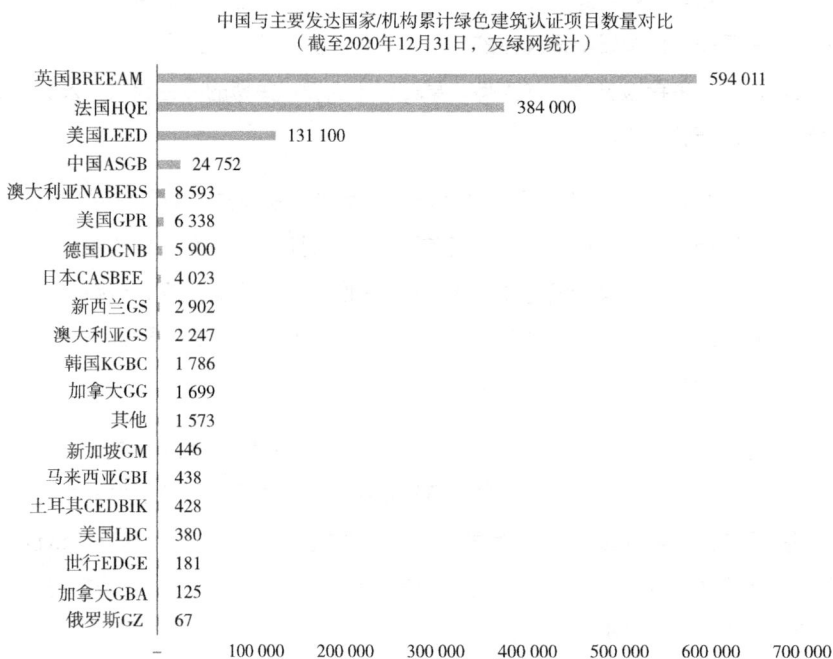

中国与主要发达国家/机构累计绿色建筑认证项目数量对比
（截至2020年12月31日，友绿网统计）

标准	数量
英国BREEAM	594 011
法国HQE	384 000
美国LEED	131 100
中国ASGB	24 752
澳大利亚NABERS	8 593
美国GPR	6 338
德国DGNB	5 900
日本CASBEE	4 023
新西兰GS	2 902
澳大利亚GS	2 247
韩国KGBC	1 786
加拿大GG	1 699
其他	1 573
新加坡GM	446
马来西亚GBI	438
土耳其CEDBIK	428
美国LBC	380
世行EDGE	181
加拿大GBA	125
俄罗斯GZ	67

图 2-2 中国与主要发达国家/机构累计绿色建筑认证项目数量对比（数据截至 2020 年 12 月）

中国与主要发达国家/机构绿色建筑评级体系国际化程度对比
（截至2020年12月31日，友绿网统计）

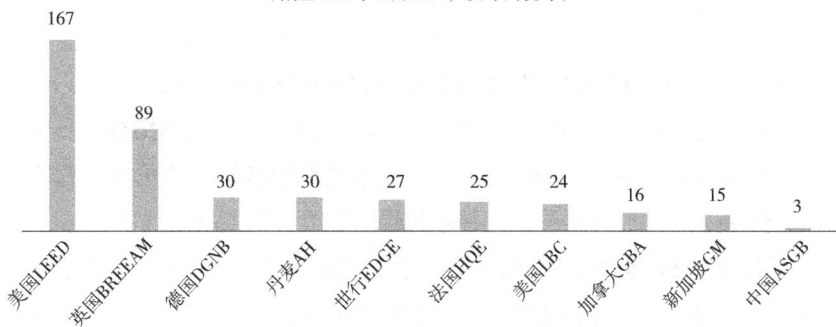

图 2-3 中国与主要发达国家 / 机构绿色建筑评级体系国际化程度对比

如果以绿色建筑评级体系应用的国家数量来衡量各个绿色建筑评估体系的国际化程度，美国 LEED、英国 BREEAM、德国 DGNB、丹麦 AH、世界银行国际金融公司推出的 EDGE 是目前在全球应用最广的前五大绿色建筑评级体系或标准。如图 2-3 所示，中国绿色建筑评价标识虽然项目数量位居第四，但应用的国家或地区却较少，国际化程度较低。

综合图 2-2 和图 2-3 所反映的绿色建筑评价标准的全球市场格局，本报告将重点研究美、英、德、法这四个发达国家制定的绿色建筑评级体系[①] 对中国的影响和借鉴意义。

2.4 主要发达国家绿色建筑发展概况

2.4.1 美国

美国绿色建筑的发展也经历了从启蒙、试点示范到大规模推广的阶段。与中国有所不同的是，在美国，建筑师主导了最早的绿色建筑理念形成和发展。

1989 年，美国建筑师学会（AIA）成立环境委员会。1992 年，在美国环保局的协助下，美国建筑师协会出版了《环境资源指南》。同年，得克萨斯州奥斯汀推出了第一个当地绿色建筑计划。

1993 年，美国绿色建筑委员会（USGBC）成立，该组织以整合建筑业的绿色化机构、推动绿色建筑产业化可持续发展、引导绿色建筑的市场机制、推广并教育建筑业主、建筑师、工程师的绿色实践为宗旨，致力于推动

---

① 此处用"评级体系"而不是"评价标准"，是因为仅有标准是不足以推动绿色建筑实施的，美、英、德、法等发达资本主义国家均选择了采用市场机制推动绿色建筑发展，故除开发绿色建筑标准以外，还需要建立相应的市场运行机制，是一套完整的评级体系。

绿色建筑的发展。同年 4 月，克林顿政府启动了绿色建筑产业化计划，发起"绿色白宫"的倡议。

1998 年，美国绿色建筑委员会启动了能源与环境设计先锋奖（Leadership in Energy & Environmental，简称 LEED）的试点计划。2005 年，美国政府颁布《能源政策法案》，明确了建筑可持续性能的标准。2006 年，建筑设计指南中提供了《联邦绿色建筑指南说明》。2007 年，布什总统发布了"提升联邦环境质量、能源效率、运输管理能力"的行政命令，其中包括关于可持续设计和节能环保建筑的联邦目标。同年，《能源独立与安全法》也提到了对节能环保建筑的要求。

2009 年，奥巴马总统签署经济刺激法案，超 250 亿美元用于发展绿色建筑，至此美国绿色建筑产业进入快速发展阶段。

虽然 LEED 在美国的绿色建筑运动中广受认可处于市场领先地位，但实际上美国有多个绿色建筑评估体系并存。政府和私人组织建立了多个可持续建筑标准及其相应的市场化运作机制。

美国住宅建筑商协会，代表房屋建筑商创造了被称为自愿绿色建筑项目 NAHBGreen。该计划包括在线评分工具，认证，行业教育以及针对本地验证者的培训。在线计分工具对建筑商和房主免费。

绿色建筑倡议计划（Green Building Initiative，简称 GBI）为商业建筑提供 Green Globes 环境评估和认证计划。GBI 开发了一种基于 Web 的评级工具，称为 Green Globes。

美国环境保护局的"Energy Star 能源之星"计划对商业建筑的能效进行评级，并为符合其节能建筑设计标准的新房屋提供"能源之星"认证。

绿色社区倡议为新建筑和经济适用房提供了第一个国家绿色建筑计划。绿色社区倡议创建了绿色社区标准，该标准涉及绿色建筑项目的八个领域，并与 LEED 标准兼容。

在美国，市场推广最成功的绿色建筑评级体系，是美国绿色建筑委员会开发的 LEED 认证体系（图 2-4）。

LEED 最初版本 LEED v1.0 颁布于 1998 年，目前市场上常用的是 LEED v4.1 版本。LEED 是目前世界上使用最广泛的绿色建筑评级系统之一，已经在 167 个国家得到应用，是全球国际化程度最高的绿色建筑评级体系，已成为全球公认的可持续发展成就和领导力的象征。

图 2-4 LEED 图标

USGBC 作为一个非营利的协会组织，其开发的 LEED 体系自然并非美国的国家标准。USGBC 通过组织美国建筑行业专家团队来编写和更新 LEED 认证体系，同时也在标准编制过程中收集和听取其会员单位的建议，以顾及绿色建筑行业不同利益主体的需求。

LEED 认证的非官方属性使之采用了自愿申报的评价原则，主要通过市场手段来推动绿色建筑的发展。USGBC 虽然在美国各州设立了分支机构，但项目评审工作仍由 USGBC 下属的 GBCI 统一负责，并未下放给分支机构，从而保证了项目评审的一致性和权威性。

LEED 几乎适用于所有建筑类型。主要从可持续建筑场址、水资源利用、建筑节能与大气、资源与材料、室内空气质量等几个方面对建筑进行综合考察，评判其对环境的影响，并根据每个方面的指标进行打分。

截至 2020 年 12 月 31 日，获得 LEED 认证的项目总共有 131 102 个，总面积超过 108 亿 m^2。其中，美国本土的项目占比达到 77%。

过去十年来美国绿色建筑市场的总体增长趋势可分为三个阶段：快速增长阶段（2000—2008 年），稳定增长阶段（2009—2013 年），成熟和转型阶段（2014—2016 年）。如图 2-5 所示，从 LEED 评估体系创建以来，LEED 认证的项目数量保持着 40% 以上的年增长率，直到 2009 年增速有所放缓。而 2013 年之后，全球 LEED 认证项目的数量有下降的趋势。

如图 2-6 所示，中国是美国本土以外，全球最大的 LEED 认证市场，累计获得认证的项目数量达到 2 607 个。其余前十位分别是加拿大、阿联酋、印度、巴西、墨西哥、土耳其、意大利和德国。

获得美国LEED认证的项目数量趋势（2000—2020年）
友绿网统计

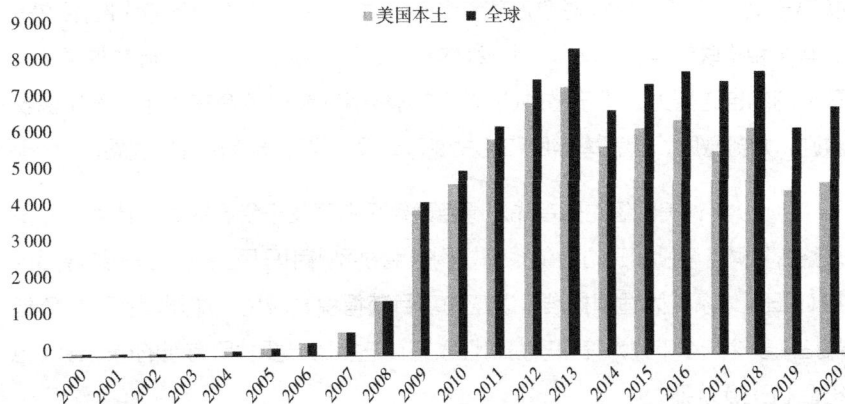

图 2-5　获得美国 LEED 认证标识的数量趋势（2000—2020 年）

获得LEED认证项目数量最多的十个国家
截至2020年12月，友绿网统计

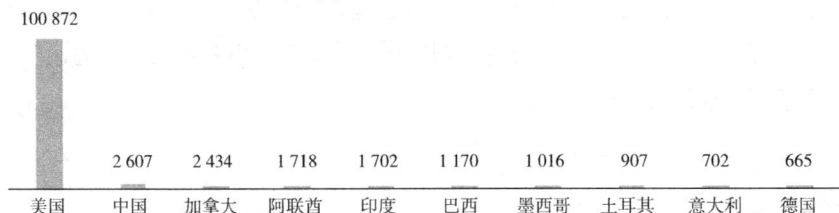

国家	数量
美国	100 872
中国	2 607
加拿大	2 434
阿联酋	1 718
印度	1 702
巴西	1 170
墨西哥	1 016
土耳其	907
意大利	702
德国	665

图 2-6 2000—2020 年期间获得 LEED 认证项目数量最多的十个国家

LEED全球认证项目类别分布（2000—2020年）
截至2020年12月，友绿网统计

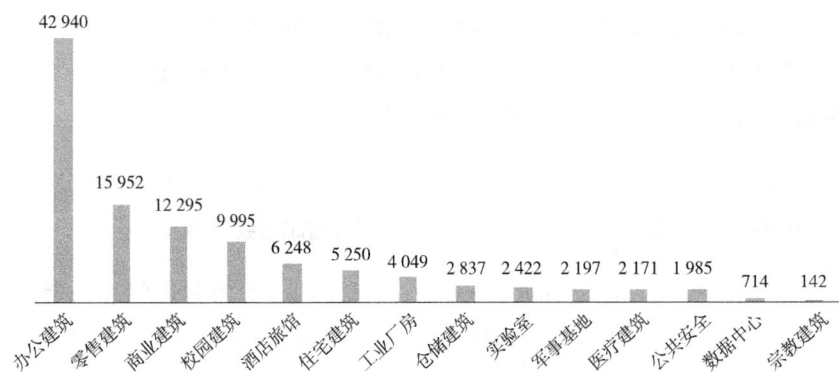

类别	数量
办公建筑	42 940
零售建筑	15 952
商业建筑	12 295
校园建筑	9 995
酒店旅馆	6 248
住宅建筑	5 250
工业厂房	4 049
仓储建筑	2 837
实验室	2 422
军事基地	2 197
医疗建筑	2 171
公共安全	1 985
数据中心	714
宗教建筑	142

图 2-7 LEED 全球认证项目类别分布

在全部 LEED 认证的项目中，办公类建筑项目最多，占比达 39% 以上。其次为零售建筑、商业建筑、校园建筑、酒店旅馆等公共建筑。各类绿色建筑的分布比例如图 2-7 所示。住宅建筑仅占全部 LEED 认证项目数量的 4.8%，这与中国绿色建筑项目以住宅建筑为主大不相同。

在美国，政府采用规划条例和建筑物基准等强制措施和各类激励政策，以确保实现绿色建筑目标。这些政策可以归为联邦政府级别和地方州政府级别。联邦一级的政策主要针对政府建造的建筑物。例如 2005 年的《能源政策法案》和《联邦绿色法案》。州一级的绿色政策侧重于非政府建筑并需要私人开发商的自愿努力。基于激励的政策与各种强制策略组合在一起，例如税收激励、财务激励、容积率奖励和优先许可处理来推动绿色建筑的发展。

2000 年，美国纽约州首先对绿色建筑采取了基于税收的激励计划。许多州整合了财务激励第三方验证系统，例如俄勒冈州和马里兰州。美国能源部也将 LEED 体系作为适用标准，以帮助项目获得税收减免。加州制定的绿色建筑指南于 2004 年成为第一项强制性政策。芝加哥市要求所有新的市政建筑均符合 LEED 认证。

在美国，绿色建筑的发展面临两个主要问题。首先，尽管政府拥有相对完善的政策支持，并且评级系统已在世界范围内广泛使用，但建筑业界和公众对绿色建筑的实施效果仍然存疑。有人认为绿色建筑尚未达到承诺的目标，这些承诺包括节能率。以 LEED 认证为例，有研究认为 LEED 认证的商业建筑平均而言，与可比的非 LEED 建筑相比，没有显著的一次能源节省，甚至没有显示出与建筑物运营相关的温室气体排放量的减少。第二，建筑师和设计师的热情不高，因为大多数政策和经济支持适用于房地产开发商。建筑师，作为建筑施工的最初参与者和设计师，直接确定建筑物的基本特征和性能，对于绿色建筑的实施至关重要。一些工程师仅机械地引用绿色建筑标准的条文，但对绿色建筑的内涵以及对绿色建筑各项技术的分析和应用缺乏了解。

2.4.2 英国

英国是发展绿色建筑较早的国家，经过 20 世纪 60—70 年代的理论酝酿期和 20 世纪 80 年代—21 世纪 00 年代的实践探索期，形成了目前较为成熟的绿色建筑体系。

1990 年，英国建筑研究机构（BRE）提出了全球第一个绿色建筑评价体系，1994 年，英国率先制定了《可持续发展：英国的战略选择》。1997 年在日本京都，英国作为首批签署《京都议定书》的成员国，承诺至 2012 年将碳排放量在 1990 年基础上减少 8%，并在 2016 年前实现所有新建住宅建筑碳零排放。2000 年以来，英国政府积极推广各项绿色建筑示范项目，并借助经济和政策手段对绿色建筑进行扶持，利用公共财政建立了长效而实际的节能激励机制。

2007 年，英国绿色建筑委员会（UKGBC）在伦敦的 Ecobuild 展览会上成立，目前已有 500 多个成员机构。2019 年 4 月，UKGBC 发布了净零碳建筑框架定义，以明确净零碳对房地产行业的意义。

2019 年 6 月，英国议会做出承诺，到 2050 年实现温室气体净零排放。2020 年 1 月，UKGBC 发起了"气候危机挑战"，呼吁房地产行业采取紧急行动以减少其碳足迹，几乎每天都有新开发商致力于实现碳中和。

在英国的各项绿色建筑标准或计划中，BREEAM 是应用最为广泛的绿色建筑评估体系。

BREEAM（Building Research Establishment Environmental Assessment Method，建筑研究机构环境评估方法，图 2-8）是用于总体规划项目，基础设施和建筑物的全球领先的可持续性评估方法。

图 2-8　BREEAM（建筑研究机构环境评估方法）

BREEAM 是由 BRE 于 1990 年发起的，是世界上第一个也是全球广泛使用的绿色建筑评估方法。BREEAM 通过设计、规范、施工和运营阶段为建筑物的环境性能设定标准，并且可以应用于新的开发或翻新计划。目前 BRE 在全球已经颁发超过 59 万张 BREEAM 证书，注册的建筑超过 230 万，覆盖 89 个国家，是全球认证项目最多的绿色建筑评级体系。

英国建筑法规指南为建筑业设定了建筑物节能性能、可再生能源的利用率和碳减排量的最低标准。实施建筑节能是促进绿色建筑的有效措施之一。此外，英国政府委托 BRE 制定了《可持续住房法》。自 2008 年以来，在英格兰和威尔士由政府资助的新房屋，以及全新的北爱尔兰的独立公共租赁住房，都需要进行强制性绿色建筑评级。

2.4.3　德国

德国一直以来比较注重建筑节能，其被动房技术体系和评级体系发展成熟。但在绿色建筑方面，相对于其他西方发达国家起步较晚。德国可持续建筑委员会（DGNB，德语全称是 Deutsche Gesellschaft für Nachhaltiges Bauen，图 2-9）成立于 2007 年，由 16 名来自建筑和房地产行业的各种专业背景的专家和行业领袖发起。

图 2-9　DGNB（德国可持续建筑委员会）

2009 年德国可持续建筑委员会开发了 DGNB 系统，为评估可持续建筑和城区提供了规划和优化工具。

DGNB 在德国新建建筑中占有 80% 以上的市场份额，在整个商业房地产市场中所占的份额超过 60%。DGNB 目前已认证了 5 900 多个项目，应用到全世界 30 个国家 / 地区（截至 2019 年 12 月 31 日）。DGNB 认证项目历年的增长趋势如图 2-10 所示。

2.4.4　法国

HQE（High Environmental Quality 高环境质量评价体系，图 2-11）是法国的建筑和城市规划项目环境性能认证计划。第一批获得 HQE 认证的项目始于 1993 年。

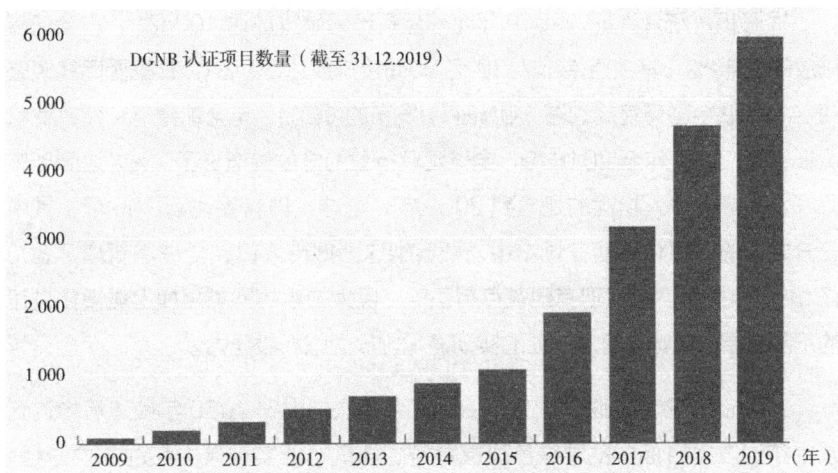

图 2-10 DGNB 历年认证项目数量趋势（图片来源：DGNB）

高环境质量评价体系 HQE 由 HQE 协会和建筑科技中心（CSTB）制订，1992 年正式实施。HQE 的认证主体是法国绿色建筑认证体系委员会和法国建筑科学技术中心 CSTB，并由旗下的国际部 Cerway 公司负责法国以外国家的认证工作，致力于推广法国 HQE 绿色建筑标准并提供标准培训。

图 2-11 HQE（高环境质量评价体系）

HQE 目前已在 25 个国家得到应用，包括法国、德国、中国、意大利、西班牙、比利时、俄罗斯、加拿大等。

HQE 拥有超过 384 000 座经过认证的建筑物和房屋，有 6 900 万 m² 的认证建筑，涵盖了建筑（新建）维护、建筑运营、城市规划，其中以住宅建筑认证为最多。截至 2020 年 11 月，共有 107 796 套集体和个人住房获得认证。

2.5 技术趋势

2.5.1 碳中和

根据联合国政府间气候变化专门委员会（Intergovernmental Panel on Climate Change，简称 IPCC）最新报告，[①] 为实现全球碳减排目标，需要在土地、能源、建筑、交通和城市领域实现"快速而深远的"可持续过渡。全球气候变化是当今世界，以及今后长时期内人类所面临的最严峻的环境与发展挑战，建筑是节能减排、应对气候变化最重要的领域之一。

———————————

① IPCC，全球升温 1.5℃

根据 IEA 统计数据，2019 年全球建筑部门碳排放达 100 亿 t，占全球碳排放的近 40%，其中直接排放 30 亿 t，间接排放达 70 亿 t。根据国际能源署（IEA）和联合国环境规划署（UNEP）发布的《2019 年全球建筑和建筑业状况报告》，2017 年至 2018 年，全球建筑行业的排放量增长了 2%，达到历史最高水平。更令人担忧的是，到 2060 年，全球人口有望达到 100 亿，其中三分之二的人口将生活在城市中。要容纳这些城市人口，全球需新增 2 300 亿 m² 建筑面积，需将现有建筑存量翻倍。巨大的建筑需求，加上城镇化进程的不断发展，意味着建筑行业的实现净零排放面临严峻压力。

2015 年 12 月的联合国气候变化大会首次提出到 2050 年使建筑物达到碳中和的发展目标，发展绿色建筑是各国建筑行业实现碳中和的主要途径，而超低能耗建筑、近零能耗建筑、零能耗建筑则是建筑业实现碳中和的重要节点。

由于中国是世界上人口最多的国家之一，其存量建筑和新建建筑的规模都位居世界之首，因此中国的绿色建筑行动对减少全球排放量将产生重大影响。建筑业作为我国国民经济的支柱产业，在 2020 年总产值达 26.4 万亿元，行业增加值 6.7 万亿元，占 GDP 的 6.6%。随着"西部大开发""一带一路"等一系列国家举措的实施，未来 20 年仍是我国大规模工程建设和建筑业国际化的高峰期。

2020 年 9 月 22 日，中国国家主席习近平在联合国大会上首次表示"中国将提高国家自主贡献力度，采取更加有力的政策和措施，二氧化碳排放力争于 2030 年前达到峰值，争取在 2060 年前实现碳中和"。同年 12 月 12 日，习近平主席在气候雄心峰会上进一步宣布：到 2030 年，中国单位国内生产总值二氧化碳排放将比 2005 年下降 65% 以上，非化石能源占一次能源消费比重将达到 25% 左右，森林蓄积量将比 2005 年增加 60 亿 m³，风电、太阳能发电总装机容量将达到 12 亿 kW 以上。

"30·60 目标"的承诺为我国绿色建筑的高质量发展注入了新的动力。截至本书成稿时，住房和城乡建设部仍在制定住房和城乡建设领域 2030 年前二氧化碳达峰行动方案和"十四五"绿色建筑与建筑节能发展规划。

据住房和城乡建设部标准定额司一级巡视员倪江波在"首届中国房地产碳达峰高峰论坛"上的讲话，我国城乡建设领域 2030 年前碳达峰行动方案的主要任务包括五方面的工作重点：一是全面提升城市绿色低碳水平，包括优化城市绿色低碳布局，提高城市生态系统服务能力，提升城市绿化固碳水平；二是大力促进县城社区乡村绿色低碳发展，包括推进县城绿色低碳建设，推进绿色低碳社区建设，打造绿色低碳乡村；三是深入推进城镇建筑绿色低碳发展，包括提高新建建筑节能水平加强，既有建筑节能改造，大力推进可再生能源应用，加强建筑运行管理；四是提高城乡基础设施节能低碳水平，包括推进建筑用能电气化、低碳化，提高市政设施运行效率，提高城市智慧化运行管理效率；五是推动建造方式绿色转型，包括全面推进绿色建造，提高绿色建材使用率。

2.5.2 零能耗

国际上建筑节能技术进步非常快，已从低能耗建筑向超低能耗建筑、零能耗建筑、产能建筑发展。零能耗建筑是指年供暖、热水能源需求及辅助电力需求基本由建筑内部得热和可再生能源供应。产能房（或正能效建筑）是指年能源产业大于能源消耗，多余的电力输给公共电网或用于电动汽车充电。

截至 2020 年末，北美地区共有 3 339 个零能耗项目，涉及 6 177 个用户单元。美国 2009 年 10 月发布了"在环境、能源、经济效益的联邦领先措施"，要求自 2020 年起，所有计划新建或租赁的联邦建筑须以建筑物达到零能耗为导向进行设计，使建筑物可在 2030 年达到净零能耗。联邦政府资产的购买或租赁中需将零能耗作为考核指标之一。到 2040 年 50% 的商业建筑达到零能耗；2050 年所有美国商业建筑达到净零能耗。

2007 年 3 月欧盟国家与政府首脑会议提出了三个"20%"的节能减排目标：即在 2020 年以前将温室气体的排放量在 1990 年水平上降低 20%，2020 年前将一次能源消耗降低 20%，2020 年前可再生能源的应用比例提高 20%。

2010 年 6 月 18 日，欧盟出台了《建筑能效 2010 指令》（EPBD2010），该指令规定，成员国从 2020 年 12 月 31 日起，所有的新建建筑都是近零能耗建筑，2018 年 12 月 31 日起，政府使用或拥有的新建建筑均为零能耗建筑。为了实现欧盟的能效提升目标，各成员国都积极推进超低能耗建筑（近零能耗建筑）的发展，超低能耗建筑是个广义的概念，包括能效高于国家现行标准 30% 以上的低能耗建筑、被动房（3 升房）、零能耗建筑和产能房，逐步建立和完善了超低能耗建筑标准体系。

德国《节能法》（EnEG2013）要求自 2019 年起新建的政府公共建筑达到近零能耗建筑（Nearly Zero-energy Building）标准，2021 年起所有新建建筑达到近零能耗建筑标准，2050 年所有存量建筑改造成近零能耗建筑。

对于存量建筑，世界各国也都提出了各自的绿色化改造路径。欧委会2020 年发布了"革新浪潮"倡议，提出 2030 年所有建筑实现近零能耗。法国设立了翻新工程补助金，计划帮助 700 万套高能耗住房符合低能耗建筑标准。英国推出"绿色账单"计划，以退税、补贴等方式鼓励民众为老建筑安装减排设施，对新建绿色建筑实行"前置式管理"，即建筑在设计之初就综合考虑节能元素，按标准递交能耗分析报告。

在中国，2020 年 7 月 15 日，住房和城乡建设部等七部委发布关于印发绿色建筑创建行动方案的通知。"行动方案"鼓励各地因地制宜提高政府投资公益性建筑和大型公共建筑绿色等级，推动超低能耗建筑、近零能耗建筑发展，推广可再生能源应用和再生水利用。截至 2020 年末，全国各地推出的超低能耗建筑相关政策已有 130 多条。

在 2060 碳中和的大目标下，超低能耗建筑、近零能耗建筑及其相关产业在未来几年的发展将进入加速期。根据 Polaris Market Research 发布的一项新研究，到 2026 年，全球净零能耗建筑市场预计将超过 960.08 亿美元。

2.5.3　健康建筑

按照我国《健康建筑评价标准》T/ASC 02—2016，健康建筑是指在满足建筑功能基础上，为建筑使用者提供更加健康的环境、设施和服务，促进建筑使用者身心健康，实现健康性能提升的建筑。

在建筑设计中融入健康的元素并不是一个新鲜的议题，但是以健康为中心的建筑和环境设计将在建筑领域持续深入发展，并可能成为设定绿色建筑目标的下一个途径。过去，人们对创建绿色建筑和获得绿色认证最感兴趣，如今，对健康的关注可能是实现高性能绿色建筑的最佳方式。

在我国 2019 年的《绿色建筑评价标准》中，将原来的"节地、节能、节水、节材、室内环境、施工管理、运营管理"七大指标体系，更新为"安全耐久、健康舒适、生活便利、资源节约、环境宜居"五大指标体系。2020 年由住房和城乡建设部、发展和改革委员会等七部门共同印发的《绿色建筑创建行动方案》中，明确提出要提高住宅健康性能，结合疫情防控和各地实际，完善实施住宅相关标准，提高建筑室内空气、水质、隔声等健康性能指标，提升建筑视觉和心理舒适性。

肇始于 2020 年初，至今仍肆虐全球的新冠肺炎疫情，使隔离与封锁成为常态。长期的封锁和在家工作的趋势意味着我们有更多时间审视自己的房屋。现在越来越多的人意识到建筑环境对身心健康的巨大影响。因此,越来越多的人希望生活在为健康而专门设计的空间中。

现在,越来越多的房地产专家和开发商认为,"健康房地产正从选修课转变为必修课"。在建筑物的设计、材料和便利设施中包含健康元素的房地产是全球的主要趋势。做出上述判断基于以下理由:

1. 安全是未来住宅设计的基础

2020年4月23日至4月30日进行的《美国家庭研究》调查了全美代表性的3 001名25至74岁,家庭收入超过50 000美元的消费者。进行调查时,将近一半(48%)的受访者或一位家庭成员因新冠肺炎疫情而失去了工作或收入。

该调研的一项主要发现是,美国人已经开始响应新冠肺炎疫情——改变其房屋和车库。当一个房间必须同时充当家庭办公室、教室和睡眠空间时,开放和灵活多变的空间布局显得更加有必要。三分之一以上的被调查者和近一半的千禧一代[①]正在将房屋中单一功能的区域进行转换和综合利用。

当问及"家"对受访者的意义时,有91%的人说"安全的地方"。对于大多数消费者而言,了解安全(尤其是在最不确定的时期)是家庭最有意义的方面,这为考虑未来的新住宅设计提供了坚实的基础。

2. 多数消费者对目前的居住环境不满

在2020年新冠肺炎疫情最为严重的2—4月期间,有多家中国的房地产企业开展了客户需求研究,多数(超过62%)受访者表示疫情后会换房。

图2-12　疫情期间消费者购房需求分层及词频分析(图片来源:北京柠檬树绿色建筑科技有限公司,凤凰网房产《中国健康建筑发展研究报告2020》)

根据各家房企的客研结果,可对消费者购房需求中涉及的关键词按照马斯洛需求层次理论进行分层及词频分析,如图2-12所示:采光、零接触、新风、净化和消毒等影响居住安全的问题出现频率最高。而这些问题也是人最基本的安全需求。

---

① 千禧一代指的是出生于20世纪时未成年,在跨入21世纪(即2000年)以后达到成年年龄的一代人,其成长时期几乎同时和互联网/计算机科学的形成与高速发展时期相吻合。

3.56% 的房企近期有计划申报健康建筑认证标识

受本次新冠肺炎疫情的影响，建筑的健康防护和健康保障性能备受消费者重视，健康建筑迎来发展良机。房地产企业也闻风而动，据《中国健康建筑发展研究报告 2020》统计，在本次新冠肺炎疫情期间，共有 9 家房企以网络直播的方式发布新的健康建筑产品或重新发布了原有健康建筑产品，有 56% 的房企近期有计划申报健康建筑认证标识，详见表 2-2 和图 2-13。在市场营销方面，更是有多达 20 余家房企发布了以"健康"作为卖点的营销软文。

在购房者对健康的强烈关注下，会有更多的房地产企业投入更多的资源用于设计和开发健康相关的住宅和办公产品。

表2-2　房地产企业产品战略

企业简称	健康特色	企业简称	健康特色
当代置业	绿色健康复合社区	保利发展	全生命周期居住系统 2.0—Well 集和社区
朗诗集团	健康、舒适、绿色的差异化产品	阳光城	绿色智慧家
远洋集团	健康生活家	当代集团	BIO 亲生命健康住宅
中国金茂	"金茂府 2.0"绿色健康和智慧科技	越秀地产	健康人居 2.0
葛洲坝地产	5G 科技健康体系	龙湖集团	健康 U+ 计划
绿地集团	健康城区、健康社区、健康家居	世茂地产	世茂健康认证体系
招商蛇口	健康科技住宅体系（4+X）	美的置业	AI 智慧社区
中海地产	悦享空间、智慧物联、绿色科技、健康生活	华润置地	大健康地产
中冶置业	绿色、健康、智慧的中冶建筑科技体系	融创中国	创新户型、智慧住宅
力高集团	新东方健康建筑	中南置地	健康 TED 社区

（图片来源：北京柠檬树绿色建筑科技有限公司，凤凰网房产《中国健康建筑发展研究报告 2020》）

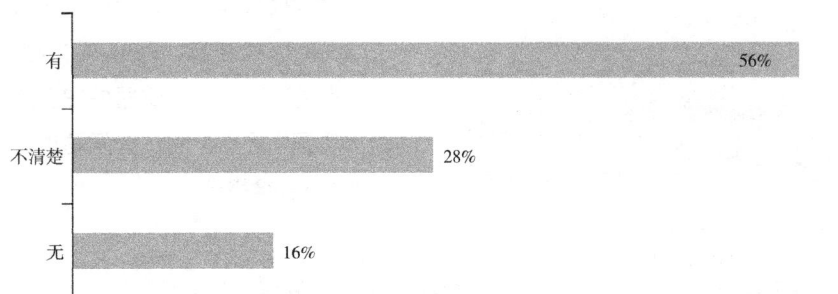

图 2-13　房地产企业近期是否有计划申报健康建筑认证标识

2.5.4 智慧建筑

智慧建筑是一种利用自动化流程通过控制加热、冷却、通风、照明、安全和其他系统等操作来优化建筑性能的建筑。通过使用传感器、仪表、执行器和控制器，智能建筑能够根据各种功能和服务收集数据并进行管理，从而促进建筑业主、运营商和管理者改善建筑物的性能并最大限度地减少其对环境的影响。

云计算和大数据分析推动了建筑功能的强化和智能化应用的增长。目前，以物联网为基础的智慧家居系统已初步形成，全装修、高品质住宅的集成不再是材料、设备的堆积，而是已成为设定品质目标后的数字化、智慧化的过程。在智慧健康建筑中，传感器采集到庞大的数据，系统将各类传感器信息进行整合分析，实现各系统的综合调控，准确预测住户的健康状况和需求，主动适应并导住户养成健康的生活习惯，唯此建筑才能更好地为用户创造安全、舒适、高效、健康的生活环境。

据知名研究机构 MarketsandMarkets 发布的报告显示，全球智慧建筑市场预计将从 2020 年的 663 亿美元增长到 2025 年的 1 089 亿美元，年复合增长率（CAGR）为 10.5%。智慧建筑快速发展的主要驱动力包括：物联网建筑管理系统的采用率不断提高、空间利用率意识增强、行业标准和法规要求不断提高、对节能系统的需求增加等因素。

智慧建筑在我国发展了近 30 年，行业经历了初创期、规范期、发展期三个阶段，已经形成了产业规模及产业链，智慧建筑工程已经普及到了各种类型建筑并延伸到了城市建设及相关行业。地域上，智能建筑由一线城市逐渐向二三线城市推广，未来将普及农村、生态园、工业区等领域；技术上，由机电管理逐渐向数字化、网络化发展。随着时间、领域、技术三个维度的扩张，智慧建筑覆盖领域逐渐增加，行业发展迅猛。

据友绿网估算，2021 年我国智慧建筑行业总市场规模为 3 000 亿元人民币。未来，随着 5G、大数据和区块链技术的广泛应用，智慧建筑行业市场的需求将持续增长，行业市场规模还会逐渐增大。

2.5.5 绿色建材

绿色建材是指采用清洁生产技术、少用天然资源和能源、大量使用工业或城市固态废物生产的无毒害、无污染、无放射性、有利于环境保护和人体健康的建筑材料。绿色建材不是指单独的建材产品，而是对建材"健康、环保、安全"品性的评价。绿色建材注重建材对人体健康和环保所造成的影响及安全防火性能。

绿色建材的应用是全球范围内的大趋势，只不过世界各国推动绿色建材的方式各不一样。在欧美等发达国家倾向于采用市场规则推动绿色建材的应用，尤其是通过产品的环境信息声明、健康信息声明等自愿性手段。

环保产品声明（EPD）是基于特定产品的生命周期评估（LCA）。环保产品声明（EPD）详细介绍了产品的生命周期影响及其对环境的影响，同时考虑了再循环成分、使用寿命、水和土壤污染、潜在全球变暖、臭氧消耗和烟雾产生等因素。随着碳目标在建筑领域发挥越来越重要的影响，对环境产品声明的需求正在快速增长。根据欧盟新的 RE 2020 规定，新建筑的生命周期碳排放限额将很快在包括法国、瑞典、芬兰和英国在内的许多国家成为强制性要求。

健康产品声明（HPD）是作为标准格式创建的，可实现透明的成分披露，旨在允许制造商在微观层面分析和发布其产品的材料成分。通过将这些材料成分与非绿色成分列表和潜在危害进行比较，HPD 旨在帮助企业和消费者了解与使用产品相关的潜在健康风险。

我国的绿色建材产品占建材产品的比重不到 10%，而欧美发达国家的建材产品达到"绿色"标准的已超过 90%。虽然绿色建材市场潜在需求巨大，社会各方都积极呼唤建材工业要走绿色建材的发展道路，但我国绿色建材的发展却并不理想。制约我国绿色建材快速发展的一个重要原因是缺乏具有公信力的、科学的绿色建材评价制度，以及相应的激励政策。

发达国家为了推进绿色建材产业的发展，制定实施了一系列相关的建材产品的环境标志认证制度，对建材产品本身的使用安全性、环境友好性等提出更加明确、严格的要求。其中典型包括德国的"蓝色天使"、北欧的"白天鹅环境标志"、美国的"绿色证章"、日本的"生态标志"等。借鉴国外的成功经验，我国近些年来逐步制订推行了一些与绿色建材产品相关的环境标志认证制度。比如，生态环境部主导的中国环境标志（十环标志），中国建材检验认证集团（CTC）推出的《绿色建筑选用产品技术指南》《绿色建筑选用产品导向目录》，中国建筑科学研究院主导的《绿色建筑产品认证通则》。2014 年 5 月，为了尽快确立全国统一的绿色建材评价标识体系，住房和城乡建设部、工业和信息化部（以下简称"两部委"）联合印发《绿色建材评价标识管理办法》。2015 年 8 月 31 日，两部委印发《促进绿色建材生产和应用行动方案》，10

月 14 日，正式发布《绿色建材评价标识管理办法实施细则》和《绿色建材评价技术导则（试行）》。至此，我国已建立完整的绿色建材评价体系。

按照《绿色建材评价技术导则（试行）》，现阶段，我国绿色建材主要包括七类产品：围护结构及混凝土、门窗幕墙及装饰装修、防水密封及建筑涂料、给排水及水处理设备、暖通空调及太阳能利用与照明以及其他设备类包括：设备隔振降噪装置、控制与计量设备、机械式停车设备。据工信部统计，我国已有 22 家认证机构获得绿色产品（建材类）和绿色建材产品认证资格，6 个绿色产品认证领域合计 184 种产品获得中国绿色产品（建材类）认证证书，认证领域涵盖卫生陶瓷、建筑玻璃、绝热材料、防水密封材料、陶瓷砖（板）、木塑制品，绿色建材产品认证工作取得积极成效。

据 Mordor Intelligence 的研究，全球绿色建筑材料市场在 2020 年估计为 2 380 亿美元，预计到 2025 年将达到 4 254 亿美元。预计保温隔热材料的复合年增长率为 4.6%，达到 711 亿美元。到 2020 年美国的绿色建材市场估计为 646 亿美元。中国作为世界第二大经济体，预计到 2025 年，市场规模将达到 848 亿美元；在 2020 年至 2025 年的分析期间，复合年增长率为 11%。其他值得注意的地理市场包括日本和加拿大，将在 2020—2025 年期间分别增长 6.1% 和 7.1%。在欧洲，德国预计将以 6.6% 的复合年增长率增长。[①]

2.6 市场规模和趋势

2.6.1 激励政策增强

为应对 2020 年初爆发的新冠疫情所带来的经济放缓，世界各国都开始引入经济刺激措施。为了避免世界从一场危机（新冠疫情）步入另一场危机（气候恶化），多个国家提出"绿色复苏"的疫后经济发展策略。

牛津大学史密斯学院联合诺贝尔经济学奖获得者 JosephStiglitz 和 Nicholas Stern 于 2020 年 6 月共同发布了一份研究报告，该报告识别出了 5 个同时实现经济增长和降低温室气体排放目标的绿色政策领域，绿色建筑、建筑能效的提升和改造（包括隔热升级、供暖、能源储存系统）是其中之一。

---

① Green Building Materials Market-Growth，Trends，Covid-19 Impact and Forecasts（2021—2026）[R].Mordor Intelligence，2021.

世界各国绿色复苏的经济发展策略将进一步刺激绿色建筑的发展，为绿色建筑带来更多的经济激励政策。目前已有多个国家和地区提出了相应的绿色复苏经济发展方案。在大部分国家的绿色复苏方案中，绿色建筑均是其中重要的组成部分，见表2-3。

表2-3　2020年世界各国和地区对绿色建筑的财政激励方案概览

国家	政策内容	时间	状态	金额（美元）
丹麦	丹麦政府已提议在2020—2026年为保障性住房的绿色翻新提供资金，包括隔热、更换窗户和更换燃油加热系统等措施	2020.05.01	提案	47.7亿
意大利	"生态补贴"计划为供暖和制冷系统翻新的一部分：私人安装的能效改造，如热泵、太阳能和储能提供的税收减免由原先的50%提升至110%	2020.05.14	已实施	/
欧盟	欧盟委员会提议的目标是通过监管和财政支持，使现有建筑存量的年度翻新率至少翻倍，如将分配给欧盟投资基金下"可持续窗户"的金额翻倍（额外增加200亿欧元）	2020.05.27	提案	/
新西兰	将"温暖Kiwi之家房屋保温计划"扩展到低收入家庭，为隔热和供暖改造提供补贴。审批资金一半用于今年，剩余用于明年	2020.05.29	提案	4 000万
韩国	政府计划到2022年拨款5.8万亿韩元用于"生活基础设施的绿色转型"，并创造8.9万个工作岗位。这将有助于国有设施（日托中心，社区卫生所，医疗设施和公共住房）向零排放迈进，包括以高效、绿色的系统代替基于化石燃料的公用事业系统。另外，该资金还将用于实施100个基于IT的新系统，以帮助解决环境问题，包括低碳汽车制造和空气质量改善	2020.06.01	提案	49.8亿
芬兰	资助政府支持住房建造中木材的使用，建筑增加对木材建筑计划的资金，通过增强专业知识、制定法规等来促进木材的使用	2020.06.02	通过	/
芬兰	2020年拨款，逐步淘汰家庭和公共建筑中的取暖用油	2020.06.02	通过	5 000万
德国	为针对二氧化碳（CO_2）的建筑翻新计划提供额外资金，2020年和2021年将再增加10亿欧元，年度总额达到25亿欧元	2020.06.03	通过	23.7亿
英国	开展20亿英镑的"绿色房屋补助金"代金券计划，用于资助2020—2021年房屋效率的提升，如改善隔热功能。这些代金券可以抵消三分之二成本，价值高达5 000英镑。对于较贫困的家庭，将提供最多10 000张的代金券，并可以抵消全部费用。该计划涉及环保锅炉、热泵、双层或三层玻璃窗、低能耗照明和节能，将于9月开始接受申请	2020.07.08	已实施	25.8亿
英国	今年的一项10亿英镑计划将资助能源效率和低碳热能升级，使包括学校和医院在内的公共建筑更加绿色	2020.07.08	已实施	12.9亿
英国	启动一项5 000万英镑的示范项目，将于2020—2021年进行社会住房的翻新，这些措施可能包括隔热、双层玻璃和热泵	2020.07.08	已实施	6 000万
英国	支持新型的建筑技术	2020.07.22	已实施	3 000万
爱尔兰	政府承诺在2030年前提高50万户家庭的能源评级，7月的刺激计划包括改造技能培训计划，同时向爱尔兰可持续能源局（SEAI）提供额外资金以推广2021年的房屋改造计划	2020.07.23	已实施	1.2亿
法国	旨在提高公共和私人建筑以及社会住房的能效，包括对保温和低碳供暖的投资	2020.09.03	通过	77亿

我国各省市的绿色建筑激励政策其方式主要包括：土地使用权转让、土地规划、财政补贴、税收、信贷、容积率、城市配套费、审批、评奖、企业资质、科研和消费引导等。目前约有 10 个省市提出了在土地招拍、出让、规划阶段将绿色建筑作为前置条件，明确绿色建筑比例。

财政补贴是最受政迎的绿色建筑激励政策。各省市的财政补贴标准主要基于星级标准、建筑面积、项目类型和项目上限等组合来设计政策，有 9 个省份（直辖市）明确了对星级绿色建筑的财政补贴额度，补贴范围从 10~60 元 /m^2（上海对预制装配率达到 25% 的项目，资助提高到 100 元 /m^2），北京、上海和广东从二星级开始资助，江苏和福建对一星级绿色建筑的激励提出了明确的奖励标准；陕西省提出了阶梯式量化财政补贴政策，奖励从 10~20 元 /m^2 不等。

2.6.2 市场规模扩大

2020 年，受新冠肺炎疫情影响，全球建筑和房地产业的增长都出现了下降。但随着接种疫苗人数的增加，2021 年全球经济有望强势复苏。世界各国对绿色复苏的呼声强烈，绿色建筑将迎来强势发展的第五波浪潮，而"健康""碳中和"或净零碳排放将是这波浪潮的核心诉求。绿色建筑是未来十年全球最大的投资机会之一，据国际金融公司（IFC）估计，到 2030 年，绿色建筑的投资规模将达到 24.7 万亿美元。[①]

据多个国际市场研究机构的测算，2020 年全球绿色建筑市场规模为 2 405.2 亿美元，受新冠肺炎疫情影响导致的全球经济萎缩，其总规模相对于 2019 年下降了 4.6%。但随着各国绿色复苏政策的实施，绿色建筑市场规模有望在 2023 年达到 3 078.3 亿美元。非住宅市场、单户住宅市场和多户住宅市场三个细分绿色建筑市场各自的表现如下：

全球多户住宅绿色建筑市场从 2019 年的 475 亿美元下降到 2020 年的 450.1 亿美元，复合年增长率为 -5.2%。预计市场将以 6.1% 的复合年增长率在 2023 年复苏并达到 538 亿美元。

全球单户住宅绿色建筑市场从 2019 年的 1 196.3 亿美元下降到 2020 年的 1 164.6 亿美元，复合年增长率为 -2.65%。预计市场将以 9.03% 的复合年增长率在 2023 年复苏并达到 1 509.5 亿美元。根据美国全国房屋建筑

---

① 构国际金融公司（IFC）《城市气候投资机会报告》，2020.

商协会（National Association of Home Builders，简称 NAHB）的一份报告，在美国，从 2015 年到 2017 年，报告建造净零能耗房屋的建筑商数量从 21% 增加到 29%。大约 44% 的建筑商表示有兴趣在未来两年内建造净零能耗房屋。这些统计数据显示了单户住宅建筑市场中净零能耗房屋的趋势。

全球非住宅绿色建筑市场从 2019 年的 851 亿美元下降到 2020 年的 790.5 亿美元，复合年增长率为 -7.1%。未来几年，绿色建筑的标准将在预防和控制此类流行病的技术和政策方面发生变化。预计市场将在 2023 年以 9.3% 的复合年增长率达到 1 030.8 亿美元。

2.6.3　市场增速放缓

2020 年，绿色建筑认证的项目数量仍在继续增长。不过种种迹象表明，在经历了 2013 年至 2017 年的飞速增长期后，全球绿色建筑认证项目的数量增长速度正在放缓。以 LEED 认证为例，排名前十国家的认证项目总和在 2016 年至 2018 年依次为 5 533 个、6 657 个、7 798 个（注：前十名中要排除美国，它的 LEED 体量目前仍然最高），年增长率从 20.3% 下降到了 17.1%（图 2-14、图 2-15）。

以中国为例，绿色建筑标识年度增长率自 2017 年以来也呈现出停滞和下滑趋势。

新建建筑中绿色建筑认证增长缓慢并不意味着可持续设计的重要因素被忽略。随着"绿色"成为建筑的基本色，普通绿色认证的市场价值逐渐减弱。更多元化，更加贴近消费者需求的可持续认证标识将赢得更多市场。

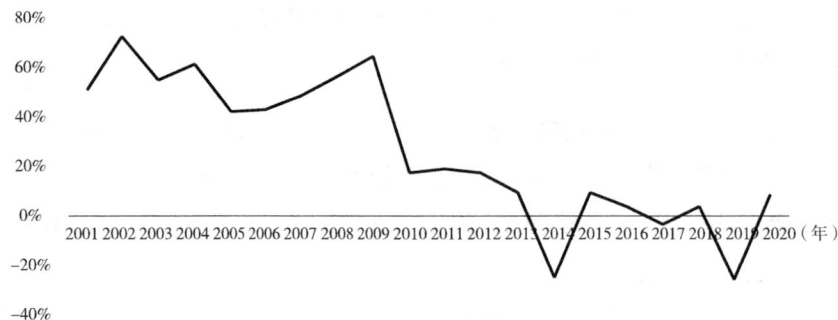

全球LEED认证项目数量年增长率变化趋势（2001—2020年）
友绿网统计

图 2-14　全球 LEED 认证项目数量年增长率变化趋势（2001—2020 年）

中国绿色建筑评价标识项目数量年增长率变化趋势
2009—2020年，友绿网统计

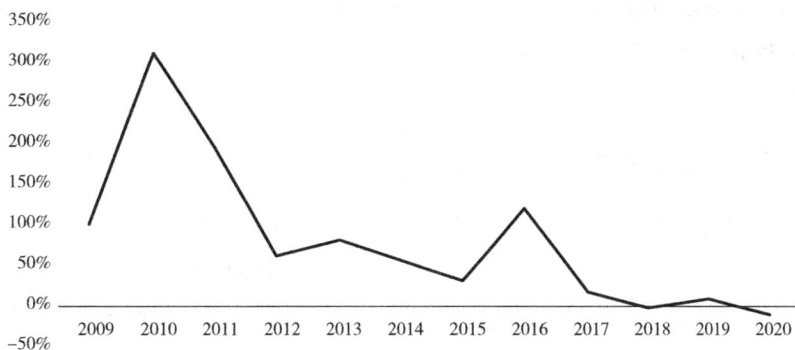

图 2-15　中国绿色建筑评价
标识项目数量年增长率变化
趋势（2009—2020 年）

2.6.4　标准竞争激烈

在美国，LEED 与其他评级体系竞争激烈，在细分市场（如购物中心和办公室装修）中也有新的标准进入。2016 年，美国联邦总务管理局再次确认 LEED 和 Green Globes 都可用于其项目。但是，所有评级和认证系统中最大的竞争者是许多所有者偏爱的 DIY（自己动手做）或使用 LEED 系统提供设计的指导但不申报认证的绿色合规方法。除此以外，LEED 还面临着美国全国房屋建筑商协会主导的国家绿色建筑标准（NGBS）的竞争。NGBS 已经认证超过 25 万个住宅单位。数十项区域和地方绿色倡议在其计划标准中引用了该标准，国际绿色建筑规范（LGCC）允许 NGBS 作为四层以上住宅建筑的替代合规途径。

在加拿大，业主和开发商也有多个绿色建筑认证或评级系统可供选择。其中加拿大建筑业主和管理人员协会（BOMA）开发的 BOMA BEST（建筑环境标准）、专注于住宅建筑的国家认证计划 Built Green Canada、加拿大自然资源部（NRCan）支持用于衡量房屋的能源性能的 EnerGuide、ENERGY STAR® for New Homes、GB Initiative Canada 主导的 Green Globes、加拿大绿色建筑委员会（CaGBC）管理的 LEED Canada、生活建筑挑战赛 Living Building Challenge、加拿大房屋建筑商协会倡议的净零房屋标签计划等 19 个绿色建筑相关评级系统。

BREEAM International 正在 60 个国家 / 地区推广其系统，BREEAM 已经在中国和墨西哥等国建立了分支机构。在欧洲，BREEAM 评分系统正在西欧积极推广自己的产品，与特定国家 / 地区的绿色建筑评级体系竞争，如法国的 HQE 和德国的 DGNB。

在中国，美、英、德、法等发达国家的绿色建筑评级体系均有应用，各个评级体系之间的竞争日趋激烈。各个评价标准在中国的市场格局在本报告第5章标准篇第5节有详细阐述。

2.6.5 中国或将成全球最大的绿色建筑市场

从地理上看，全球绿色建筑市场分为欧洲、亚太地区、北美和世界其他地区。其中，北美（美国和加拿大）仍然是全球绿色建筑创新的主要推动者。良好的基础设施、活跃的技术创新能力、强烈的环境意识、消费者购买力高、更为严格的环保法规等因素促成北美地区成为当前绿色建筑最大的市场。

中国目前是全球规模最大的建筑市场，今后或将成为全球最大的绿色建筑市场。以 LEED 认证为例，2020 年，中国以累计超过 1.1 亿 m^2 的 LEED 认证建筑面积，连续第五年位居美国以外 LEED 年度十大国家和地区榜首。

中国每年 20 亿 m^2 左右新建建筑面积，占了全球新建建筑面积一半，预计到 750 亿 m^2 达到峰值。同时，中国现有存量建筑 644 亿 m^2。按照已完成绿色建筑 50 亿 m^2 计算，当前绿色建筑占全部存量绿色建筑的占比不足 8%。既有建筑的绿色化改造空间巨大。

随着中国政府加大对绿色发展理念的贯彻落实，在建筑领域推动碳达峰、碳中和目标的实现，绿色金融等方面的政策组合实施，绿色建筑将变得更加普及，绿色建筑相关的建筑材料、施工工艺、设计工具、设计咨询、运营维护的绿色建筑技术服务全产业链都将受益。

第 3 章　中国绿色建筑发展概述

从 2006 年建设部发布《绿色建筑评价标准》GB/T 50378—2006 算起，到 2019 年住房和城乡建设部正式实施经过两次修订的《绿色建筑评价标准》GB/T 50378—2019，我国绿色建筑已经正式走过 15 个年头。绿色建筑从开始的乏人问津到现在的炙手可热，政府相关管理部门、建筑行业主要的科研院所、有社会责任感的大型地产开发企业、政府投资的大型公共建筑代建或管理单位，以及建筑设计咨询机构都为绿色建筑的推广、实施做出了不可或缺的贡献。

从最初西风东渐的 2003 年，只有美国 LEED 绿色建筑评价体系一家独占市场，到如今英国、德国、法国等各国绿色建筑评价体系逐鹿中国市场，零能耗、装配式、被动式、主动式等各类绿色建筑技术渐次兴起，风头甚至大有超过绿色建筑之势。

绿色建筑的概念，也从最初的"四节一环保"延伸出了低碳建筑、生态城区、超低能耗建筑、被动房以及健康建筑。绿色建筑的普及推动了建筑行业各利益相关者对行业发展趋势的思考，推动了建筑使用者对建筑性能和环境质量的重视。

3.1　发展背景

绿色发展是我国的基本国策。在党的十八届五中全会上，习近平同志提出"创新、协调、绿色、开放、共享"五大发展理念，指出我国应该走一条实现经济、生态和民生有机统一的绿色发展之路。这不仅是适应我国当前生态形势的唯一选择，也是为 21 世纪人类发展新道路提供的伟大实践。

"十三五"规划指出，我国实现绿色发展，要迈向"三个零"目标：到 2025 年，实现资源消耗"零增长"；到 2035 年，实现生态占用"零赤字"；到 2050 年，实现环境污染"零排放"。

绿色建筑集节地、节水、节能、节材和环境保护要求于一身，是建设"美丽中国"的重要载体。推进绿色建筑发展是贯彻落实党的十九大报告精神的重要内容,是满足人民对美好生活向往的重要举措,是建设生态文明、形成绿色发展方式和生活方式的重要举措,是推进能源生产和消费革命、推进资源全面节约和循环利用的重要举措,也是实现"2060 碳中和"目标的重要途径。

3.2　发展历程

中国的绿色建筑从 20 世纪 80 年代开始发展至今,可分为四个发展阶段。详见图 3-1 和表 3-1。

第一阶段 1986 年到 2005 年,为观念引导期。从城乡建设环境保护部出台《民用建筑节能设计标准(采暖居住建筑部分)》JGJ 26—86(试行)到建设部《关于发展节能省地型住宅和公共建筑发展的指导意见》(建科〔2005〕78 号)的发布。

第二阶段 2006 年到 2008 年,为试点示范期。2006 年《国家中长期科学和技术发展规划纲要》规定建筑节能和绿色建筑是城镇化与城市发展的重点方向之一,第一版《绿色建筑评价标准》GB/T 50378—2006 也于同年颁布,并在 2008 年首次正式评审认证 6 个项目获得中国绿色建筑设计评价标识。

第三阶段 2009 年到 2017 年,为快速发展期。从发布《全国人民代表大会常务委员会关于积极应对气候变化的决议(草案)》到发布《住房和城乡建

图 3-1　中国绿色建筑发展四个阶段(单位：年)

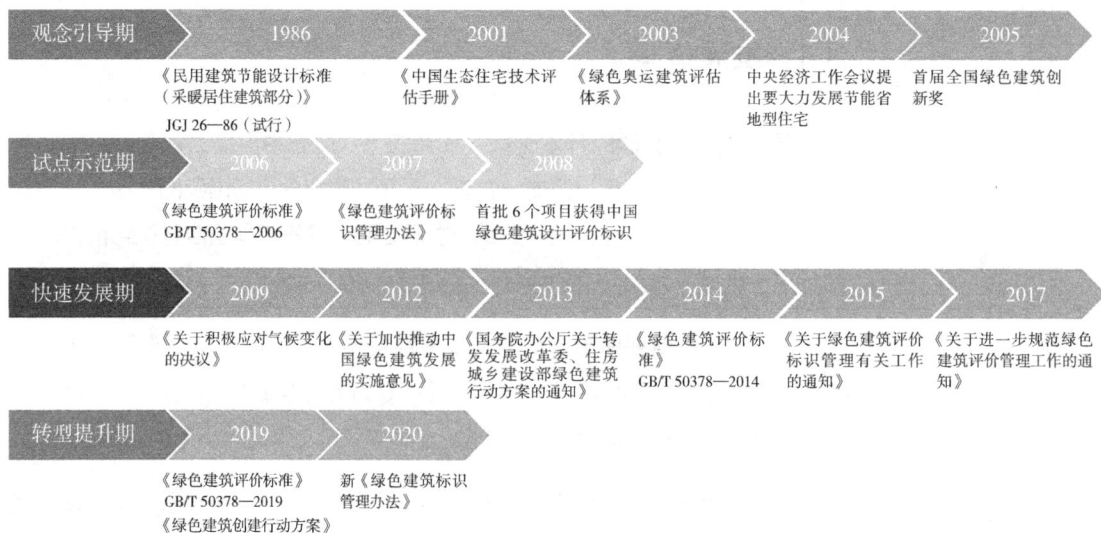

表3-1 中国绿色建筑发展历程时间线

年份	阶段	内涵
1986		城乡建设环境保护部出台《民用建筑节能设计标准（采暖居住建筑部分）》JGJ 26—95，明确通过增加墙体保温性能达到节能30%标准的要求，被业内称为"一步节能"，实现了我国建筑节能标准"零"的突破
2001		全联房地产商会发布《中国生态住宅技术评估手册》
2003		由清华大学等单位主编的《绿色奥运建筑评估体系》发布
2004	观念引导期	中央经济工作会议提出要大力发展节能省地型住宅，全面推广和普及节能技术，制定并强制推行更严格的节能节材节水标准
		建设部"全国绿色建筑创新奖"启动
2005		建设部印发《关于发展节能省地型住宅和公共建筑的指导意见》（建科〔2005〕78号），明确提出建筑节能、节地、节水、节材和环境友好等方面的目标和任务
		首届国际智能与绿色建筑技术研讨会暨技术与产品展览会（每年一次），公布"全国绿色建筑创新奖"获奖项目及单位
2006		第一版《绿色建筑评价标准》GB/T 50378—2006颁布实施
2007	试点示范期	《绿色建筑评价技术细则》（试行）和《绿色建筑评价标识管理办法》（试行），逐步完善适合中国国情的绿色建筑评价体系
2008		首批6个项目获得中国绿色建筑设计评价标识
		中国城市科学研究会节能与绿色建筑专业委员会成立，对外以中国绿色建筑委员会的名义开展工作
2009		发布《全国人民代表大会常务委员会关于积极应对气候变化的决议》，提出要立足国情发展绿色经济、低碳经济
2012		财政部与住房和城乡建设部联合发布《关于加快推动我国绿色建筑发展的实施意见》（财建〔2012〕167号）
2013	快速发展期	国务院发布了《国务院办公厅关于转发发展改革委、住房城乡建设部绿色建筑行动方案的通知》（国办发〔2013〕1号）提出"十二五"规划期间完成新建绿色建筑10亿 m^2 绿色建筑逐步从单体建筑走向城市新区并实施绿色生态城区建设，部分地区在城镇新建建筑中全面执行绿色建筑标准
		《绿色工业建筑评价标准》GB/T 50878—2013发布
		《绿色办公建筑评价标准》GB/T 50908—2013发布
2014		第二版《绿色建筑评价标准》GB/T 50378—2014发布，并于2015年1月实施。评价范围从住宅建筑和公共建筑中的办公建筑、商场建筑和旅馆建筑，进一步扩展至民用建筑各主要类型
		《国家新型城镇化规划（2014—2020年）》发布，将绿色建筑发展列为新型城镇化主要指标，明确提出到2020年我国城镇绿色建筑占新建建筑比重达到50%，同时提出了"十三五"绿色建筑发展目标要求
		住房和城乡建设部要求符合相关条件的直辖市、计划单列市及省会城市市辖区范围内的保障性住房，率先实施绿色建筑行动，至少达到绿色建筑一星级标准。通知还要求同时具备以下条件的也需实施绿色建筑：政府投资、2014年及以后新立项、集中兴建且规模在2万 m^2 以上、公共租赁住房（含并轨后的廉租住房）

年份	阶段	内涵
2015	快速发展期	发布《住房和城乡建设部关于绿色建筑评价标识管理有关工作的通知》（建办科〔2015〕53号），提出逐步推行绿色建筑标识第三方评价
		中央城市工作会议明确提出了新时期我国建筑方针"适用、经济、绿色、美观"，将绿色纳入其中，发展绿色建筑成为国家战略
2017		住房和城乡建设部发布《关于进一步规范绿色建筑评价管理工作的通知》（建科〔2017〕238号），强调绿色建筑标识评价工作属地化管理
2019	转型提升期	第三版《绿色建筑评价标准》GB/T 50378—2019发布，并于2020年1月实施
		住房和城乡建设部深入贯彻落实党的十九大精神，对《绿色建筑评价标准》GB/T 50378—2019进行了第三版修订并发布，重新构建安全耐久、健康舒适、生活便利、资源节约、环境宜居五大评价指标体系，推动绿色建筑转型提升，更加注重品质，注重提升人民群众获得感、幸福感和安全感，于2020年1月实施
		住房和城乡建设部等七部委印发《绿色建筑创建行动方案》，提出到2022年，当年城镇新建建筑中绿色建筑面积占比达到70%
2020		住房和城乡建设部发布新的《绿色建筑标识管理办法》，将绿色建筑的评价权收回到各级政府手中

设部关于进一步规范绿色建筑评价管理工作的通知》（建科〔2017〕238号），强调绿色建筑标识评价工作属地化管理。

第四阶段2019年至今，为转型提升期。住房和城乡建设部等七部委印发《绿色建筑创建行动方案》，提出到2022年，当年城镇新建建筑中绿色建筑面积占比达到70%。住房和城乡建设部发布新的《绿色建筑标识管理办法》（建标规〔2021〕1号），将绿色建筑的评价权收回到各级政府手中。

3.3 发展成就

3.3.1 绿色已经成为我国城乡建设的底色

按照《绿色建筑评价标准》GB/T 50378—2019，满足所有控制项的要求即为基本级，控制项与全文强制性规范有效衔接，将作为全面执行绿色建筑标准的主要依据。全文强制性规范是指住房和城乡建设部2020年3月公开征求意见的38个全文强制性工程建设规范，这些规范有的已经发布，有的即将发布。也就是说，待这38个规范全部发布后，按照常规设计，常规审查，并严格按图施工，建筑就可以达到绿色建筑基本级。

另一方面，自 2020 年 7 月，住房和城乡建设部联合七部委发布的《绿色建筑创建行动方案》提出到 2022 年，我国绿色建筑占城镇新建建筑的比例将达到 70% 以上；随后我国 31 个省市自治区接连发布各自的绿色建筑创建行动方案。图 3-2 显示各省市承诺到 2022 年，绿色建筑占城镇新建建筑的比例均在 50% 以上，其中，北京、上海、浙江、江苏、广东和江西六省市为100%，河北、新疆等 22 省市承诺的目标均在 70% 以上，仅陕西、西藏和贵州等省份承诺的目标低于 70%。

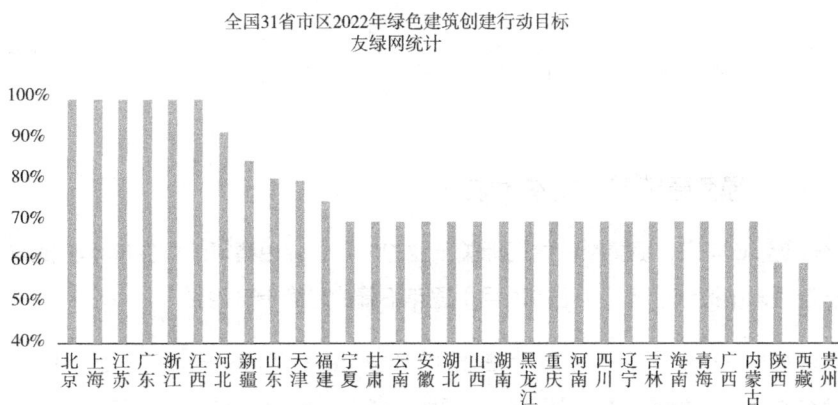

全国31省市区2022年绿色建筑创建行动目标
友绿网统计

图 3-2 全国 31 省市区 2022 年绿色建筑在城镇新建建筑中的百分比

根据各省市发布的《绿色建筑创建行动方案》和新国标制定的规则，可以判断在"十四五"规划末期，绿色建筑在我国城镇新建建筑中将实现 100% 覆盖，绿色已经成为我国城乡建设的底色。

3.3.2 绿色建筑数量大幅增加

"十三五"规划期间我国绿色建筑发展整体上步入了一个新的台阶，进入全面、高速发展阶段。在项目数量上，继续保持着规模优势，每年新增项目数量约 3 500 个（图 3-3）。

"十二五"规划期间（2011—2015 年），我国绿色建筑标识项目数量合计为 3867 个，"十三五"规划期间（2016—2020 年），仅前 4 年的绿色建筑标识项目数量就达到了 14 478 个，约为"十二五"规划期间项目数量的4 倍。据住房和城乡建设部标准定额司一级巡视员倪江波在"2021 中国房地产业碳达峰发展高峰论坛"上的发言，截至 2020 年底，我国获得国家绿色建筑标识的项目累计达到 2.47 万个，建筑面积超过 25.69 亿 m^2。2020 年当年新建绿色建筑占城镇新建民用建筑比例达 77%。

全国绿色建筑标识项目数量情况
截至2020年12月，友绿网统计

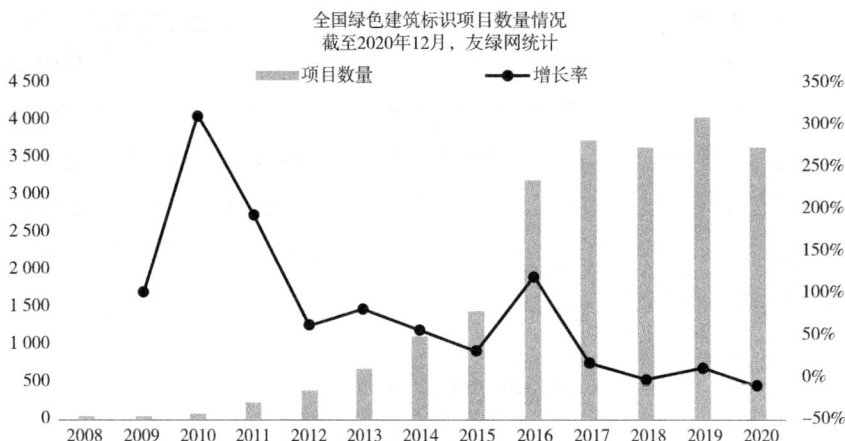

图 3-3 全国绿色建筑标识项目数量情况

3.3.3 绿色建筑增量成本大幅下降

近 10 年来，随着绿色建筑相关产业的成熟，绿色建筑的增量成本（相对于普通未申报绿色建筑认证的项目）逐年下降的趋势十分明显。

如图 3-4、图 3-5 所示，在 2010 年到 2020 年间，一、二、三星级绿色公共建筑的增量成本分别下降了 47%，52%，66%；住宅建筑各星级的增量成本降幅分别为：80%、71%、36%；绿色建筑等级越高，增量成本下降越明显。①

2010—2020年绿色建筑评价标识项目增量成本统计（元/m²，公共建筑）

图 3-4 2011—2020 年绿色公共建筑评价标识项目增量成本统计

---

① 该数据综合自多篇论文和研究报告，含：[1] 宋凌，张川，李宏军 . 2015 年全国绿色建筑评价标识统计报告 [J]. 建设科技，2016（10）：12-15. [2] 张川，宋凌，孙潇月 . 2014 年度绿色建筑评价标识统计报告 [J]. 建设科技，2015（6）：20-23. [3] 宋凌，李宏军，张川 . 2013 年度绿色建筑评价标识统计报告 [J]. 建设科技，2014（06）：27-30. [4] 王建清，高雪峰，宋凌，李宏军，酒淼 . 2012 年度绿色建筑评价标识统计报告 [J]. 建设科技，2013（6）：23-26. 其他等（友绿网，中国房地产报《中国绿色地产发展年度研究报告》：2011—2020 年对房地产企业问卷调研统计的数据）。

2011—2020年绿色建筑评价标识项目增量成本统计（元/m²，住宅）

■ 住宅一星　■ 住宅二星　■ 住宅三星

图 3-5　2011—2020 年绿色
住宅建筑评价标识项目增量成
本统计

年份	住宅一星	住宅二星	住宅三星
2010	30	87	150
2011	31	88	196
2012	34	95	145
2013	25	73	139
2014	23	66	121
2015	20	42	125
2016	17	37	117
2017	12	33	105
2018	11	28	97
2019	9	22	92
2020	6	25	96

3.3.4 绿色建筑产业链日趋成熟

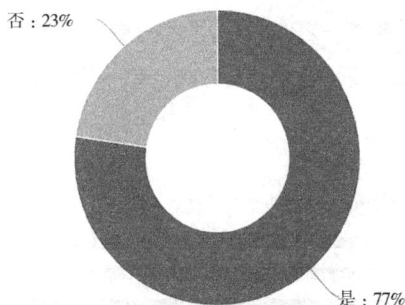

图 3-6　公司业务发展是否
受益于绿色建筑发展

否：23%

是：77%

如图 3-6 所示，在本次调研中，有 77% 的生产企业认为自己公司的业务发展受益于过去十年绿色建筑的大发展。

以上表示获益的受访者中，对于过去十多年绿色建筑大发展中谁是最大受益者，56% 的受访者认为是咨询顾问公司，53% 认为是节能产品厂商和服务商，比如太阳能企业、节能监测软件企业等，40% 认为是评价颁证机构，30% 认为是政府，22% 认为是房地产开发企业，22% 认为是检测机构，仅有 19% 的受访者认为普通消费者是最大受益者，另外有 10% 的受访者认为设计机构（含各类事务所）是最大的受益者，如图 3-7 所示。

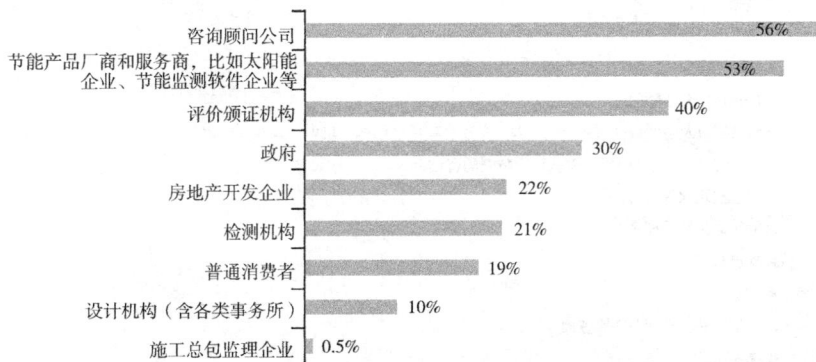

图 3-7　过去十多年中绿色
建筑发展最大的受益群体／对
象（最多选 3 项）

受益群体	百分比
咨询顾问公司	56%
节能产品厂商和服务商，比如太阳能企业、节能监测软件企业等	53%
评价颁证机构	40%
政府	30%
房地产开发企业	22%
检测机构	21%
普通消费者	19%
设计机构（含各类事务所）	10%
施工总包监理企业	0.5%

设计院、事务所以及绿色建筑咨询机构是绿色建筑设计实施的重要参与和推动力量，其提供的技术服务以各类绿色建筑评价标准为指引，以绿色建筑标识评价活动为阶段验收方式，以最终获得绿色建筑评价标识为成果体现。

考虑到参与本次调研的群体来自绿色建筑咨询公司和设计院的人群最多，合计占比达 60% 以上。为研究该问题投票的来源，研究团队进行了交叉分析，将该问题的投票与受访人群占比进行交叉验证，结果如图 3-8 所示，69% 的房企、68% 的咨询公司、46% 的设计院选择了"咨询顾问公司"是最大的受益主体，票数甚至高于全部受访者的平均投票数。可见绿色建筑咨询顾问公司，不仅自我认同最受益于绿色建筑的大发展，也是整个行业的共识。

作为绿色建筑产业链上的关键环节、绿色建筑的技术支撑，节能产品厂商和服务商，比如太阳能企业、节能监测软件企业等理当是绿色建筑大发展的受益者，获得 51% 的投票是情理之中。但值得关注的是，政府和评价机构作为受益者也获得了 66% 以上（38% 评价机构 +28% 政府）的投票，该比例反映出来的问题值得行业政策制定者深思。按照上述交叉分析，有 53% 的房企代表认为政府受益最大。

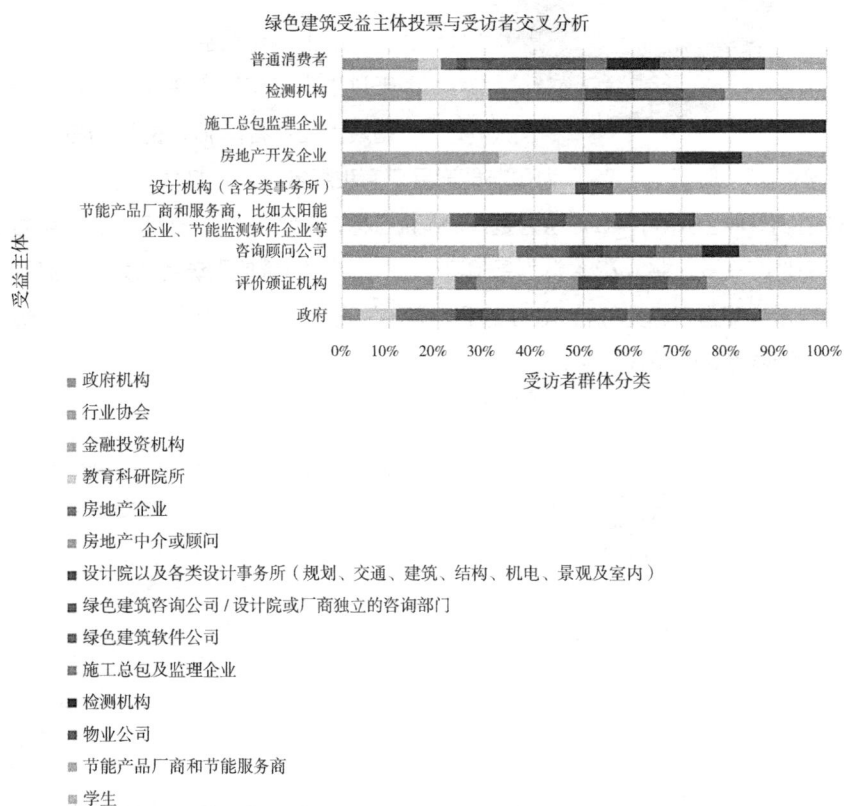

绿色建筑受益主体投票与受访者交叉分析

受益主体

受访者群体分类

- ▪ 政府机构
- ▪ 行业协会
- ▪ 金融投资机构
- ▪ 教育科研院所
- ▪ 房地产企业
- ▪ 房地产中介或顾问
- ▪ 设计院以及各类设计事务所（规划、交通、建筑、结构、机电、景观及室内）
- ▪ 绿色建筑咨询公司 / 设计院或厂商独立的咨询部门
- ▪ 绿色建筑软件公司
- ▪ 施工总包及监理企业
- ▪ 检测机构
- ▪ 物业公司
- ▪ 节能产品厂商和节能服务商
- ▪ 学生

图 3-8　绿色建筑发展最大的受益群体调研结果交叉分析

3.4　发展特点

3.4.1　政策推动是我国绿色建筑快速发展的主要驱动力

在本次调研中，有 76% 的受访者认为我国绿色建筑发展取得的巨大成就应归功于强制一星政策，即各级政府对绿色建筑一星级在施工图中强制要求，67% 的受访者认为是绿色建筑财政激励政策的功劳。值得注意的是，房地产企业的大力推动，如万科、朗诗、当代等企业在绿色科技领域的研发活动对绿色建筑发展的推动力也首次得到行业人士的认可，如图 3-9 所示，约 40% 的受访者认为房地产企业在推动绿色建筑发展方面功不可没。

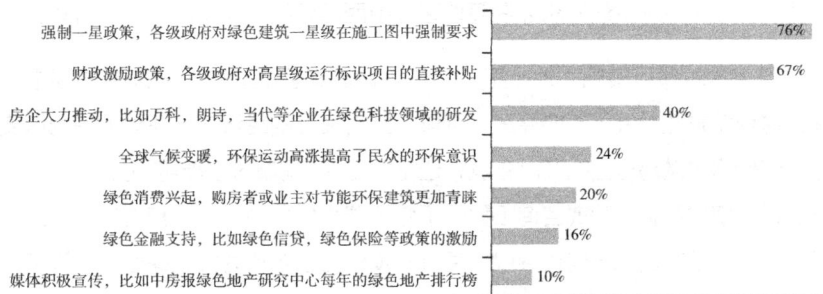

图 3-9　过去十年我国绿色建筑发展取得成就的原因

而绿色消费、绿色金融、媒体宣传等至关重要的市场驱动力影响占比均未超过 20%，其中媒体宣传占比更是低于 10%。该结论体现出我国绿色建筑发展在消费端的驱动力严重不足，表明绿色建筑理念的推广和普及工作任重道远。同时，媒体的整体性缺席也意味着舆论监督处于空白状态。

在本次《绿色建筑创建行动方案》发布之前，国家及各省市政府已经出台了众多促进绿色建筑发展的各类激励政策，本次调研中，有 61% 的受访者表示所在公司申报的绿色建筑项目获得过奖励或补贴，这说明实际上政策层面对于绿色建筑发展是有实打实的呵护（图 3-10）。

各地政策内容详情可查阅附录 2。

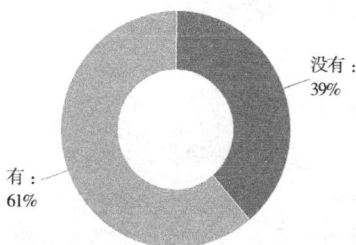

图 3-10　企业所申报的绿色建筑获得过奖励或补贴的比例

约 78% 的受访者表示，申报绿色建筑标识的主要目的是满足当地政府对绿色建筑的强制要求，另有 48% 以上的受访者是为了申报奖励资金或税收减免。这两项都是政策驱动的结果。"合规"仍然是绿色建筑发展的最大驱动力（图 3-11）。

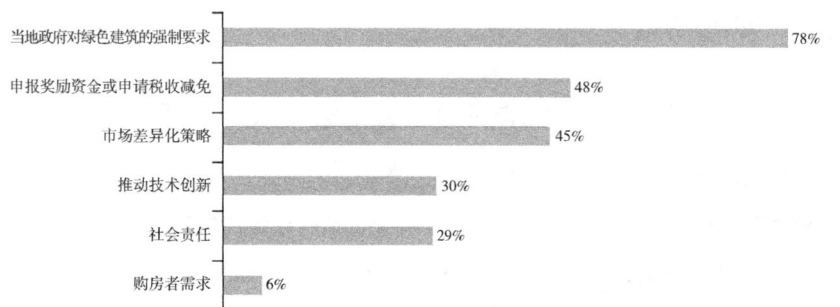

当地政府对绿色建筑的强制要求 78%
申报奖励资金或申请税收减免 48%
市场差异化策略 45%
推动技术创新 30%
社会责任 29%
购房者需求 6%

图 3-11 您（或您的客户）申报绿色建筑标识的主要目的是（最多选 3 项）

3.4.2 区域发展不平衡

大部分绿色建筑评价标识项目主要集中在江苏、广东、山东、上海、天津、河北、浙江等经济发达的东部沿海地区，中西部等经济欠发达地区相对较少。

绿色建筑项目实施的地区不均衡性，说明绿色建筑与经济发展的强相关性。这种差异性发展优势的存在，不仅是因为良好的经济状况使建筑使用者支付得起价格略微高一些的商品建筑，还得益于普遍较高的建筑使用、建造、运营意识，使建筑设计师或咨询工程师不必耗费大量精力，便可和建筑开发企业就实施绿色建筑达成方向性共识。建筑开发企业也愿意为实施绿色建筑增加一些建安成本和绿色建筑技术服务费用。

由图 3-12 可知，按照各省市公布的绿色建筑面积累加，全国绿色建筑面积累计为 59.84 亿 m²（含地标和完成施工图审查面积。据各地公布的绿色建筑创建方案、绿色建筑或建筑业"十四五"发展规划中的数据汇总得出）。江苏省是我国绿色建筑面积最多的省份，累计绿色建筑面积 8 亿 m²；其次为广东、浙江和山东。以绿色建筑发展的头部省份江苏为研究样本，历年情况如图 3-13 所示。

2006—2020年中国各省市累计绿色建筑实施面积（亿m²）
友绿网统计

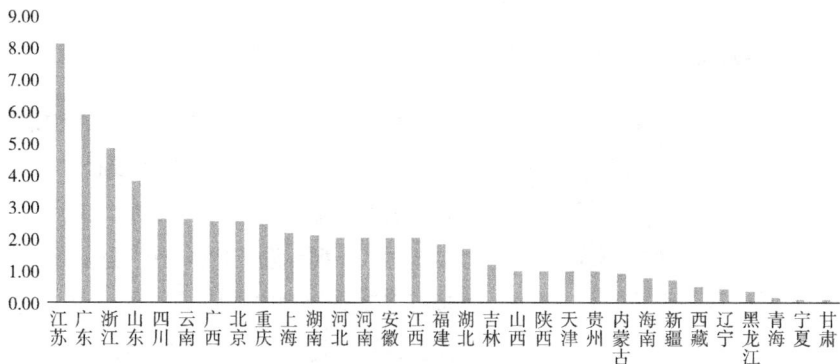

图 3-12 2006—2020 年各省市累计绿色建筑实施面积（单位：亿 m²）
注：大部分省市为 2020 年末公布的统计数据，近少数省份为 2019 年统计数据。

江苏省绿色建筑标识数量

图 3-13 江苏省绿色建筑标识数量（2015 年数据为历年累计数据）

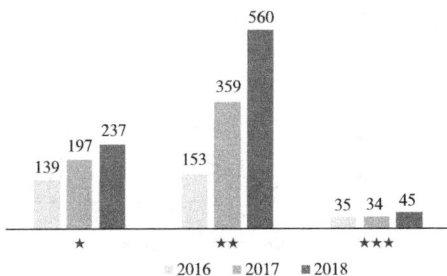

图 3-14 江苏省"十三五"期间绿色建筑标识各星级数量

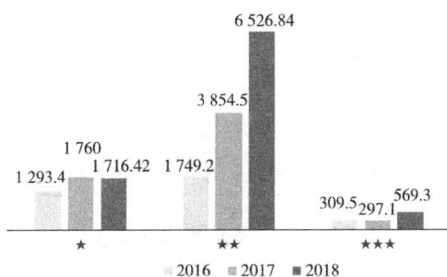

图 3-15 江苏省"十三五"期间绿色建筑标识各星级面积（单位：万 m^2）

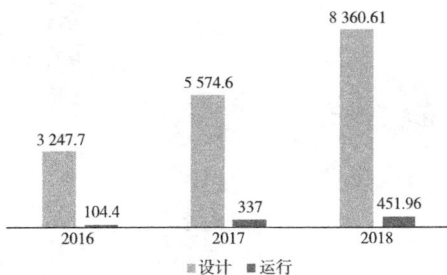

图 3-16 江苏省"十三五"期间绿色建筑标识各类别面积（单位：万 m^2）

"十三五"前三年，江苏省合计完成 1 759 个绿色建筑标识项目的评价，比 2015 年及以前历年累计的项目数量增长了 127.56%，其中仅 2018 年当年的绿色建筑标识项目数量就超过了 2015 年及以前历年累计数据，近三年的年均增长率高达 118.96%，继续领跑全国（图 3-14）。

在标识项目各星级的分布上，呈现出一、二星级占比较大，三星级占比偏小的现象，其中，二星级项目数量相对一星级增长幅度更高，逐年的绝对项目数量也开始拉开距离。表明江苏省制订的绿色建筑政策及相关推进措施在"十三五"期间开始发挥效果，绿色建筑的实施要求已经跨越了低水平、低要求复制阶段，正处于全面迈入中等要求发展阶段（图 3-15）。

在各星级绿色建筑项目面积的统计上，更能支持上述分析得出的结论，一星级和三星级近三年虽然有增长，但整体平稳，二星级项目则连续保持翻倍增长的发展速度（图 3-16）。

在设计与运行标识面积的统计上，可以直观地看出设计标识项目仍然占绝对多数，近 3 年的比重分别为 96.89%、94.30%、94.87%。单从运行标识项目面积的增长情况来看，近 3 年的平均增长率高达 277.85%，但由于设计标识项目数量和面积的基数更大、增长更快，导致从全省绿色建筑实施的整体层面观察，运行项目的数量和面积比重变化不大，这是江苏绿色建筑发展需要面对的问题，也是全国绿色建筑发展存在的问题。

东部沿海地区以福建为研究样本（图3-17）。

福建省"十三五"规划期间前3年完成的绿色建筑标识项目数量合计137个，超过了"十二五"规划期间及以前多年的累计实施项目数量。近3年标识项目数量的平均增速为94.64%（图3-18）。

在星级分布上，一星级仍然是主流，二星级项目数量2018年有所增加，但持续发展的趋势还不明显。各星级面积的统计结果与各星级数量的统计结果基本一致（图3-19）。

西北地区以新疆为研究样本（图3-20）。

新疆"十三五"规划前3年完成的绿色建筑标识项目数量合计47个，大幅超过了"十二五"期间及以前多年的累计实施项目数量。近3年标识项目数量的平均增速高达633%。

在各星级的数量和面积分布上，二星级项目是非常明显的主流，一星级和三星级的项目比例较小，呈现出尖峰状的分布态势，这可能是新疆地区绿色建筑发展虽然缓慢，但普遍要求较高，放弃了一星级，以二星级为主要实施目标（图3-21、图3-22）。

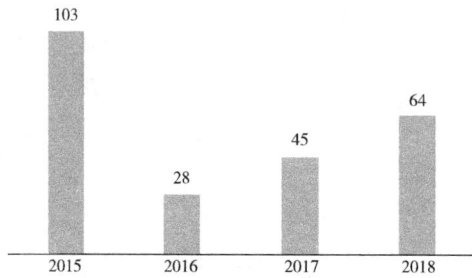

图3-17 福建省绿色建筑标识数量（2015年数据为历年累计数据）

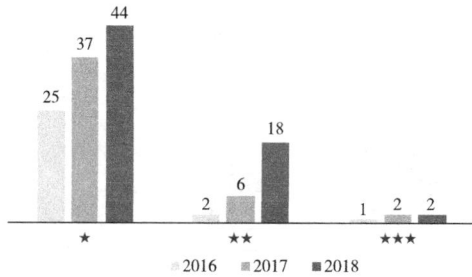

图3-18 福建省"十三五"规划期间绿色建筑标识各星级数量

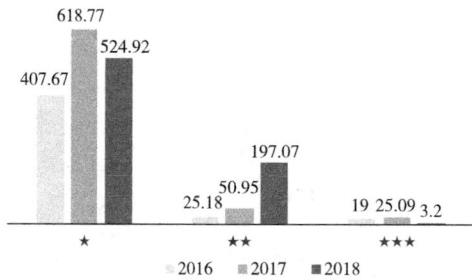

图3-19 福建省"十三五"规划期间绿色建筑标识各星级面积（单位：万 m^2）

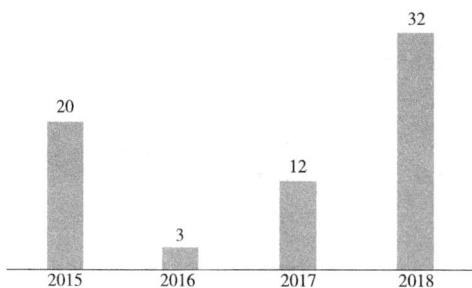

图3-20 新疆绿色建筑标识数量（2015年数据为历年累计数据）

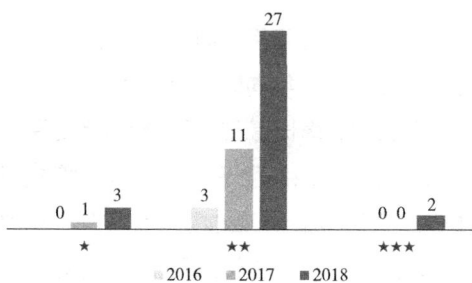

图3-21 新疆"十三五"规划期间绿色建筑标识各星级数量

图 3-22　新疆"十三五"规划期间绿色建筑标识各星级面积（单位：万 m²）（左）

图 3-23　绿色建筑星级认证建筑标识类型分布（按项目数量）（右）

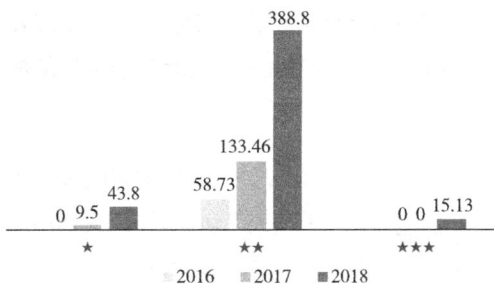

通过对上述三个省份绿色建筑发展情况的分析，可以发现进入"十三五"后，各省的绿色建筑项目数量和面积均有明显的增幅，据此可推断出在全国层面，绿色建筑仍然保持着较高的发展速度，但同时也应注意到，各省的增速差异较大，绿色发展基础弱的省份，虽然增速惊人，但绝对数量小，与头部省份相比，差距还在不断扩大，这体现出我国绿色建筑发展的不均衡性。

3.4.3　设计标识多，运行标识少

从全国范围来看，绿色建筑运行标识项目仅占标识项目总量的约 6%，绿色建筑设计与建设、运行脱节，"图纸上的绿色建筑"问题突出，用户实际体验感不强（图 3-23）。

3.4.4　住宅建筑数量多，公共建筑数量少

受益于中国过去 20 年来房地产业的高速发展，我国申报认证的绿色建筑面积 80% 以上为住宅建筑，项目数量中 70% 为住宅建筑。

3.5　发展趋势

作为全球绿色建筑运动的一部分，我国绿色建筑的发展在遵循全球绿色建筑发展大趋势外，还有一些符合中国国情的"小趋势"。

2019 年 8 月 1 日开始实施的《绿色建筑评价标准》GB/T 50378—2019（以下简称"新国标"）将传统的"四节一环保"（节能、节地、节水、节材、保护环境和减少污染）政策体系修改为——安全耐久、健康舒适、生活便利、资源节约和环境宜居，并取消绿色建筑设计标识，意味着新时期我国绿色建筑发展的三个新趋势：①"以人为本"，新标更加注重绿色建筑品质的提

升和使用者从中获得的效用；②"更加强调建筑师的设计主导"；③"性能效果导向"，新标取消了设计标识，采用最终的性能数据作为绿色建筑评价的最终依据。

除标准本身的编制逻辑和内涵发生了重大变化以外，绿色建筑的理念也扩展到城市的范围，内涵更加丰富，性能大幅提升，同时也带来了一大批技术的创新，为实现建筑业"30·60"碳达峰、碳中和目标奠定了基础。

3.5.1 边界扩展

1. 绿色生态城区

按《绿色生态城区评价标准》GB/T 51255—2017 的定义，绿色生态城区指的是在空间布局、基础设施、建筑、交通、产业配套等方面，按照资源节约环境友好的要求进行规划、建设、运营的城市开发区、功能区、新城区等。

虽然绿色建筑强调可再生能源的集约化利用、废弃物的综合利用、交通设施便捷、垃圾减量化与分类回收等，但如果没有城区级的市政配套支撑，绿色建筑的成本投入大且效果欠佳。最典型的例子便是垃圾分类回收，绿色建筑单体或住区级别即使可以实现分类投放，但也需要市政级别的分类处理。从建筑单体或住区运走的分类垃圾最终还是混合后再处理，这无疑增加了资源和能源的浪费，与绿色建筑设计和评价的要求背道而驰。因此，我们可以将绿色生态城区看作是绿色建筑发展进化的自然产物，能够将绿色建筑的设计、建造、运营水平提高到更高的层次，发挥更大的效率。在各地推广绿色建筑的实际行动中，也有不少地区钟爱这种方式，通过城区的规划要求，既可以将绿色建筑的考核目标一次性消化，又可以避免逐一处理每个绿色建筑实施配套的麻烦。

国家绿色生态示范城区是为了倡导在城市的新建城区中因地制宜地利用当地可再生能源和资源，推进绿色建筑规模化发展提出来的概念。2012 年11 月，贵阳中天·未来方舟生态新区、中新天津生态城、深圳市光明新区、唐山市唐山湾生态城、无锡市太湖新城、长沙市梅溪湖新城、重庆市悦来绿色生态城区和昆明市呈贡新区 8 个城市新区被评为绿色生态城区。绿色建筑正式从单体建筑向区域推进，迈向生态城市。

2013 年 3 月，住房和城乡建设部制订的《"十二五"绿色建筑和绿色生态城区发展规划》提出在"十二五"末期，要求实施 100 个绿色生态城区示范建设。全国各地如火如荼地开启了绿色生态城区建设工作。山东、安徽、重庆等省市级绿色生态城区建设标准、鼓励政策也纷纷出台。《国家新型城镇化规划（2014—2020年）》中详细阐述了绿色能源、绿色建筑、绿色交通、产业园区循环化改造、城市环境综合整治以及绿色新生活行动等绿色城市和城区的建设重点。《住房城乡建设事业"十三五"规划纲要》中指出"继续开展低碳生态城市、绿色生态城区试点示范，鼓励探索低碳生态城市规划方法和建设模式，及时总结推广成熟做法和适用技术"。

我国省市各级地方政府也相继出台了财政资金补贴、容积率奖励、减免税费、贷款利率优惠、资质评选和示范评优活动中优先或加分等一系列政策措施，积极推动城市规划与建设向绿色、生态、低碳、集约的方向发展。

目前我国绿色生态城区的发展仍处于探索阶段，主要通过示范工程的建设，实现以点带面的规模化推广效应。

2. 智慧城市

近年来，住房和城乡建设部积极推进"绿色生态城区示范工程"和"国家智慧城市试点工程"，这两项工作与国家"加强生态文明建设"和"创新驱动发展、推动新型城镇化、全面建成小康社会"的要求密切相关，得到了各地积极的响应。"国家智慧城市试点工程"已经在全国200多个城市、地区展开。

智慧城市作为一种新的城市发展模式，是通过综合运用现代科学技术、整合信息资源、统筹业务应用系统，促成城市在规划、建设、管理、运行和服务上的科学发展。国家智慧城市（区、镇）试点指标体系（试行）有四个一级指标，分别是"保障体系与基础设施""智慧建设与宜居""智慧管理与服务""智慧产业与经济"。其中"智慧建设与宜居""智慧管理与服务"和绿色生态城区密切相关，"智慧建设与宜居"的二级指标"城市建设管理"下设有城市规划、数字化城市管理、建筑市场管理、房产管理、园林绿化、历史文化保护、建筑节能、绿色建筑和供水系统；"智慧管理与服务"的二级指标"专项应用"下设有智慧交通、智慧能源、智慧环保、智慧国土、智慧应急、智慧安全、智慧物流、智慧社区和智能家居。可以明显看出，这些二级指标下的三级指标要求都是绿色生态城区的技术支撑内容。无疑，智慧城市是可以与绿色生态城区同步建设，但内涵和范围更广的一块业务领域。同样是新生事物，同样的理念延伸，我们相信绿色建筑设计咨询企业必然会参与其中，甚至可能会发挥局部的主导作用，可以想象，这样设计咨询业务范围将进一步地扩大。

自国家开始推进智慧城市建设以来，住房和城乡建设部已发布了三批智慧城市试点名单。其中，第一批于 2013 年 1 月发布，共包含 90 个城市（区）；第二批于 2013 年 8 月公布，共包含 103 个试点；第三批于 2014 年公布，共 93 个试点。截至 2020 年 4 月初，住房和城乡建设部公布的智慧城市试点数量已经达到 290 个；再加上相关部门所确定的智慧城市试点数量，我国智慧城市试点数量已累计近 800 个。从智慧城市的地域分布来看，我国已初步形成了以北京、天津、大连、青岛、济南为主的环渤海智慧城市群，以南京、无锡、上海、合肥、杭州、宁波为主的长三角智慧城市群，以广州、佛山、深圳为主的珠三角智慧城市群，以西安、成都、重庆、武汉为主的中西部智慧城市群。而粤港澳大湾区智慧城市群，正是珠三角智慧城市群的升级版（图 3-24）。

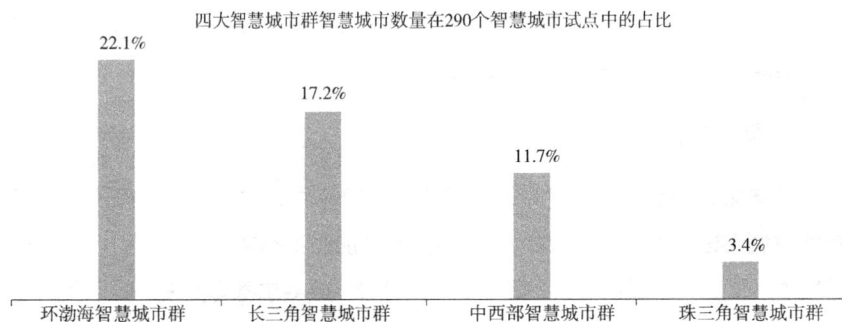

四大智慧城市群智慧城市数量在290个智慧城市试点中的占比

图 3-24　国家智慧城市试点分布图

3. 城市更新

绿色建筑全寿命期包含了建筑材料和构件的生产（含原材料的开采）、建筑规划与设计、建造与施工、运行和维护、拆除和处理（废弃、再循环和再利用等）等整个生命过程。既有建筑绿色改造是绿色建筑发展的重要组成部分，是指对不满足绿色建筑标准的既有建筑实施的以节约能源资源、改善人居环境、提升使用功能为目标的维护、更新、加固等活动。既有建筑绿色改造的宗旨与绿色建筑的宗旨基本一致，但也有不同之处。既有建筑改造的对象是既有建筑，与新建绿色建筑相比，既有建筑绿色改造过程更为复杂。

与新建建筑相比，我国既有建筑量大、面广，受当时技术水平与经济条件的限制，绝大多数既有建筑能耗强度大、环境负荷高，室内环境和建筑功能有待进一步改善提升。每年新增建筑的整体功能虽有所提升，但随着时间的推移，建筑结构和部件的老化也会使建筑功能衰退、安全性能下降，多数不能满足人们对房屋使用的要求。如整体拆除，既浪费资源，又会污染环境，因此发展绿色建筑、对既有建筑进行绿色改造是解决这一问题的有效途径。

事实上，对于既有建筑的改造，政府一直在引导和支持，早在"十一五"规划期间，《既有建筑综合改造关键技术研究与示范》就是住房和城乡建设部科技支撑计划重大项目之一。"十二五"规划期间，又确立了《既有建筑绿色化改造关键技术研究与工程示范》作为住房和城乡建设部科技支撑计划重大项目，研究可用于既有建筑绿色化改造的成套技术并进行工程示范，为大面积推进既有建筑的绿色化改造提供技术支撑（表3-2）。

表3-2　既有建筑节能改造目标与激励标准

实施对象	目标	激励标准
北方供暖地区既有居住建筑	"十二五"规划期间完成总面积4亿 m^2 以上；到2020年末，基本完成北方供暖地区有改造价值的城镇居住建筑节能改造	严寒地区55元 $/m^2$，寒冷地区45元 $/m^2$
夏热冬冷地区既有居住建筑节能改造	"十二五"规划期间完成总面积5 000万 m^2 以上	地区补助基准按东部、中部、西部地区划分：东部地区15元 $/m^2$，中部20元 $/m^2$，西部25元 $/m^2$
国家机关办公建筑和大型公共建筑	"十二五"规划期间完成公共建筑和公共机构办公建筑节能改造1.2亿 m^2	建立能耗检测平台给予一次性定额补助
农村危房改造节能示范	"十二五"规划期间完成40万套	暂无

在国外，既有建筑的环境问题相对较早地引起人们的重视，制订了比较完善的既有建筑绿色运行和改造评价标准，如美国绿色能源与设计先锋奖LEED-EB，LEED室内装修标准LEED ID+C、澳大利亚绿色之星Green Star相关条款和澳大利亚全国建筑环境评价体系NABERS、英国建筑环境评价方法BREEAM In-use、日本建筑物综合环境效率评价体系CASBEE-EB与CASBEE-RN、新加坡绿色标志Green Mark相关条款、德国可持续建筑评估技术体系DGNB相关条款。我国关于既有建筑的专项评价标准在2013年立项，2015年完成课题研究成果《既有建筑绿色改造评价标准》GB/T 51141—2015，该标准自2016年8月1日起实施。

在《既有建筑绿色改造评价标准》GB/T 51141—2015颁布之前，全国已获得评价标识的项目中仅有约1%的项目是既有建筑进行绿色改造的，这一方面是因为既有建筑改造自身存在一定的社会、技术、资本制约，另一方面，也是《绿色建筑评价标准》GB/T 50378存在局限性，用来评价既有建筑绿色改造项目会有非常不利的条文，比如绿地率、公共活动空间等。专项标准的出台，解决了评价体系存在的问题，标准配套的细则、改造技术研究、政策建议等课题延伸内容则有利于解决社会、技术和资本的约束。在标准发布后，已经有 8 个项目申请使用专项标准进行评价并最终通过评审、获得了既有建筑绿色改造设计评价标识。

既有建筑绿色改造为绿色城市发展开辟了新路径，可以有效缓解城市发展的资源供需矛盾，具有巨大的经济、社会效益，实施既有建筑绿色改造能够更加节地、节能、节水、节材、节省空间、节省人力资源、降低建筑运行成本，带动整个产业链的发展。专项标准的发布，吸引了众多设计咨询机构的关注，纷纷拓展此类业务，然后更直接的还是总包和地产开发企业，可以一步到位地解决我们在上文提到的社会、技术、资本制约。

3.5.2　内涵拓展

绿色建筑从理念诞生起，其核心是建筑与环境和能源的关系，强调节能能源、减少环境负荷。但随着生产力的提高、人们对居住和工作环境品质的要求提升，人们逐渐将建筑与环境的关系重新转向建筑与人的关系，重新强调以人为本。

在指标体系上，新标准从"四节一环保"扩充为"安全耐久、健康舒适、生活便利、资源节约、环境宜居"5 个方面；在"以人为本"上，提高和新增了全装修、室内空气质量、水质、健身设施、垃圾、全龄友好等要求。新标准对绿色建筑的定义为在全寿命期内，节约资源、保护环境、减少污染，为人们提供健康、适用、高效的使用空间，最大限度地实现人与自然和谐共生的高质量建筑。

同时，新版《绿色建筑评价标准》GB/T 5037—2019 还与国际主要绿色建筑评价技术标准接轨，完善分级模式，由 3 个评价等级变为 4 个评价等级，增加 1 个"基本级"。满足标准所有"控制项"的要求即为"基本级"，以利于兼顾我国地域发展的不平衡性，推广普及绿色建筑。

3.5.3　性能提升

新国标通过提高建筑的环境宜居性能引导建筑向高质量发展。在室内空气污染物浓度方面，新国标要求装饰装修材料应满足国家现行绿色产品评价标准中对有害物质限量的要求。以木板材为例，其甲醛释放量一般标准要求小于等于 $0.124mg/m^3$，而绿色产品标准要求小于等于 $0.050mg/m^3$；内墙涂料的挥发性有机物（VOC）含量一般标准要求小于等于 20g/L，绿色产品标准要求小于等于 10g/L；总挥发性有机物（TVOC）释放量一般标准要求小于等于 3.000mg/m³，绿色产品标准要求小于等于 1.000mg/m³。新国标对污染物释放量要求比一般产品要提升 50% 以上。

3.5.4 技术创新

过去 10 年，与绿色建筑相关的专利申请最多的领域分别是：供暖、通风和空调、绿色隔热材料、绿色照明和可再生能源。新国标的实施也必将促进更多安全耐久、健康舒适、全龄宜居等领域的技术创新。其中，空气净化与监测、被动式太阳能和辐射供暖、主动式产能建筑技术、全直流供电建筑技术以及能保障居住者健康舒适的技术等领域将会涌现出更多的技术创新。

第 4 章　政策篇

在绿色建筑激励政策方面，自 2013 年《国务院办公厅关于转发发展改革委、住房和城乡建设部绿色建筑行动方案的通知》以来，国家相关部委以及地方建设主管部门对绿色建筑激励政策进一步丰富、细化，对绿色建筑的监督和管理基本上覆盖到了项目开发建设过程的各个环节。各省市区级地方政府基本明确了将绿色建筑指标和标准作为约束性条件纳入各项开发和建设规划中，并制定相应的激励政策。

这些政策包括财政奖励、强制执行、企业增信、金融支持、税率减免等，从实际执行情况看，财政奖励的方式渐渐难以为继，越来越多的省市地区，或取消直接的财政奖励，或将财政奖励的对象从设计阶段更改为运行阶段（即获得运行标识评价），或大幅削减财政奖励的额度。

强制执行方面，目前仍集中在新区建设以及政府投资的项目，少数已经完成绿色建筑立法的省市，将强制要求覆盖到了民用建筑领域的所有建筑类型，一般以一星级为条件，通过施工图审查的方式进行。企业增信，一方面有利于评优评奖以及招标投标加分，另一方面有助于银行资金投放，对于前者，鲁班奖、广厦奖以及其他建筑行业的评奖，目前已经开始关注并给予了项目实施绿色建筑的额外加分，对于后者，受房地产资金投放受限大环境的影响，进展甚微。金融支持主要是指近些年缓慢推进的绿色金融，虽然绿色建筑已经在财政部、发改委发布的绿色金融支持目录内，但同样受房地产信贷收紧的影响，以及绿色建筑实施的性能无法保证、资金投放和效果验证时间无法匹配的原因，虽然被普遍看好，但成功者寥寥，破局还需要顶层、体系化的设计。税率减免在国税和地税合并，地方财政日益吃紧后，也基本上销声匿迹。值得一提的是，重庆市基于西部大开发税收减免政策开发了本地独有的"绿色生态住宅小区"，这一认证可减免相应税收，并在过去 10 年中得到了较好的执行。

4.1　激励政策全域覆盖

2019 年 8 月 1 日《绿色建筑评价标准》GB/T 50378—2019（以下简

称"新国标")开始实施,《绿色建筑评价标准》GB/T 50378—2014 同时废止。在新国标颁布实施之前,已经有多个省市明确城镇新建建筑绿色建筑一星级为基本要求,作为施工图外审的重要审查内容强制实施。北京、天津、上海、重庆、江苏、浙江、山东、广东、河北、福建、广西、宁夏、青海等地开始在城镇新建建筑中全面执行绿色建筑标准。江苏、浙江、宁夏、河北、辽宁和内蒙古等省、自治区先后开展绿色建筑立法实践,颁布了"绿色建筑发展条例"等法规文件,通过立法确定了全面执行绿色建筑标准。2015 年 7 月 1 日《江苏省绿色建筑发展条例》开始施行;2016 年 5 月 1 日《浙江省绿色建筑条例》开始实施;2018 年 9 月 1 日《宁夏回族自治区绿色建筑发展条例》开始施行;2019 年 1 月 1 日《河北省促进绿色建筑发展条例》开始施行;2019 年 2 月 1 日《辽宁省绿色建筑条例》开始施行;2019 年 5 月 31 日,《内蒙古自治区民用建筑节能和绿色建筑发展条例》由自治区十三届人大常委会第十三次会议审议通过,于 9 月 1 日起施行。另外,《青海省促进绿色建筑发展办法》自 2017 年 4 月 1 日起施行,是中国西部地区首部促进绿色建筑发展的政府规章。《山东省绿色建筑促进办法》经 2019 年 1 月 12 日省政府第 29 次常务会议通过,自 2019 年 3 月 1 日起施行。2016 年,福建、江西、贵州等地区被列为国家首批生态文明试验区。2018 年福建城镇新建建筑已全面实施绿色建筑标准;江西部分城市、新区全面实施绿色建筑标准,2018 年江西省全年城镇新增绿色建筑面积 6 137.81 万 m^2,占城镇新建民用建筑比例超过 58.5%。

在北京、上海、新疆、黑龙江、河北、浙江、江苏、福建、广东等省市,绿色建筑在设计阶段已经得到广泛地强制实施。而要在不到 3 年的时间内达到《绿色建筑创建行动方案》所设定的到 2022 年 70% 绿色建筑覆盖率的目标,按照当前政策趋势,绿色建筑的"基本级"将成为工程建设的强制规范,逐步覆盖到所有城镇新建建筑。

全国 31 个省市自治区均已出台绿色建筑相关激励政策,对于绿色建筑运行标识、装配式建筑、超低能耗建筑、节能改造、可再生能源与建筑一体化等给予每平方米 15~100 元不等的奖励;济南更是推出 1%~3% 的容积率奖励。

尽管面临着重重挑战,绿色建筑当前的强制与激励相结合的政策趋势在短期内应该不会发生大的变化。在调研中,有 34% 的受访者认为当前的各项激励政策(补贴和强制一星)还会延续相当长的时间(5~10 年),非常乐观。而作悲观判断,认为激励政策将很快退出的受访者仅占 12%,如图 4-1 所示。

综上所述,我们相信在新国标的约束和激励政策的指引下,实现 70% 的

当前的各项激励政策（补贴、税收减免和强制一星）
还会延续相当长时间（5~10 年）　　　　　　　34%

当前的各项激励政策（补贴、税收减免和强制一星）
还会延续相当长时间（3~5 年）　　　　　　　31%

当前的各项激励政策（补贴、税收减免和强制一星）
还会延续相当长时间（1~3 年）　　　　　23%

激励政策将很快退出　　12%

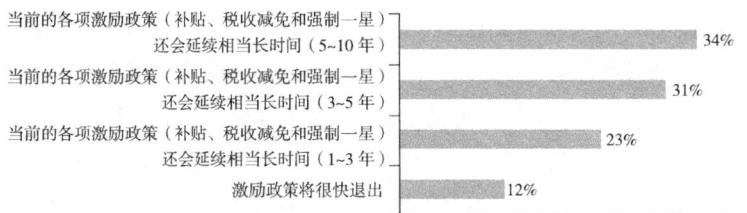

图 4-1　您对绿色建筑激励政策走向的判断（单选）

绿色建筑覆盖率并不是难题，并且会促进绿色建筑向高质量发展，市场上将涌现出更多二星级和三星级的绿色建筑项目，也将极大地改善当前设计标识泛滥，而运行标识很少的状况。

4.2　立法工作有序推进

从 4.1 节的分析可以看出，简单的财政奖励，无论是财政资金补贴还是税率减免，都会给地方财政带来负担，在绿色建筑实施缺乏严格监管措施和制度的当下，既不可持续也容易被滥用，继而滋生出大量腐败问题。因此绿色建筑引导和激励政策整体上开始向法制化和市场化方向发展。

法制化体现在将实施绿色建筑上升到地方性法规，违反法条不进行绿色建筑设计、施工的项目将面临处罚，该项措施一般以推进实施绿色建筑初级（或基本级）要求为目标，主要解决的是量大面广的普通建筑项目落实绿建要求的问题。

市场化则体现在区域规划、区块详规，以及土地招拍挂阶段提前设置开发建设要求，房地产开发企业接受要求进行开发即达成了绿色建筑实施约定，如违反承诺，失约将面临高额处罚，由于绿色建筑已经深入影响到建筑业的方方面面，因此与建筑设计、质量相关的评优评奖活动，将落实绿色建筑作为附加要求的行为，客观上也起到了市场驱动、行业自律的作用。

地方层面，天津、河北、辽宁、江苏、浙江、广东、湖南等地制定了绿色建筑地方性法规，绿色建筑发展已经进入法治化轨道。

国家层面，绿色建筑法制体系还有待完善。目前《建筑法》和《城乡规划法》的条文内容还未将绿色建筑纳入其中；《节约能源法》《可再生能源法》《民用建筑节能条例》《公共机构节能条例》《建设工程质量管理条例》等行政法规依然缺少对绿色建筑的明确约束。目前，推动绿色建筑发展的主要工作依据仅为《绿色建筑创建行动方案》等政策文件，难以有效统筹协调各部门形成工作合力，相关政策执行力度降低。目前，住房和城乡建设部正在推动绿色建筑相关立法工作。

4.3　评价标识制度逐步完善

为规范我国绿色建筑评价标识工作，住房和城乡建设部等相关部门自2007年起发布了一系列管理文件，对绿色建筑评价标识的组织管理、申报程序、监督检查等相关工作进行了规定，并陆续批准了各省、自治区、直辖市、计划单列市开展本地区一、二星级绿色建筑评价标识工作，评价机构基本覆盖全国，形成了从中央到地方的组织机构形式。

在住房和城乡建设部发布的国标基础上，各地方住建管理部门也结合当地经济社会发展情况，先后出台了相关绿色评价地方标准，以推动本地绿色建筑的发展。

为转变政府职能，促进绿色建筑健康快速发展，于2015年10月发布了《住房城乡建设部办公厅关于绿色建筑评价标识管理有关工作的通知》（建办科〔2015〕53号），提出了逐步推行绿色建筑评价标识实施第三方评价。基于第三方绿色建筑标识评价制度的建立，有利于以市场的方式推动绿色建筑的发展。

2021年1月18日，新的《绿色建筑评价标识管理办法》颁布并将在2021年6月起实施。新的管理办法收回了绿色建筑标识评价权、统一绿色建筑标准、规范绿色建筑市场，绿色建筑市场将迎来一个强监管、重管控的新时代。

新的绿色建筑评价标识管理制度相较于2015年绿色建筑评价标识管理制度主要变化有：

1. 管理权限

强调了住房和城乡建设部指导和监督地方绿色建筑标识工作的重要性，以及住房和城乡建设部授予三星、省厅授予二星、市县授予一星的制度安排。

2. 认定标准

三星级统一采用国家标准；二星、一星可以采用国标或地标。

3. 信息管理

建立全国统一的绿色建筑标识管理信息系统，加强了对运行标识的管理，强调"每年将年度运行主要指标上报绿色建筑标识管理信息系统"。

4. 证书编号

本条改动较大，新的证书编号规则更加完善，一大创新是增加了地区编号、建筑类型编号，如果全国各地所有项目均遵守该规则，对于绿色建筑的统计分析将变得十分便利。

5. 管理职责

强调了各地住房和城乡建设部门内部应建立绿色建筑管理和监督机制，确保所授出的绿色建筑标识货真价实。强调了"不符合第六条（认定标准）要求的地方标准开展认定"，需限期整改。整改不到位，将通报批评并撤销以该地方标准认定的全部绿色建筑标识。

6. 强调了专家的公平公正

参与绿色建筑标识认定的专家应坚持公平公正，回避与自己有连带关系的申报项目。对违反评审规定和评审标准的，视情节计入个人信用记录，并从专家库中清除。

4.4　使用者监督机制尚待建立

除了对评价标识管理制度进行完善以外，为提高人民群众在发展绿色建筑中的获得感、幸福感和安全感，提高绿色住宅工程质量，兑现绿色住宅品质性能，住房和城乡建设部正在研究制定使用者监督机制，在部分重点地区试点建立绿色住宅竣工验收和交付验房工作监督机制：一方面，要求在住宅工程质量分户验收过程中，检查绿色性能指标落实情况，发现问题及时监督有关方面认真整改；另一方面，要求商品住宅交付使用时，开发建设单位向购买人提供明确了绿色性能指标要求的《商品住宅质量保证书》和《商品住宅使用说明书》，接受购房人查验。

4.5　试点示范成果显著

为形成并发挥绿色建筑的规模效应，集中展示绿色建筑的优越性，近几年国内出现了不少绿色建筑示范区，大致可以分为两类，一类是为集中展示绿色建筑性能，以点带面，借此推动整个区域发展的开发型绿色建筑示范区，另一类是通过集中展示绿色建筑性能，以建筑为载体带动绿色建材、绿色部品的推广和应用的展览型绿色建筑示范区。前者因契合现有的城区开发模式和建设定位，在数量上远远多于后者，比较典型的有深圳光明新区、苏州工业园区，以及中新天津生态城。

城区的建设时间跨度远超单个项目的建设周期，城区内的建设主体较单个项目开发也更加多元化，因此，开发型绿色建筑示范区实施的难度远大于展览型绿色建筑示范区。以中新天津生态城为例，历经 10 年的建设，城区内的建筑才基本上从绿色建筑设计标识落地为运行标识，意味着绿色建筑示范区在此时才真正地发挥示范引领作用。与之类似的苏州工业园区，启动建设的时间并不比中新天津生态城晚，但至今仍然处于持续建设和完善中，当然，未完成并不表示苏州工业园区在实施层面上逊于中新天津生态城，两者开发体量和开发主体的差异是造成进度不同的主要原因。相较而言，苏州工业园区的绿色建筑示范区建设对国内各省市同类绿色建筑示范区建设更具参考价值（表 4-1）。

表4-1　国内部分绿色建筑示范区

序号	示范区名称	设立时间
1	晋中市绿色建筑示范区	2018 年 1 月
2	晋城金村区绿色建筑集中示范区	2017 年 8 月
3	大同市绿色建筑集中示范区	2016 年 6 月
4	太原市绿色建筑集中示范区	2016 年 5 月
5	无锡新区建筑节能和绿色建筑示范区	已建成
6	青岛中德生态园	2010 年 7 月
7	深圳光明新区	已建成
8	苏州工业园区	2005 年
9	中新天津生态城	2008 年
10	武进绿色建筑产业集聚示范区	2012 年 10 月

在开发之初，苏州工业园区就积极借鉴世界先进地区的发展理念和经验，邀请新加坡专家参与制定发展总体规划和 300 多项专业规划，形成从概念规划、总体规划到控制性详细规划和城市设计，以及相配套的规划管理技术规定等的一整套严密完善的规划体系，实现了一般地区详细规划与重点地区城市设计的全覆盖。在开发建设过程中，苏州工业园区始终坚持先规划后建设的理念，坚持按土地利用规划和城市发展总体规划管地、供地和用地，有序安排城市各个部分开发、改造，避免以规划迁就招商、以规划迁就开发、以既成事实代替规划的现象。坚持以城市规划引导城市建设，以城市设计指导地块和项目开发。同时，建立了执法从严的规划管理制度，强化规划实施监督和违规违法处罚，规划调整按照严格的程序报批，有效维护了城市规划的权威性和规划执行的严肃性。

为推动绿色建筑项目的积极落实，2006年，苏州工业园区出台了《园区绿色建筑评奖办法》，并在次年由园区财政每年安排5 000万元的节能环保专项引导资金，用于支持在节能减排、绿色建筑等方面有贡献的业主单位。2010年，更领先全国，提前出台园区建筑节能与绿色建筑专项引导资金管理办法，明确对获得三星级的绿色建筑项目给予100万元的奖励。

除了物质奖励以外，苏州工业园区为推动绿色建筑实施而量身定制的政策更显诚意，园区在2007年成立了以管委会主任为组长，各局办主要负责人为成员的节能减排（建筑节能）工作领导小组，基本形成了齐抓共管、协同推进建筑节能与绿色建筑工作的局面。同年启动绿色建筑"1680"工程计划，通过设立1项发展基金、出台6项扶持政策、推行8大节能技术、建设10大亮点工程，全力推动打造高效低耗、健康舒适、生态平衡的建筑环境。园区率先建立绿色建筑指标与土地出让挂钩的模式，将控规和相关政策中绿色建筑的要求列入地块出让的规划条件，并明确载入土地出让合同，通过合同条款对建设方的行为进行更加有效的全过程约束，从源头上促进建设单位落实建筑节能和绿色建筑的有关要求，随后更是建立了从立项到土地出让、规划审批、审图、施工许可、竣工验收等环节的闭合监管模式。

苏州工业园区绿色建筑示范区的成功开发，除了自身定位高、管理科学严谨外，还与省级的政策引导密切相关。江苏省是我国出台地方"绿色建筑行动方案"最早的一批省市之一，对绿色建筑的重视可见一斑，之后更是将推动绿色建筑升格为政府令，是我国最早出台"绿色建筑发展条例"的省市之一。正是这样的政策引导和配套支撑，以及科学的管理和严格的执行，使苏州工业园区绿色建筑示范区显著区别于国内其他同类绿色建筑示范区，成为江苏省集中发展绿色建筑的典范，为江苏省乃至全国全面推进实施绿色建筑提供了学习、借鉴的样本。

展览型绿色建筑示范区目前仅有一个，即江苏省常州市武进绿色建筑产业集聚示范区，该示范区的建设起步于2012年，经过8年的发展，园区核心区建设已完成，已建成的建筑展示了不同结构体系，以及新型绿色建材的应用情况。园区的建设标准具备了较强的示范引领作用，但受交通（非枢纽节点）、营商环境和商业模式的影响，园区运营尚未实现展示和推广绿色建筑技术、部品，继而形成产业集聚的目标。商业模式方面，仅通过建设—应用—展示，来推动绿色建材和部品的推广和销售看起来可行，实施起来成效却微乎其微，因为任何一种建材或部品都不具备唯一性，在其他项目上一经采用即出现了一个应用展示的竞争对手，因此，展示的时间越久，来示范区参观考察的必要性就越低；营商环境方面，武进地区缺乏龙头型的建筑科研院所、建筑设计企业、地产开发公司，示范区建成后研发能力极弱，不具备可持续发展的核心竞争力；交通方面，无论飞机还是火车，班次较少，不利于差旅时间的高效利用。

武进绿色建筑产业集聚示范区仍然在建设，作为一种推动绿色建筑行业健康发展的探索模式，我们也期待示范区能够继续建设并持续长久地运营下去，形成绿色建筑产、学、研的平台型高地，促进绿色建筑行业向高品质发展。

从表 4-1 中，我们还可以看到另一类绿色建筑的实施主体，严格来讲，它们并不是一个具备独立法人行为的企业主体，而是各类生态园区或城市新区。例如，天津生态城，是中国和新加坡两国政府合作建设的区域，起点要求高，区域内所有建筑必须都是绿色建筑，因为这个原因，天津生态城成为国内业态最全的绿色建筑示范区，涵盖了住宅、办公、酒店、学校、公用事业建筑（市民中心、污水处理厂、集中供热站等）多个类型，自然该区域的绿色建筑数量相对较多，密度较大。与之类似的还有苏州工业园区（尤其是环金鸡湖区域，对应的是苏州建屋）、花桥国际商务城。深圳市光明新区作为城市更新改造的一个样本，虽然没有国际合作加持，但同样立意很高，全区实施绿色建筑。

绿色建筑生态园区或城市新区虽然数量不多，但可供参考、借鉴的意义却很大，因为在这些区域既实现了绿色建筑的多样化细分发展，又探索了绿色建筑区域推广的可行性，这些实践和管理经验对于仍处于成长阶段的我国绿色建筑行业而言，非常的宝贵。随着工程建设进度的推进，这些区域内的绿色建筑项目慢慢从设计阶段过渡到了运维阶段，也从设计标识认证发展到了运营标识认证。绿色建筑的理念再好，也需要用事实说话，相信这些区域项目的绿色建筑运营标识认证，不仅是对项目实施单位的一次考验，同时也是对现行绿色建筑标准的一次验证，必然会推动标准在深度和广度两个方面的发展。

4.6 发展目标与时俱进

2020 年 7 月 24 日，住房和城乡建设部联合七部委发布《绿色建筑创建行动方案》，提出到 2022 年我国实现 70% 绿色建筑覆盖率。截至本报告截稿日（2021 年 2 月），31 省市自治区中的绝大部分均跟进该方案，提出了各自的绿色建筑创建行动方案，江苏省、广东省深圳市、上海市等经济发达省市承诺绿色建筑覆盖率均介于 70%~100% 之间。

第5章 标准篇

我国国家标准《绿色建筑评价标准》GB/T 50378—2006 于 2006 年首次发布，2014 年第一次修订版发布，2018 年启动了第二次修订工作，2019 年 8 月 1 日《绿色建筑评价标准》GB/T 50378—2019 正式实施。按照最新版的定义，绿色建筑指的是在全寿命期内，节约资源、保护环境、减少污染，为人们提供健康、适用、高效的使用空间，最大限度地实现人与自然和谐共生的高质量建筑。

从上述定义和标准条文可知，第二次修订的《绿色建筑评价标准》GB/T 50378—2019 考虑了建筑的耐用性，资源使用的实时监控以及运营阶段最终用户的便利性和可访问性等要素。从这个意义上讲，最新的中国绿色建筑评价标准提供了一种基于结果的绿色建筑评价方法。

绿色建筑评价标准从一个单项标准，衍生成为一个标准体系，内容涵盖了学校、医院、办公、商店、工业建筑、铁路客站、既有建筑改造等多个建筑类型，并且按《绿色建筑评价标准》GB/T 50378—2019 在建设环节上还可分为设计预评价和竣工后正式评价。

5.1 完善的标准体系

在绿色建筑标准制订上，国家标准层面的绿色建筑评价标准类型继续完善，但数量趋于稳定。团体标准发展迅猛，一些细分领域的绿色建筑评价需求得到了快速响应，以团体标准的形式发布了相应的评价标准，起到了先行先试的作用，客观上促进了绿色建筑内涵和评价对象的丰富。

第 2 次修订的《绿色建筑评价标准》GB/T 50378—2019（以下简称为"新国标"）于 2019 年 8 月 1 日正式实施。作为规范和引领我国绿色建筑发展的根本性技术标准，《绿色建筑评价标准》GB/T 50378—2006 自 2006 年发布以来，历经十多年的"三版两修"，此次修订之后的新国标以贯彻落实绿色发展理念、推动建筑高质量发展、节约资源保护环境为目标，创新重构了"安全耐久、健康舒适、生活便利、资源节约、环境宜居"五大指标体系，更加注重品质，注重提升人民群众获得感、幸福感和安全感。

随着绿色建筑推广工作的深入开展，对于不同的建筑功能类型，专项标准（如绿色办公建筑评价标准）更能体现评价对象的特性，如该类型建筑的实施规模达到一定程度，专门制定该类型的专项标准既符合标准体系的发展规律，也兼顾了市场效率。

目前，绿色校园、绿色生态城区、绿色工业建筑、绿色办公建筑、绿色医院建筑等均发布了国家或行业评价标准。全国20余省市也出台了地方性绿色建筑评价标准。同时，《民用建筑绿色设计规范》JGJ/T 229—2010、《建筑工程绿色施工规范》GB/T 50905—2014、《绿色建筑运行维护技术规范》JGJ/T 391—2016、《既有建筑绿色改造评价标准》GB/T 51141—2015 等标准规范的制定，涵盖了建筑设计、施工、运行、改造不同阶段，为绿色建筑的发展提供了技术支撑。

一大批涉及绿色建筑设计、施工、运行维护的标准，专题针对绿色工业、办公、医院、商店、饭店、博览、校园、生态城区、既有建筑绿色改造等评价的标准，以及民用建筑绿色性能计算、既有社区绿色化改造技术规程和绿色超高层、保障性住房、数据中心、养老建筑等技术细则也相继颁布，共同构成了绿色建筑发展的标准体系。绿色建筑标准体系正向全寿命周期、不同建筑类型、不同地域特点、由单体向区域等不同维度充实和完善。

截至目前，已颁布或在编制的标准如图 5-1 所示。

在标准体系建设方面，存在着已有专项标准应用效果差和仍有不少专项标准有待编制两个看似对立的问题。已有专项标准应用效果差体现在一些专项标准，如《绿色商店建筑评价标准》GB/T 51100—2015，自发布实施后就基本上束之高阁，应用评价的项目数量少到可以忽略，虽然住房和城乡建设部在历年发布的绿色建筑标识评价管理办法中不断明确要求，优先应用专项标准进行适用建筑的标识评价工作，但这一规定缺乏约束，项目的建设、设计、咨询单位普遍倾向于选择熟悉的、难度相对较低的通用标准（专项标准因适应性更强，难度水平一般高于通用标准）。

2021 年 1 月 18 日颁布的《绿色建筑评价标识管理办法》要求新建民用建筑采用《绿色建筑评价标准》GB/T 50378—2019，工业建筑采用《绿色工业建筑评价标准》GB/T 50878—2013，既有建筑改造采用《既有建筑绿色改造评价标准》GB/T 51141—2015。仍有不少专项标准有待编制则体现

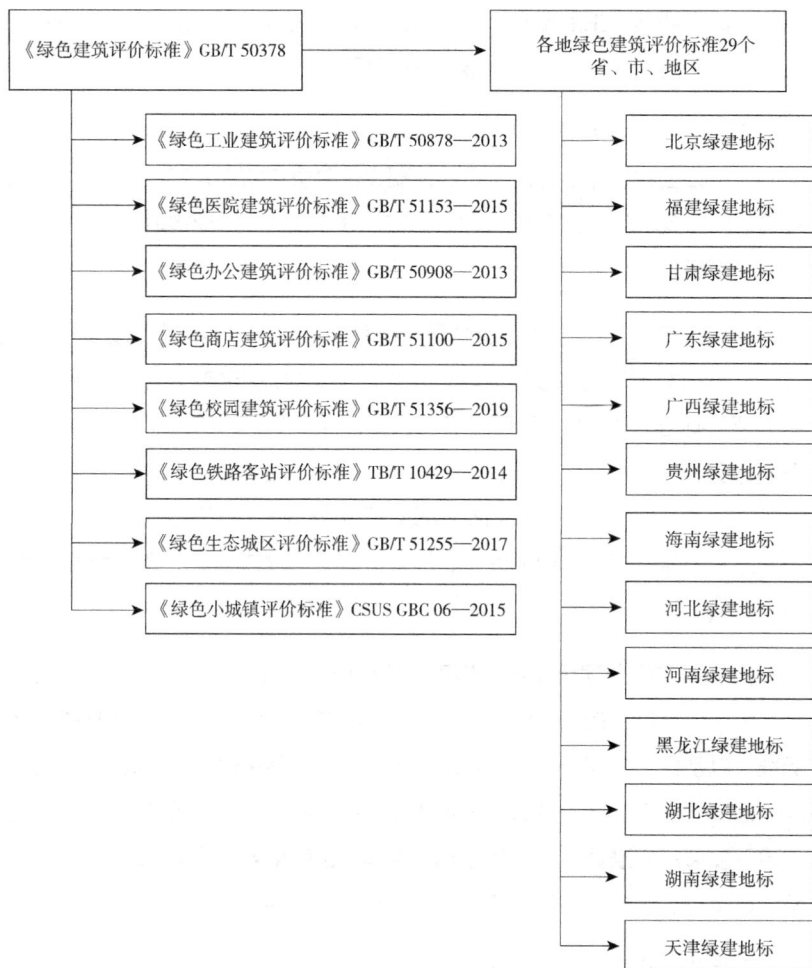

图 5-1 我国绿色建筑标准体系构成

在细分建筑类型的建筑功能和特征明显，比较不适合使用通用的评价标准，如体育馆、机场、城市轨道交通建筑以及零售店等。目前已经有一些团体标准先行发布，标准的技术水平和使用效果还有待观察。

标准是科研成果的结晶，标准的颁布实施，有时会滞后于市场的发展，有时会领先于市场的发展，以《绿色生态城区评价标准》GB/T 51255—2017 为例，绿色生态城区的实践，最早可以追溯到十余年前，如中新苏州工业园区、中新天津生态城，这两个生态城区基本已经完成预期的建设目标，目前处于持续的运营优化中，但与此相关的国家标准直到 2017 年才发布，虽然标准发布晚于部分项目的规划、设计、建设，但并没有错过生态城区整体工作的推进，甚至还促进了这项工作的全面发展。目前各地建设生态城区的兴致高昂，基于该标准评价的项目已经有 13 个获得了相应的标识证书。再如《既有建筑绿色改造评价标准》

GB/T 51141—2015，发布后反响一般，申报评价的项目很少。然而在 2019 年 6 月 19 日，国务院常务会议部署推进城镇老旧小区改造后，该评价标准及其相关的技术标准、规范迅速成为热点，未来的应用情况持续看涨。与之相类似的还有《绿色校园评价标准》GB/T 51356—2019，绿色校园经 2019 年 9 月 9 日中央全面深化改革委员会第十次会议"点名"后，发布了《国家发展改革委关于印发〈绿色生活创建行动总体方案〉的通知》（发改环资〔2019〕1696 号），该标准的应用前景也被迅速打开，相关的设计咨询工作需求强劲。

在团体标准层面，因立项、审查、发布的管理相对灵活，能够紧跟行业发展的趋势和热点，迅速响应企业需求，是国家标准体系的有益补充，对建筑业的绿色发展可以起到支撑作用。从完善绿色建筑建设过程来看，已发布的团体标准《绿色建筑工程竣工验收标准》T/CECS 494—2017 填补了竣工验收环节的标准缺项，使绿色建筑全过程监管具备可能，指导了地方建设主管部门因地制宜编制地标版本，如河北省地方标准《绿色建筑竣工验收标准》DBX（J）/TX—2018。从丰富绿色建筑评价对象的角度看，新建筑类型的绿色建筑团体标准起到了先行先试的作用，如上海市建筑科学研究院组织编制的《绿色城市轨道交通建筑评价标准》T/CECS 724—2020，是市政交通建设领域的一次全新的绿色发展尝试，主编单位及时响应申通地铁集团的绿色发展需求，调集单位的科研骨干，依据《绿色建筑评价标准》GB/T 50378—2019 的修订思路和新时代绿色建筑高质量发展的精神，编制并公布了该标准，目前该标准已完成征求意见，预计年内将获得团体标准编号、正式发布。

从效力和管理层级上来讲，团体标准低于国家标准，但这并不意味着团体标准的使用情况一定会劣于国家标准，除《绿色建筑评价标准》GB/T 50378—2019 已经成为事实上的半强制标准（强制实施对象整体上还没有做到全覆盖）外，其他国标体系的绿色建筑评价标准也只是推荐性标准，推荐行业、企业使用，实际使用效果并不佳，缺乏生命力。因此，在"放管服"改革的今天，鼓励市场化、鼓励竞争的大环境下，只要企业和行业认可，团体标准一样可以发挥巨大的作用，编制内容和实施效果比较好的团体标准，同样具备升格为行业标准或国家标准的可能。

5.2 增长的市场价值

绿色建筑需要通过第三方认证来强化其权威性和客观性。绿色建筑的认证标识代表行业领导地位，并表明建筑物已按预期进行设计、建造和运行。对绿色建筑进行认证并获得标识,有助于绿色建筑标准在实践中得到丰富和完善,进一步增强标准的权威性。

如图 5-2 所示,对于现有项目,有高达 69% 的房企代表表示有计划申报绿色认证或健康认证标识,体现出房企对绿色运营的关注。受房地产调控政策的影响,以及房地产行业发展大周期的影响,运营正在成为房企转型升级的必然路径。近期,多家房企旗下的物业管理公司陆续上市,正体现了这一由开发向运营转型的趋势。

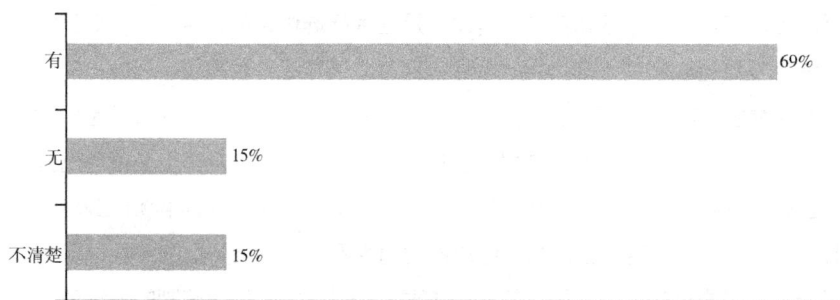

图 5-2 贵司正在运营的项目是否有计划申报既有建筑的绿色认证或健康认证

而绿色运营,是房企提高经营绩效、降低运营成本和风险的必然选择。近年来,绿色建筑运行标识、LEED EB 标识或 BREEAM in Use 标识申报数量的大幅度上升也印证了这一趋势。

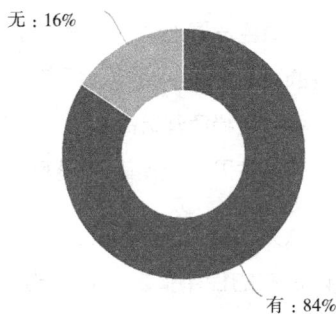

图 5-3 绿色建筑标识是否有助于贵司项目的销售 / 出租 / 运营?

本次调研有 84% 的房企代表认同绿色建筑标识有助于项目的销售 / 出租 / 运营。也就是说,绿色建筑作为市场营销的一种手段也是房企申报绿色建筑的驱动力之一(图 5-3)。

5.3 中国本土各类绿色建筑评价标准

5.3.1 绿色建筑评价标识

《绿色建筑评价标准》GB/T 50378—2019(以下简称"绿标"或"ASGB",图 5-4)是我国第一部广泛适用于各类建筑的绿色建筑评价的国家标准。该标准按照申报项目的绿色建筑性能表现评定项目绿色建筑认证的等级。绿色建筑评价标识的认证等级高低依次为:三星级、二星级、一星级和基本级。

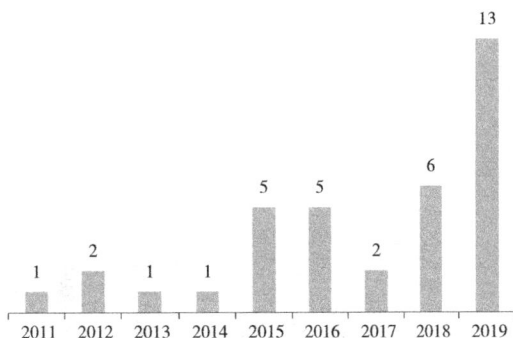

图 5-4 绿色建筑标识（左）

图 5-5 2011—2019 年医院类绿色建筑逐年数量（右）

如图 5-5 所示的全国绿色建筑标识项目数量情况，虽然包含了其他类型的建筑，但主要还是民用建筑中的住宅、办公、商场、酒店（评价依据是《绿色建筑评价标准》GB/T 50378—2019），代表了这些建筑的标识评价情况。为了更准确的分析我国绿色建筑发展的广度，特地将其他类型的建筑单列分析如下。

1. 绿色医院建筑

从 2011 年，第一个医院类建筑项目申请绿色建筑标识评价以来，全国累计已有 36 个医院类项目获得绿色建筑标识。这些项目均是采用绿标进行评价的，在逐年数量上，整体呈现出增加的态势，尤其是 2019 年，明显比过去任何一年的数量都要多，各星级面积总和也达到了历年最高的 77.69 万 m^2，显示出该细分领域可能处于爆发前夕，由于国家卫生健康委员会的重视，以及《绿色建筑评价标准》GB/T 50378—2019 的修订，预计未来该细分领域的评价将以《绿色医院建筑评价标准》GB/T 51153—2015 为主（图 5-6、图 5-7）。

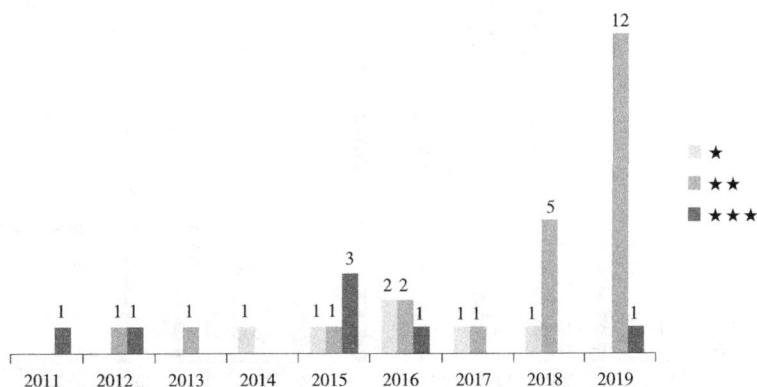

图 5-6 2011—2019 年医院类绿色建筑各星级数量

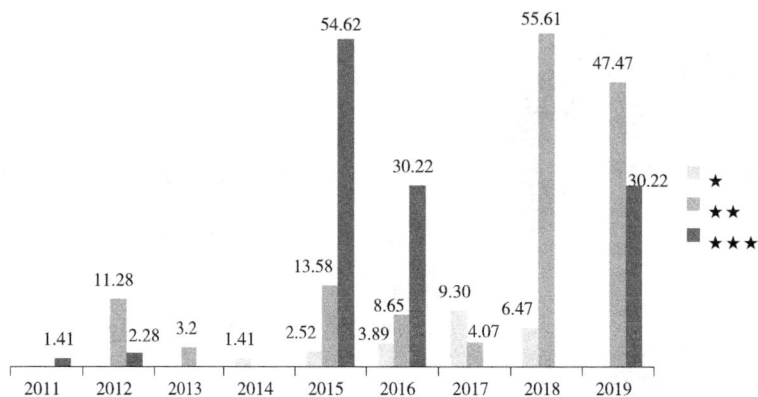

图 5-7 2011—2019 年 医院类绿色建筑各星级面积（单位：万 m²）

2. 场馆类建筑

场馆类建筑包括展览中心、体育馆、科技馆、文化馆等，一般以政府投资为主，自 2009 年以来，累计已有将近 100 个场馆类建筑获得了绿色建筑评价标识，自 2016 年开始标识项目数量基本呈上升趋势且基本稳定在 10 个左右（未包含地方评价的项目）。在星级分布上，三星级项目数量占到了多数，累计占全部标识项目数量的 62.2%。这体现出政府主导投资的项目定位和要求高，起到了示范作用（图 5-8~ 图 5-10）。

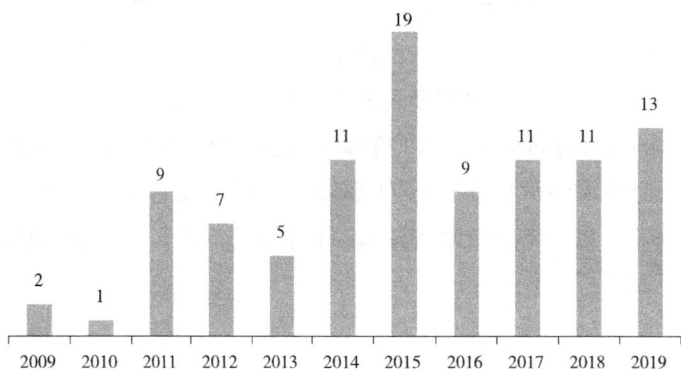

图 5-8 2009—2019 年场馆类绿色建筑逐年数量

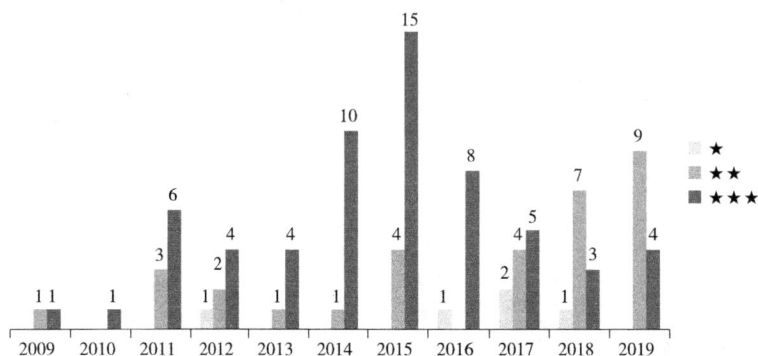

图 5-9 2009—2019 年场馆类绿色建筑各星级数量

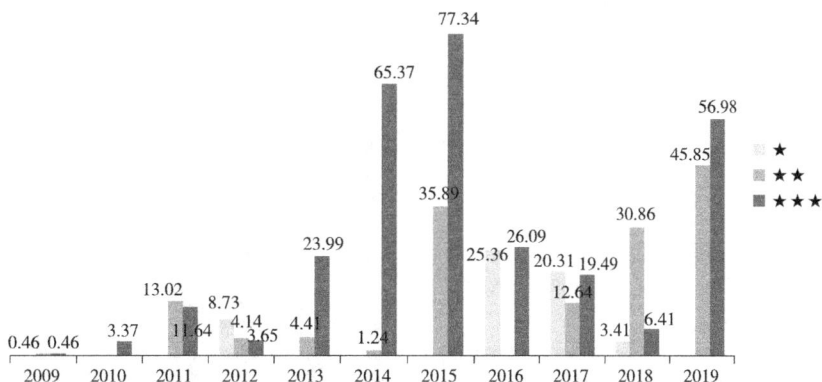

图 5-10 2009—2019 年场馆类绿色建筑各星级面积（单位：万 m²）

3. 绿色校园建筑

校园类绿色建筑近 6 年来基本保持持续增长的态势，凸显出政府投资对于教育行业的重视。在星级数量的分布上，二星级是主流，三星级次之，一星级项目反而较少（图 5-11~图 5-13）。与绿色医院建筑的标识评价非常类似，校园类建筑的标识评价也是采用的《绿色建筑评价标准》GB/T 50378—2019，随着教育部对于绿色建筑工作的认可和重视，2019 年颁布的《绿色校园评价标准》GB/T 51356—2019 有望改变这种现状，未来的绿色校园评价将更有针对性，同时也更具备示范和教育意义。

4. 绿色工业建筑

工业建筑与民用建筑具有显著的不同，在功能上，工业建筑的建筑功能因所处行业、生产工艺水平，以及生产的产品类型不同，复杂程度远超民用建筑，因此，对于工业建筑的绿色建筑标识评价，采用专门的《绿色工业建筑评价标准》GB/T 50878—2013，自 2014 年开展绿色工业建筑标识评价以来，迄今已累计完成 47 个项目（如包含导则评价的项目，则评价数量为 66 个）（图 5-14、图 5-15）。

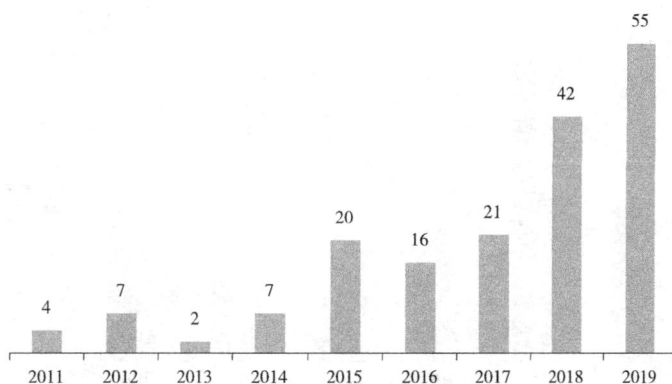

图 5-11 2011—2019 年校园类绿色建筑逐年数量

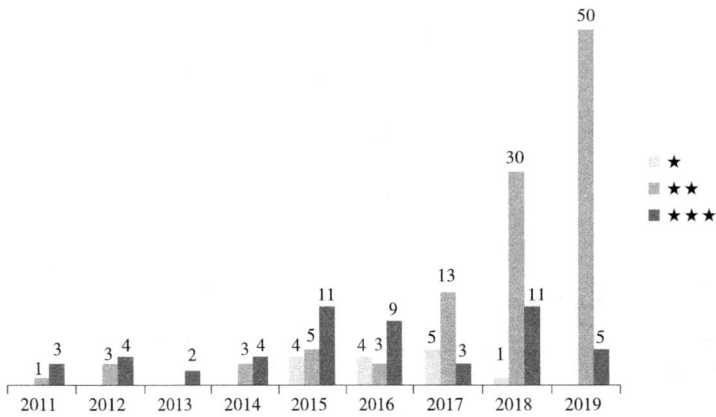

图 5-12 2011—2019 年校园类绿色建筑各星级数量

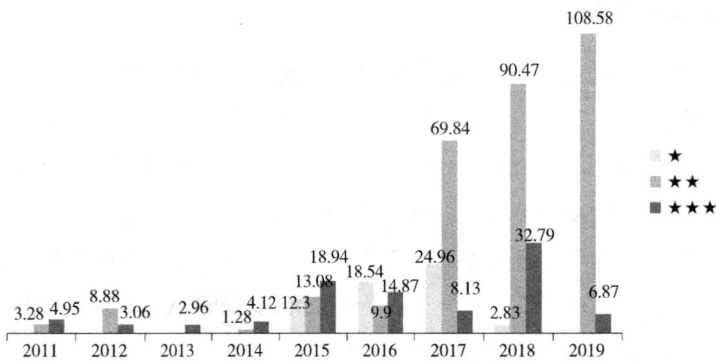

图 5-13 2011—2019 年校园类绿色建筑各星级面积（单位：万 m²）

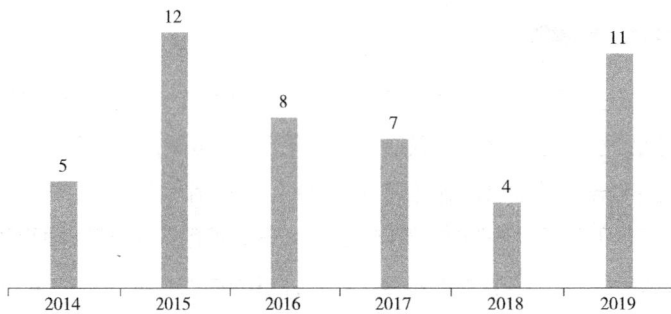

图 5-14 2014—2019 年绿色工业建筑逐年数量

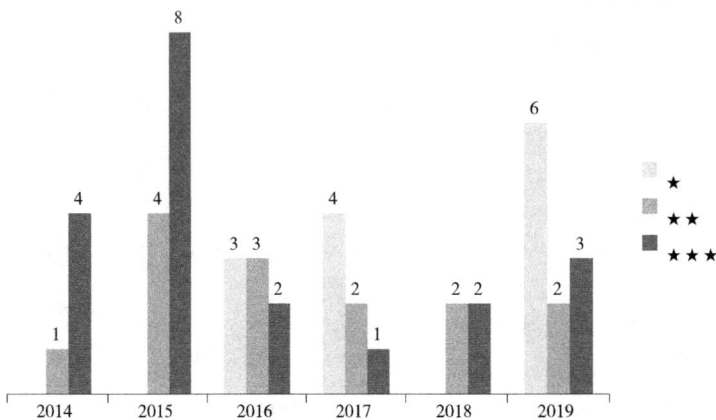

图 5-15 2014—2019 年绿色工业建筑各星级数量

绿色工业建筑行业分布

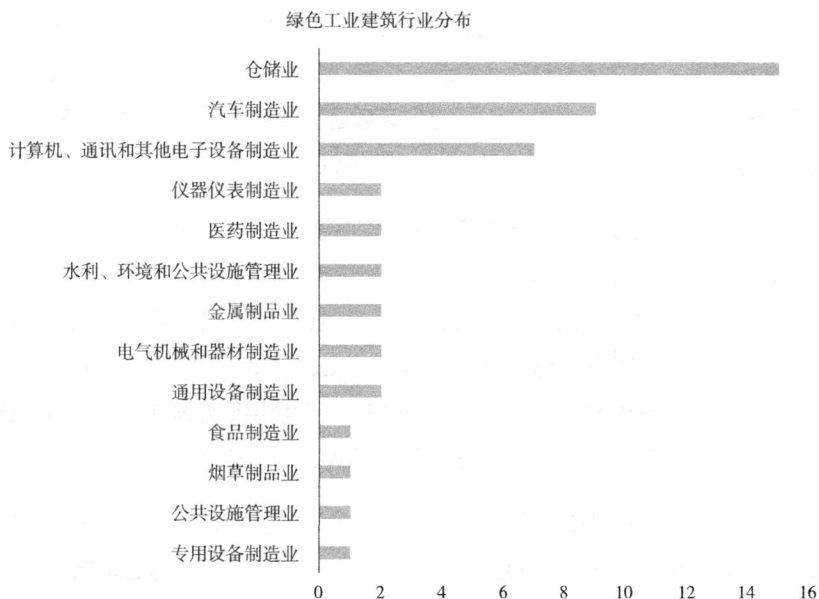

仓储业
汽车制造业
计算机、通讯和其他电子设备制造业
仪器仪表制造业
医药制造业
水利、环境和公共设施管理业
金属制品业
电气机械和器材制造业
通用设备制造业
食品制造业
烟草制品业
公共设施管理业
专用设备制造业

0 2 4 6 8 10 12 14 16

图 5-16 绿色工业建筑项目
行业分布统计

为了更深入、细致地分析绿色工业建筑标识评价情况，从行业分类角度出发进行了进一步的细分统计，结果如图 5-16 所示。

从时间序列的角度，绿色工业建筑标识项目数量呈现出先低后高的现象，但由于数量级小，虽然逐年对比变化很大，但实际上恰好说明了该细分绿色建筑领域发展还不成熟，缺少政策的引导和支持，属于企业主动行为，具有一定的不规则性。在申报星级上，三星级是主流，一、二星级的项目数量旗鼓相当。在行业分布上，仓储物流业、汽车制造业，以及电子设备制造业项目数量排名靠前，这与近几年工业领域的投资方向高度吻合。

5.3.2 绿色住区标识

绿色住区概念由中国房地产研究会人居环境委员会于 2011 年年末提出，全称为"中国人居环境绿色住区共建项目"。

2014 年中国房地产业协会人居环境委员会（以下简称"中房协人居委"）正式发布面向住区的绿色评价标准《绿色住区标准》CECS 377：2014。绿色住区从人居环境的空间层次（住区层面、城市层面、区域层面），构建了"场地与生态、能源与资源、城市区域、绿色出行、宜居规划、建筑可持续、管理与生活"七大质量体系，以绿色生活目标为导向，围绕环境、社会、经济三大效应展开。

绿色住区倡导城市与住区融合共享发展、资源能源利用最大化、绿色技术优化与整合、人文传承与社会和谐 4 个核心要求。标准包含 28 个评价项，179 个子项，从住区的规划建设一直到管理运营，对住区人居软环境和硬件建设进行系统评价与认证，强调系统性、协同性。

为了应对行业发展的新要求和新挑战，中房协人居委持续跟踪国际绿色建筑和住区发展前沿，对美国、英国、德国、加拿大、日本、韩国、新加坡等国际上最具代表性的绿色建筑和住区评估标准进行了深入比较研究，同时结合中国发展实际，完成对《绿色住区标准》CECS 377：2014 的修编。2019年 2 月，中国工程建设标准化协会、中国房地产业协会联合发布 2.0 新版《绿色住区标准》T/CECS 377—2018，T/CREA 001—2018。

在高标准推进人居环境建设的实践行动中，中国房地产业协会面向会员并率先在百强企业中开展"绿色建筑、绿色住区、百年住宅、绿色城市"创建工作。我国百强房企中，当代置业申报绿色建筑住区的项目最多。截至 2020年 12 月，当代置业参与的绿色住区建设总建筑面积达到了 500 多万平方米。

作为一个特例，重庆市基于西部大开发税收减免政策制定了一个本地的绿色生态住宅小区标识认证体系。根据《2019 年重庆市建筑绿色化发展年度报告》，截至 2019 年底，重庆市绿色生态住宅小区项目共计 420 个，且已经获得竣工评价的项目 216 个，该项评价的项目数量、规模远超过了重庆市绿色建筑评价的项目数量与规模。

5.3.3 被动式低能耗建筑

被动式建筑技术源于德国，经过十余年的消化吸收，被动式理念和技术在中国已开始从探索走向成熟，"以降低建筑本体能源需求为原则，减少对机械式供暖和制冷设备的依赖"，正在成为高能效建筑领域的共识。

被动式低能耗建筑进入我国后除国家政策推动外，各省市也相继发布补贴政策推动被动式低能耗建筑的发展。2015 年，我国相继出台了如住房和城乡建设部印发的《被动式超低能耗绿色建筑技术导则（试行）》（居住建筑）（建科〔2015〕179 号），河北省的《被动式低能耗居住建筑节能设计标准》DB 13（J）/T 177—2015。2016 年 8 月 5 日，住房和城乡建设部批准《被动式低能耗建筑——严寒和寒冷地区居住建筑》16J908—8 为国家建筑标准设计图集。截至 2020 年末，全国共发布被动式低能耗技术导则 9 项，设计、检测、评价标准 14 项。

自 2016 年开始，部分省市相继发布文件明确超低能耗建筑发展目标和具体实施管理办法。截至 2020 年 8 月，我国各级政府共颁布被动式低能耗建筑鼓励政策 115 项，其中国家层面 13 项，21 个省 / 直辖市 / 自治区、16 个城市先后发布 102 项。其中，《山东省绿色建筑促进办法》《河北省促进绿色建筑发展条例》《辽宁省绿色建筑条例》将被动式低能耗建筑建设写入了地方性法规。河北省编制完成《被动式超低能耗建筑产业发展专项规划（2020—2025 年）》，明确了未来五年被动式低能耗建筑产业的发展方向，提出在全省范围内组建被动式低能耗建筑全产业链。

被动房一直被看作房地产行业的小众产品。进入到这一领域的房地产商基本上是对高品质住宅有执着追求的开发商。自 2017 年以后，一些龙头房企也开始尝试建造被动房。龙湖、万科、融创、朗诗等房地产开发商也开始尝试被动式超低能耗建筑的试点和示范。在石家庄、保定等出台了强有力政策支持的城市，其被动房将具有一定的规模，甚至超过普通节能住宅的建造量。

图 5-17 所示被动式超低能耗建筑的统计数量含被动式建筑 PHI 标识、中国被动建筑标识、中国超低能耗建筑标识、中国净零能耗建筑标识等。由图 5-17 可知，融创和朗诗是国内申报被动式超低能耗建筑数量最多的房企。

申报最多被动式建筑、超低能耗建筑标识的十大房企
（2006—2020年累计，按数量，个），友绿网统计

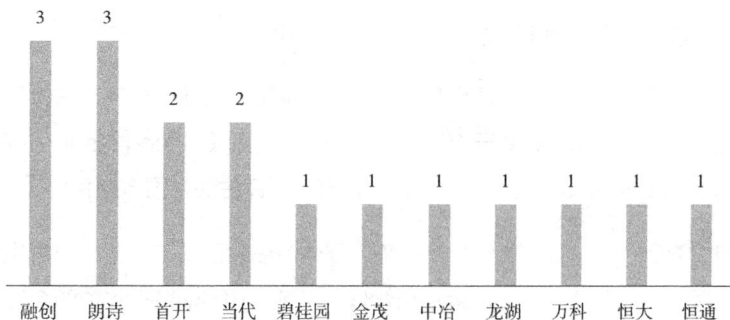

图 5-17 房地产企业申报被动式超低能耗建筑数量统计（图片来源：友绿网《中国绿色地产发展研究报告 2020》）

5.3.4 近零能耗建筑标识

《近零能耗建筑技术标准》GB/T 51350—2019 界定了我国超低能耗建筑、近零能耗建筑、零能耗建筑等相关概念。国家标准的颁布标志着适合我国国情的完整近零能耗建筑技术体系已经形成，示范试点项目从早期的摸索尝试阶段逐渐向以实际应用转变。

根据国家标准《近零能耗建筑技术标准》GB/T 51350—2019，充分利用建筑本体和周边的可再生能源资源，使可再生能源年产能大于或等于建筑全年全部用能的建筑为零能耗建筑。

各省市对超低/近零能耗建筑的发展都给予极大支持。截至2020年6月，10个省及自治区和17个城市出台了关于超低能耗建筑政策共47项，政策规定2020年全国范围内总建筑面积目标超过1 100万 m^2，已经初步呈现从单体到规模化推广的态势。其中大部分项目分布在北京市、河北省、河南省和山东省，这4个省市累计在建及建成超低能耗建筑示范项目164个，总面积573.32万 m^2。

2019年12月，中国建筑节能协会（CABEE）发布了团体标准《近零能耗建筑测评标准》T/CABEE 003—2019，并于2020年2月1日起实施。该测评标准对推动近零能耗建筑标识评价工作在我国市场的规范化，发挥标识的市场激励作用具有积极影响。

2014年底我国示范项目总面积仅为4.7万 m^2，2015—2016年期间示范项目数量开始呈现快速增长态势。至2018年底，我国近零能耗建筑示范项目面积超过160万 m^2。据《近零能耗建筑规模化推广政策、市场与产业研究》报告估算，至2019年底，全国超低/近零能耗建筑总面积应已达800万 m^2。

5.3.5　香港 BEAM Plus

BEAM Plus 是为香港高密度建筑环境量身定制的绿色建筑评估体系，其前身是 HK-BEAM，创建于1996年。BEAM 全称是 Hong Kong Building Environment Assessment Method（建筑环境评估法，图5-18）。

自2010年启动 BEAM Plus 以来，整体评估现已涵盖了整个建筑生命周期，包括规划、设计、施工、运营和管理。当前，BEAM Plus 由四个评估工具组成，即新建筑物、现有建筑物、室内和邻里。

图5-18　香港 BEAM Plus 标识

香港绿色建筑委员会（Hong Kong Green Building Council，图5-19）是 BEAM Plus 的主要评估机构。它是香港地区一个重要的非政府机构，旨在通过对设计、建设、试运行、管理、运营及维护各环节的改善而大力推广可持续的绿色建筑。BEAM Plus 认证具体事务由 HKGBC（香港绿色建筑议会）和 BSL（香港环保建筑协会的评估委员会）共同负责，其中 HKGBC 负责项目注册及证书颁发等行政类业务，技术审核事务主要由 BSL 负责。

图 5-19 香港绿色建筑委员会标识

自 2011 年以来，通过 BEAM Plus 认证一直是授予新建筑项目中某些绿色和便利设施总建筑面积优惠的先决条件之一。2018 年，香港特别行政区政府机电部将 BEAM Plus 纳入香港建筑物能源效率注册计划的主要标准。

BEAM Plus 的 CLP 资助计划于 2019 年推出，由 CLP Power Hong Kong Limited 运作，旨在资助非营利学校和其他注册慈善组织在能源方面获得绿色建筑认证。该计划进一步证明了 BEAM Plus 是香港绿色建筑评级的领先标准。

BEAM Plus 的认证体系主要包括：BEAM Plus Neighbourhood（ND）用于建筑开发项目的总体规划阶段；BEAM Plus 新建筑（NB）可以应用于新建筑项目以及现有建筑的重大翻新/改建工程；BEAM Plus 现有建筑物（EB）评估现有建筑物的运营和维护性能；BEAM Plus Interiors（BI）可用于非住宅场所的装修工程。

BEAM Plus 认证分为 4 个级别，即铂金级、金级、银级和铜级（图 5-20）。

以新建建筑为例，BEAM Plus 评估体系包含十大类的技术指标：

1. 集成设计与施工管理（IDCM）

该指标鼓励项目团队加强与利益相关者的沟通，并在整个绿色建筑设计和施工中采用集成设计方法。

图 5-20 BEAM Plus 4 个认证等级

2. 社区（CA）

该指标关注发展对邻里的社会经济影响，从而改善周围的建筑环境，融合当地特色和获得社会认同。

3. 可持续场地（SS，SA）

该指标与建筑物或开发项目的位置、设计、基础设施规定和基本便利有关。

4. 绿色建筑属性（GBA）

该指标是关于选择获得 BEAM Plus 认证的建筑物或在运营中采用最佳实践的方法。

5. 管理（MAN）

该指标关注负责任的管理做法和规定，以鼓励对居住区进行可持续管理。

6. 材料和废物方面（MWA）

该指标鼓励减少废物和有效使用对环境影响较小的材料。

7. 能源使用（EU）

该指标与低能耗设计、节能实践和可再生能源的采用有关。

8. 用水（WU）

该指标强调采用节水装置和做法，减少用水量和改善饮用水质量。

9. 室内／室外环境质量（HWB，IEQ／OEQ）的健康与福祉

该指标涵盖室内／室外环境的各个环境方面，这些方面会影响居住者和邻居的健康、舒适或福祉，包括日光获取、空气质量、通风和热舒适度等。

10. 创新与增值（IA）

该指标给予具有创新设计的项目，以及性能远远超出现行评估要求的项目以增强环境绩效的评价。

在中国内陆经营的港资房地产企业，如太古地产、新鸿基、新世界中国、瑞安房地产等企业，在项目中广泛使用 BEAM Plus 评估体系。太古地产目前有 24 个项目获得了香港建筑环境评估法（HK-BEAM）与绿建环评（BEAM Plus）的铂金和金奖认证，并有 5 个项目获得了美国绿色建筑委员会的能源与环境设计先锋评级（LEED）的铂金和金奖认证。

BEAM Plus 是中国香港地区应用最为广泛的绿色建筑认证体系。截至 2020 年 8 月，已有 1600 多个项目注册了 BEAM Plus，总建筑面积超过 5 200 万 m²。BEAM Plus 项目的类型多种多样，包括住宅、商业、政府和机构建筑物。自 2014 年以来，加入 BEAM Plus 的私营部门项目占比已达到 50%。

目前，BEAM Plus 已扩展到香港以外的地理区域，包括澳门、深圳、广州、上海和北京（某些项目已通过 HK-BEAM 4/04 认证）。

5.3.6　中国台湾绿色建筑标章

图 5-21　中国台湾绿色建筑标章

中国台湾"内政部建筑研究所"于 1998 年制定了绿色建筑评估系统 EEWH（Ecology, Energy Saving, Waste Reduction, Health，图 5-21），并于 1999 年建立和开始推行绿色建筑标章制度。2009 年生态社区评估系统（EEWH-EC）研发完成，并于 2010 年开始推动生态社区的认证活动，其中非住宅社区包含校园，但是必须以完整的校园或者园区提出申请。

中国台湾的绿色建筑认证设有"候选绿建筑证书"与"绿建筑标章"两类。前者适用于竣工验收前的绿色检验，针对取得建造执照但尚未完工或者领取使用执照的新建建筑物（设计施工阶段）；后者是在工程项目完工后经现场检查合格后的认证，针对取得使用执照或既有合法建筑物（实体建筑阶段）。经绿建筑标章审查委员会审查通过后方可发给标章，评定为绿建筑。

自 2004 年起，EEWH 系统开始采用分级评估法，依据"对数正态分布"制定了分级评估界线。由合格至优秀依次分为合格级、铜级、银级、黄金级、钻石级五级（"候选绿建筑证书"与"绿建筑标章"相同）。该分级评估法具有低得分容易而高得分难的特点，通过"低得分容易"推动绿色建筑普及，通过"高得分难"推动绿色建筑技术的创新。

EEWH 的指标设置因地制宜，基于亚热带气候特色，充分考虑了建筑建造和使用过程中存在的与气候和环境不相适应的问题，将绿色建筑言简意赅地定义为——"生态、节能、减废、健康的建筑"。EEWH 绿建筑九大指标包括绿化量指标、基地保水指标、水资源指标、日常节能指标、二氧化碳减量指标、废弃物减量指标、污水垃圾改善指标、生物多样性指标与室内环境指标。

台湾地区对绿色建筑也实行强制和奖励相结合的政策。建筑法令已纳入基本绿建筑，所有建筑物设计均必须符合绿建筑专章要求，才能取得建筑执照（施工许可）；新建公共工程均必须达到台湾绿建筑标准（取得绿建筑标章）。

绿色建筑已成为台湾地区新建公共建筑必备条件；部分示范性公共工程，必须达到高等级绿色建筑认证。2009 年起，台湾地区对申请绿建筑标章的城市更新开发项目给予 10% 的容积率奖励。

2012 年中国台湾"内政部建筑研究所"为提升绿建筑技术并扩大评估范畴，满足不同绿建筑类型，依建筑使用类型完成绿建筑分类评估体系，构建完成"绿建筑家族评估体系"，简称"五大家族"，分别是：《绿建筑评估手册——基本型（EEWH-BC）》《绿建筑评估手册——住宿类（EEWH-RS）》《绿建筑评估手册——厂房类（EEWH-GF）》《绿建筑评估手册——旧建筑改善类（EEWH-RN）》及《绿建筑评估手册——社区类（EEWH-EC）》。为了满足社会需求和产业结构转型，评估内容与操作方法不断更新改进，最新版本为2015 版。

截至 2020 年 12 月，台湾地区评定通过"绿建筑标章"的项目为 3 347 个，"候选绿建筑证书"已经超过 5 915 个（含已过期的证书）。

5.4　活跃在中国绿色建筑市场的国际标准

尽管在全球有 50 个绿色建筑评估体系，但大部分在中国市场并不活跃，也未能广泛应用。本报告仅以在中国房地产市场有应用的美国 LEED、英国 BREEAM、德国 DGNB、德国 PHI 被动房标识、法国 HQE、世界银行EDGE、新加坡 Green Mark，以及最近几年刚刚兴起的 AH 主动式建筑评估体系为研究对象，阐述其在中国绿色建筑市场上的表现。

5.4.1　AH 主动式建筑

主动式建筑，即 Active House。这一概念是在丹麦创造的，并得到了来自建筑学术界、专业人士和材料制造商等全球合作伙伴的认同和支持（图 5-22）。

Active House 是指在建筑的设计、施工、使用的全寿命周期内，在关注能源和保护环境的前提下，以建筑的健康性和舒适性为核心，以实现人的身心愉悦（Well-being）为目标的一种建筑理念。

Active House 主动式建筑由主动式建筑国际联盟发起。在全球 5 个大洲56 个国家，从住宅到公建，从新建到旧建改造，在不同气候带、不同的地域，

图 5-22　AH 主动式建筑标识

依据 Active House 理念已建造完成了众多示范性建筑实践。包含丹麦哥本哈根大学绿色灯塔、丹麦莱恩斯太阳堡幼儿园等。

Active House 主动式建筑的目标是创造更健康，更舒适的居住空间，同时又不对环境或气候造成负面影响。Active House 主动式建筑的有以下三个核心特点：

1. "人"

将建筑使用者利益置于首位，使用者的身心愉悦（well-being）是第一目标。

2. "平衡"

全球首个提出平衡模式的体系，兼顾投资方、设计师、建造者及使用者的客观条件，达成健康舒适、能源效率与环境可持续之间的综合平衡。

3. "软技术"

充分发挥设计师的智慧，最大限度采用自然技术手段和智能、大数据模拟、AI 智能技术，不是材料设备的堆砌。

"主动性"是主动式建筑的核心性能，也是 Active House 主动式建筑区别于其他绿色建筑体系的关键特征之一。Active House 主动式建筑的主动性也体现在三个方面：

第一方面：Active House 强调建筑的主动感知与调节，可在全球任何地方、不同气候带针对不同用户使用需求和不同预算要求建造可持续健康建筑。

第二方面：Active House 主张建筑具有一定的"能动性"，不再是一个呆盒子。要求在建筑设计、施工和运营全寿命周期内可以根据区域、气候、用户和预算需求主动调节建筑以及使用者的行为影响。

第三方面：Active House 主张建筑完成后，不应该是一成不变的，应预留出未来生长的余量根据使用的变化调整。应该对未来发展提供更多弹性空间，配合使用功能的变化，快速改变用途的能力。在使用过程中，未来建筑应具备可持续发展的能力。

Active House 评价体系针对 4 方面 9 个领域 69 项评价指标对建筑进行评估，通过雷达图围合面积的大小，来表征建筑在各个方面的总体表现水平，

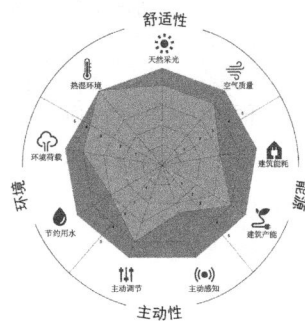

中国内陆AH主动式建筑项目数量增长趋势
（含竞赛获奖项目）

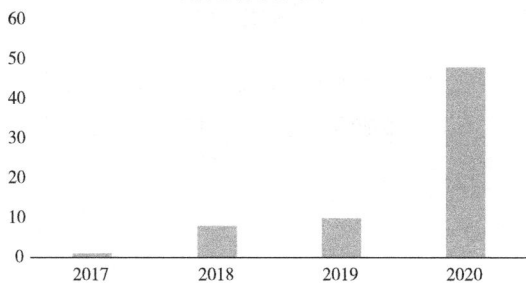

图 5-23　评价主动式建筑的雷达图（左）
图 5-24　中国内陆 AH 主动式建筑项目数量增长趋势（右）
（数据来源：AH 主动式建筑国际联盟）

如图 5-23 所示。综合性的评价指标既涵盖了用户生理层面的健康舒适要求，也延伸到了心理范畴（图 5-23）。

Active House 主动式建筑在中国的本地化体现在中国建筑学会标准《主动式建筑评价标准》T/ASC 14—2020 的发布和实施上。同时，主动式建筑国际联盟也与中国城市科学研究会、中国房地产业协会等机构建立了合作，推出了本地化的评估认证服务。

对 Active House 建筑理念下的建筑进行评价，包括 3 个主要原则：舒适、能源和环境。每个原则下分别包含 3 个子项，一共 9 个参数，通过各个子参数性能数据的测评，得到雷达图上的等级分数。

截至 2020 年 12 月，中国获得 AH 认证标识或在 AH 主动式建筑设计竞赛中获奖的项目共有 67 个（图 5-24）。自 2017 年 AH 主动式建筑理念引入中国以来，AH 主动式建筑数量在我国呈现出加速发展的态势。

5.4.2　美国 LEED

过去 20 年，中国内陆地区累计注册 LEED 认证项目 5 388 个，其中 2 607 个通过认证。面向既有建筑节能改造的 LEED-EB 评估体系注册项目占比 5.9%，占认证项目的 7%。在全部注册项目中，申报后未能通过认证（Denied）的占 0.1%。

从图 5-25 可知，LEED 认证在中国虽然增速放缓，但整体依然处于高速增长的阶段。其中 2013 年、2016 年，因版本更换的原因，项目数量大幅增加。

如图 5-26 所示，上海是获得 LEED 认证项目最多的城市，累计有 612 个项目获得 LEED 认证。获得 LEED 认证项目数量排名前十的其余九个城市

中国大陆地区LEED认证项目增长趋势（截至2020年12月）
友绿网统计

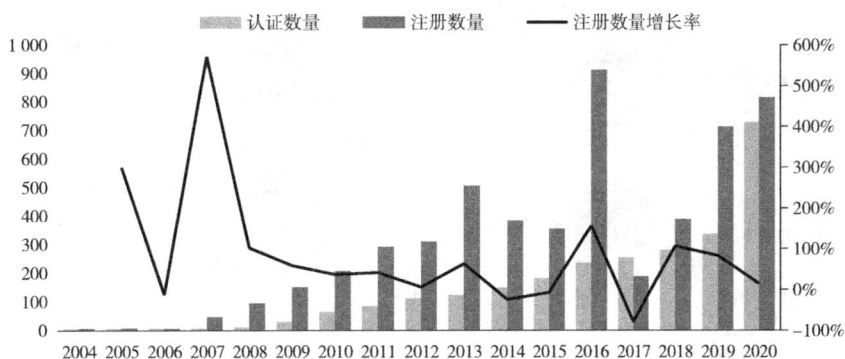

图 5-25 中国内陆地区 LEED
认证项目增长趋势

LEED认证项目中国区域分布（截至2020年12月）
仅显示项目数量超过20个的城市，友绿网统计

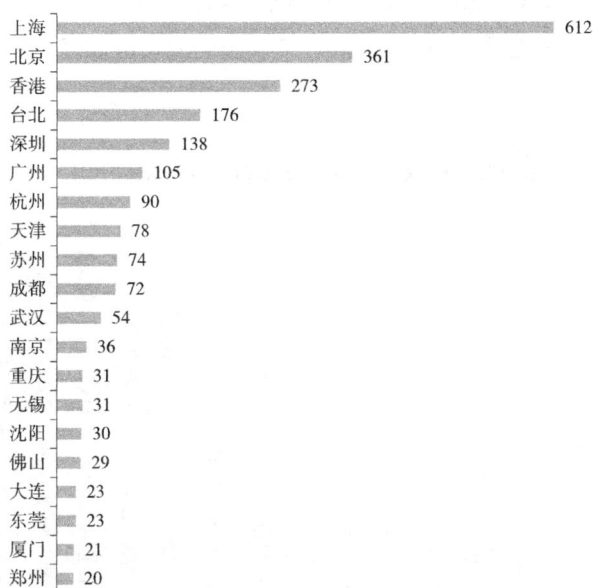

图 5-26 LEED 认证项目中
国区域分布

分别是：北京（361个）、香港（273个）、台北（176个）、深圳（138个）、广州（105个）、杭州（90个）、天津（78个）、苏州（74个）、成都（72个）。

如图 5-27 所示，在 LEED 认证的各类评估体系中，LEED-CS 体系是中国最受欢迎的 LEED 认证体系，其认证项目数量占 35%；其次是 LEED-NC 和 LEED-CI，认证项目数量占比均为 26%。

如图 5-28 所示，金级是 LEED 认证数量最多的认证等级，占比为 48%；其次是认证级，占 22%；银级，占 19%。铂金级项目占比达到 11%。

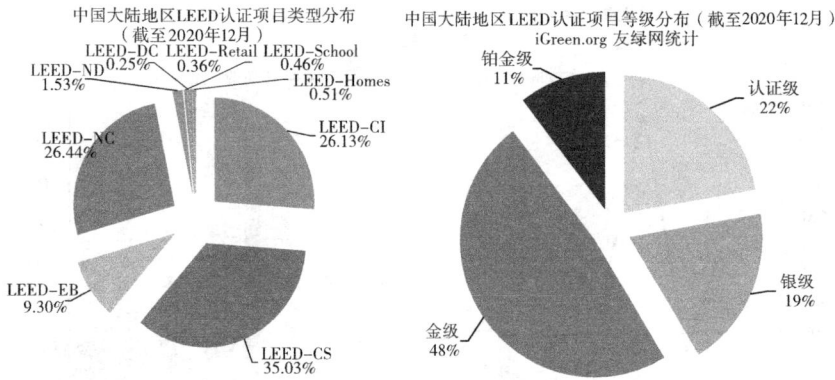

中国大陆地区LEED认证项目类型分布
（截至2020年12月）

中国大陆地区LEED认证项目等级分布（截至2020年12月）
iGreen.org 友绿网统计

LEED-ND 1.53%
LEED-DC 0.25% LEED-Retail 0.36% LEED-School 0.46%
LEED-Homes 0.51%
LEED-NC 26.44%
LEED-CI 26.13%
LEED-EB 9.30%
LEED-CS 35.03%

铂金级 11%
认证级 22%
银级 19%
金级 48%

图 5-27 中国内陆地区 LEED 认证项目类型分布（左）

图 5-28 中国内陆地区 LEED 认证项目等级分布（右）

从 2002 年 USGBC 在中国发展第一个会员开始，在随后的 18 年间，USGBC 中国企业会员数量逐年增长，到 2016 年已达到 92 家会员。而后，会员数量逐年下降。如图 5-29 所示，到 2020 年 12 月，USGBC 在中国内陆地区的会员数量为 57 家，如果加上港澳台地区，合计为 82 家（图 5-29 ）。

美国绿色建筑委员会在中国大陆地区会员增长趋势（截至2020年12月）

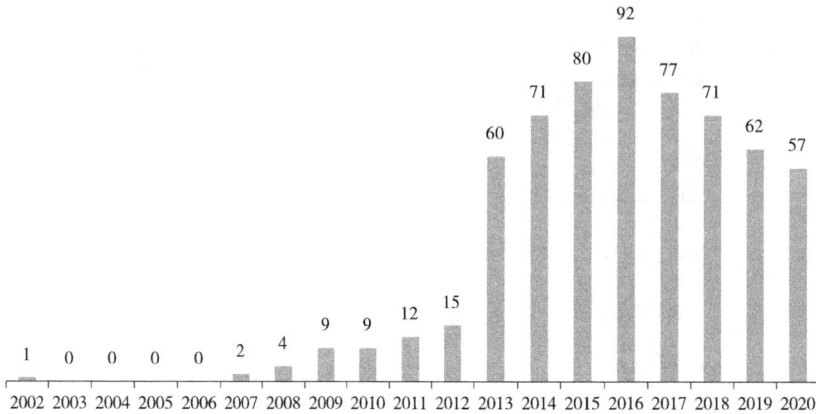

2002	2003	2004	2005	2006	2007	2008	2009	2010	2011	2012	2013	2014	2015	2016	2017	2018	2019	2020
1	0	0	0	0	2	4	9	9	12	15	60	71	80	92	77	71	62	57

图 5-29 美国绿色建筑委员会在中国内陆地区会员增长趋势

5.4.3 英国 BREEAM

英国 BRE 从 2012 年开始在中国市场发力，在过去的几年里也取得了很好的成绩。由图 5-30 可知，过去几年，BREEAM 认证项目数量保持了 30% 左右的增长率。

BREEAM 认证项目主要分布在中国经济发达的长三角地区，其中上海拥有数量最多的 BREEAM 认证项目。

中国大陆地区BREEAM认证项目增长趋势
截至 2020 年 12 月

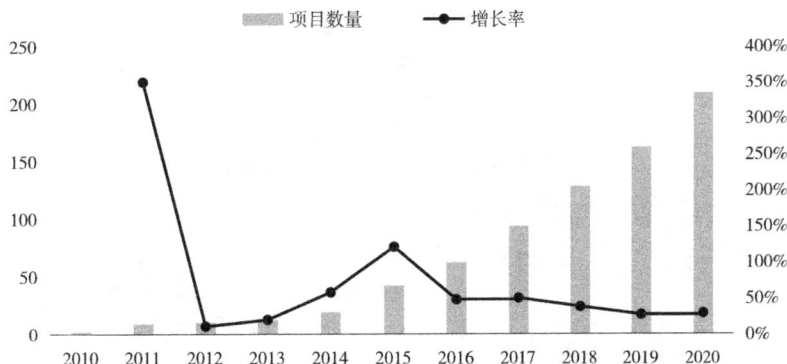

图 5-30 中国内陆地区
BREEAM 认证项目增长趋势

5.4.4 德国 DGNB

DGNB 目前在中国有 32 个项目。中国葛洲坝地产是申报 DGNB 最多的房地产开发企业，目前有 14 个项目获得 DGNB 认证（金级和银级各 7 项），建筑面积 112 万 m^2。

5.4.5 德国 PHI 被动房标识

图 5-31 德国 PHI 被动房
标识

被动房认证是由德国 PHI 被动房研究所推出的一项推动建筑节能技术应用的市场机制。被动房研究所在德国、奥地利及全球各地提供认证服务（图 5-31）。

德国被动房研究所根据 PER 需求和可再生能源产量将被动房等级划分为"Classic 普通级"，"Plus 优级"和"Premium 特级"。在过渡阶段，"Classic 普通级"可沿用一次能源（PE）≤ 120[kW·h/（m^2·a）] 的能耗指标和新定义的方法并行使用。对于"Plus 优级"和"Premium 特级"必须有可再生能源系统，可以理解为近零能耗建筑和零能耗建筑（图 5-32）。

此外，全球还有许多获得授权的被动房认证师和咨询师。被动房研究所通过与认证师签订合同授权其按照被动房标准进行认证并使用被动房标识。根据 PHI 官网公布的被动房认证流程可分为以下几步：

1. 初始检查

在项目开始阶段认证师检查该项目是否有特殊情况，以及如何在认证中评估。

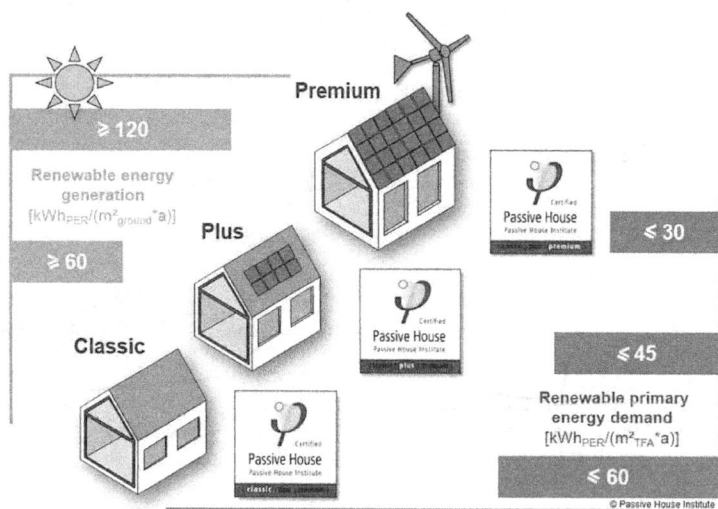

图 5-32 德国 PHI 被动房研究所制定的 PHI 被动房认证等级划分

2. 初步审核

确保设计阶段方案,以及 PHPP(被动房规划设计软件包)的初步计算结果与认证的目标标准一致。

3. 施工阶段审核

在施工之前,认证师对所有与能源设计文件、建筑产品参数和 PHPP 计算结果等文件进行核查。

4. 认证相关咨询

规划和建设全过程中,设计师与认证师对项目进行评估。

5. 最后审查

施工完成之后,对所有规划设计方案和变更,施工质量证明文件进行核查。并为项目方颁发证书标识。

截止到 2020 年 12 月,中国经 PHI 认证的被动房项目有 46 个,主要分布在河北、北京等供暖地区。

5.4.6 法国 HQE

HQE 因其区域适应性强,受到越来越多业主和开发商的青睐。在中国市场,HQE 在 2019 年开始受到关注,并在中国城市科学研究会的推动下,成为与中国国家绿色建筑标准双认证的选择之一。

2020 年 11 月，西海岸·创新科技城体验中心通过 HQE 审核员审查和专家委员会评审，获得我国首个 HQE 认证标识，并达到最高星级卓越级（Exceptional）的技术要求。

5.4.7 世界银行 EDGE

图 5-33 世界银行 EDGE 标识

作为世界银行集团成员之一的国际金融公司的创新，EDGE（"卓越设计，提高效率"）为房地产市场领导者提供了通过差异化产品和为客户的生活增值来获得竞争优势的机会（图 5-33）。

EDGE 于 2014 年 7 月启动，获得了 SECO（瑞士经济事务国家秘书处）的启动资金，目前由英国政府资助，主要面向发展中国家建筑市场。2018 年，英国政府和国际金融公司（IFC）合作，为新兴市场中经过认证的绿色建筑引入多达 20 亿美元的融资。该计划旨在通过加快绿色建筑标准认证，通过 20 亿美元的经济刺激来应对气候变化。英国政府提供的 1.05 亿英镑将包括 8 000 万英镑的投资和 2 500 万英镑的咨询服务。这笔资金将用于激励建筑物进行国际金融公司 EDGE 或其他领先的绿色建筑标准认证。

EDGE 目前在中国仅有 4 个项目获得认证，见表 5-1。

表5-1 EDGE在中国的认证项目

项目名称	认证等级	认证年份
布鲁克被动之家酒店	最终 EDGE 认证	2015
江森自控亚太总部	最终 EDGE 认证	2017
马鞍山农村商业银行办公楼	初步 EDGE 证书	2018
贵州塔	最终 EDGE 认证	2020

5.4.8 新加坡 Green Mark

图 5-34 新加坡 Green Mark 标识

新加坡建设局（BCA）于 2005 年推出 Green Mark 认证。Green Mark 是第一个专门为热带气候而设计的绿色建筑评级系统，在其他东盟国家也被广泛采用（图 5-34）。

Green Mark 考核的指标包括节能、节水、环保、室内环境质量和其他绿色特征与创新五方面。Green Mark 由高到低分为四个评级标准：铂金级、超金级、黄金级和认证级，对建筑节能的要求从 35% 至 15% 不等。

新加坡同时也是制订强制性建筑环境标准的先驱。2008 年 4 月，新加坡强制规定所有新建筑物和进行重大翻新的现有建筑物，都必须达到国家绿色建筑评级系统，即绿色建筑标志计划的最基本分数。截至 2019 年底，新加坡超过 40% 的建筑物已获得绿色建筑标志认证。政府的目标是到 2030 年把这一比例提高到 80%。

目前中国内陆仅凯德置地、吉宝置业、仁恒置地等新加坡房企在应用该评估体系。

截至 2017 年 8 月，吉宝置业的地产项目中有 65 个获得新加坡建设局绿色建筑标志，其中包括海洋金融中心（第一座获得著名 LEED-CS 铂金级的预认证和绿色建筑标志最高级别——铂金级的新加坡办公楼）。

目前，吉宝置业在中国已有 15 个房地产开发项目获得了新加坡建设局颁发的"绿色建筑标志金奖"，及 3 个房地产项目已通过了"绿色建筑标志金奖—预认证"。另有 8 个房地产开发项目，正在计划申请"绿色建筑标志金奖"。

5.5 市场格局

近几年，我国绿色建筑评价标识多元化、国际化趋势明显，且随着美国、英国、德国、法国等国绿色建筑协会对中国建筑市场的日益重视，绿色建筑评价标识的评价类型和对象更加多样化。

5.5.1 国标占据主导地位，国际标识的份额有增加的趋势

从过去 12 年来，各个绿色建筑认证体系历年认证项目数量所占市场份额来看，LEED 认证在 2010 年之前短暂领先，后来逐步被中国本土的绿色建筑评价标识所超越。此后随着国家大力推动绿色建筑评价标识的各种激励政策，国标的市场份额逐年提高，在 2016—2017 年达到了 91.4%。自 2018 年开始，LEED 认证的市场份额又有逐年回升的趋势。2008 年至 2020 年 13 年间，中国内陆绿色建筑评价标识市场份额发展变化趋势如图 5-35 所示。

此外，随着 BRE、AH 国际联盟加大在中国市场的推广力度，BREEAM，AH 主动式建筑认证的市场份额也在快速增长。

中国内地绿色建筑评价标识市场份额发展趋势（2008—2020年），友绿网统计

······ ASGB ——— LEED ——— BREEAM --- AH

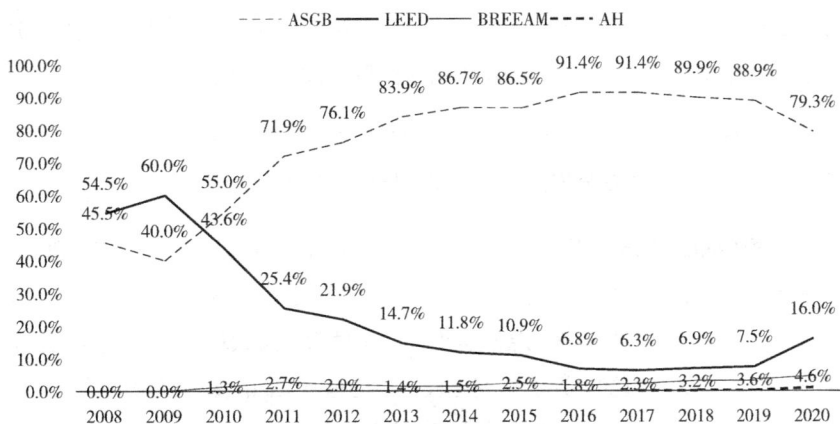

图 5-35　中国内陆绿色建筑评价标识市场份额发展趋势

5.5.2　中国绿色建筑评价标识具有压倒性的市场影响力

当前市场的格局是各个评价体系当前各自的市场份额，反映的是现状；但各个机构采取的市场策略不一样，投入的市场推广资源和力度不一样，其市场影响力差异较大。虽然有的标准体系暂时领先，但未必能赢得未来，有的标准可能暂时落后，但策略得当，市场宣传力度大，势必会在未来占得一席之地。故本研究通过问卷调研，对行业从业者的选择进行了分析。

从图 5-36 可知，受中国绿色建筑市场政策驱动的显著影响，中国本土的绿色建筑评价标识占据了绝对领先的主导地位，96% 的受访者正在使用中国绿色建筑评价标识。

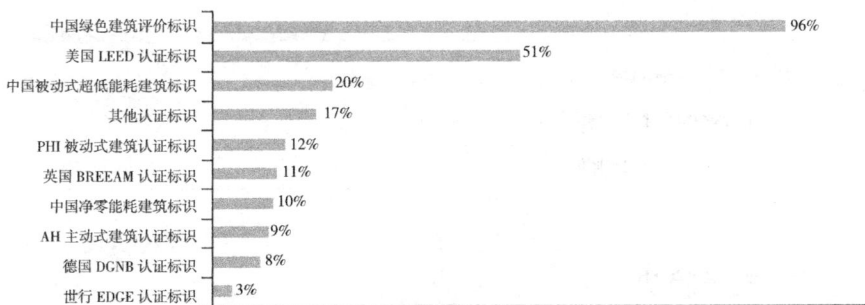

图 5-36　正在使用的绿色建筑标准或评价标识

受益于早年众多 LEED AP 的自发推广，以及最近几年美国绿色建筑委员会 USGBC 加大对中国市场的投入力度，美国 LEED 认证标识的市场影响力也遥遥领先于除国标以外的其他标识，高达 51% 的受访者表示正在使用 LEED 评级体系。

一个值得关注的现象是：近年来，被动房、被动式超低能耗建筑、PHI被动式建筑认证标识的兴起，合计有42%的受访者当前正在申报这一类评价标识。另有10%的受访者正在申报中国净零能耗建筑标识。

就在被动式建筑大行其道，得到北方各省市政府大力推广的同时，纯市场推动的AH主动式建筑标识异军突起，其市场影响力达到9%以上。

新国标渐成主流。根据住房和城乡建设部2019年第61号公告，2019年8月1日起正式实施国家标准《绿色建筑评价标准》GB/T 50378—2019。目前，距新国标的正式实施已经过去许久，虽然普遍反映难度全面提高，工作量增加，增量成本增加，评价周期更长，但仍有67%的受访者表示已经开始按照新国标进行项目设计或申报（图5-37）。

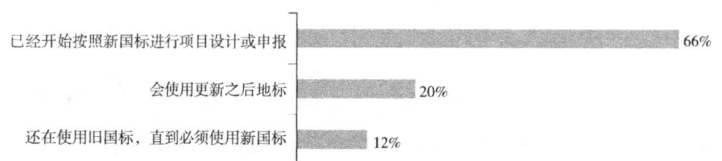

已经开始按照新国标进行项目设计或申报　66%
会使用更新之后地标　20%
还在使用旧国标，直到必须使用新国标　12%

图5-37　是否开始使用新国标

5.5.3　地方评价份额最大

在本次调研中，有约60%的受访者采用当地绿色建筑评价标准或在地方评价机构进行绿色建筑标识评价。值得关注的是，从2020年1月起，中房协也可以受理绿色建筑评价标识的申报，并且已经有项目通过中房协进行标识评审和申报，业务增速明显（图5-38）。

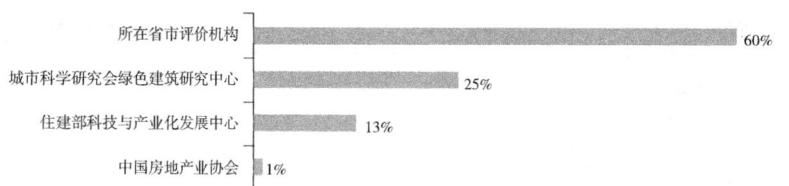

所在省市评价机构　60%
城市科学研究会绿色建筑研究中心　25%
住建部科技与产业化发展中心　13%
中国房地产业协会　1%

图5-38　通过哪家机构申报绿色建筑标识

5.6　市场趋势

5.6.1　中国绿色建筑评价标识最受欢迎

在最可能向客户或消费者推荐的绿色建筑评价标识中，中国本土的绿色建筑评价标识、美国LEED认证标识和中国被动式超低能耗建筑标识依然占据前三位，与其当前的市场影响格局相当（图5-39）。

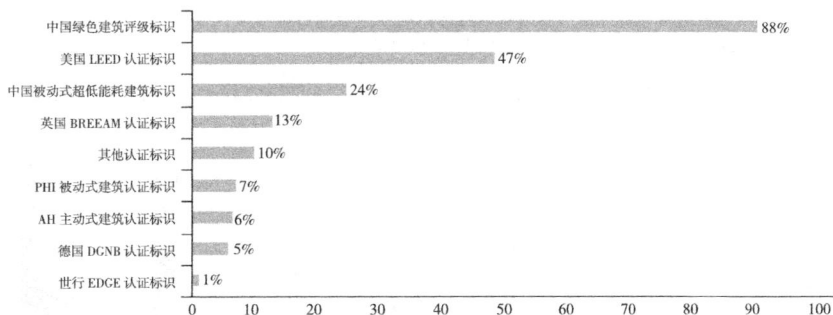

图 5-39 最可能向客户或消费者推荐的绿色建筑评价标识

但一个突出的现象是，有 13% 的受访者表示最可能向客户或消费者推荐英国 BREEAM 认证标识，这一比例高于 11% 正在使用该标识的受访者占比。随着近三年来，BRE 加强了对中国市场的开拓力度，通过与中国城市科学研究会实施双认证策略，开展广泛的培训、研讨宣传和颁奖典礼等市场推广活动，并在友绿网等本土培训机构的支持下，BREEAM AP 人数显著增长，BREEAM 认证项目数更是实现了线性增长，其市场影响力正在扩大，该现象表明了 BREEAM 认证标识正在逐渐获得从业者的认可，正酝酿着逐年增加的市场影响力。

5.6.2 新冠肺炎疫情提升健康建筑需求

88% 以上的受访者认为本次新冠肺炎疫情危机会激发市场对健康建筑需求的增加。健康建筑将成为继绿色建筑之后最具市场潜力的评价标识。据柠檬树发布的《中国健康建筑发展研究报告 2020》，健康建筑在我国的发展总体上仍然处于方兴未艾的早期阶段，在激励政策、技术体系、市场成熟度等多个方面与绿色建筑相比还存在较大的距离。健康建筑在未来 5 年内都将处于成长期和市场培育期（图 5-40）。

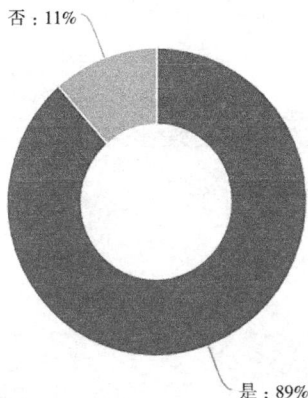

图 5-40 是否认为本次新冠肺炎疫情危机会激发市场对健康建筑需求的增加

《中国健康建筑发展研究报告 2020》按照平缓增长（线性增长）和快速增长（指数增长）两种趋势对健康建筑未来市场发展的趋势进行预测，预计到 2025 年，我国健康建筑的项目数量将介于 195~1 458 个之间，面积介于 1 950 万 ~1.46 亿 m² 之间，而行业增加值介于 62.4 亿 ~466 亿元之间（图 5-41）。

获得认证的健康建筑项目数量趋势
（截至2021年7月，友绿智库统计）

HiH健康标识（住宅） 健康建筑标识 WELL建筑标识 合计

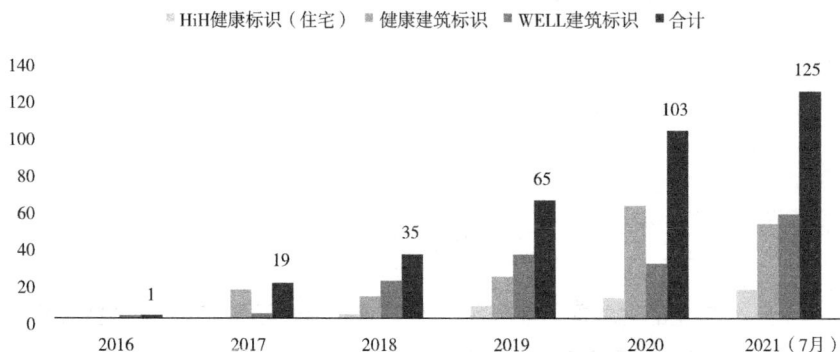

图 5-41　获得认证的健康建筑项目数量趋势
（图片来源：友绿智库《中国健康建筑发展研究报告 2021》）

5.6.3　中国健康建筑评价标识最受欢迎

在受访者最有可能向客户或消费者推荐的健康建筑标识中，中国本土的健康建筑标识占 53%；WELL 标识占 36%，HiH 健康标识占 5%，其他小众的评价标识占 7%。

据中国健康建筑联盟最新数据，至 2020 年 11 月，我国已有 118 个项目进行了健康建筑标识评价。含单体建筑 1 000 多栋，社区 8 个，总建筑面积逾 2 000 万 m^2。

如图 5-42 所示，该数据体现出受访者申报健康建筑标识的选择意愿或各个评价体系的市场影响力，与实际的市场份额之间存在差距。据《中国健康建筑发展研究报告 2020》，截至 2020 年 3 月，WELL 标识的市场份额为 62%，且有扩大优势的趋势。而作为最早起步发源于健康住宅的 HiH 标识，仅占有约 6% 的市场份额。由城科会及中国建筑科学研究院推动的健康建筑标识的市场份额稳定在 30% 左右。

图 5-42　最可能向客户或消费者推荐的健康建筑标识（单选）

第 6 章 地产篇

本项研究从 200 家房地产企业中，优选出 75 家代表企业以反映房地产行业绿色发展状况，研究对象涵盖了央企、民企、港企和在华经营的外企，覆盖了全部典型房企。

6.1 房地产业关系国计民生，应成为绿色发展的领头羊

房地产业关系国计民生，与经济发展和民生改善密切相关，其行业增加值占国内生产总值的百分比依然在逐年升高，但房地产行业的社会责任发展指数则偏低，根据中国社会科学院发布的《中国企业社会责任研究报告 2019》，该指数仅为 31.8 分（满分 100 分）。

友绿网根据中国城市科学研究会和住房和城乡建设部科技与产业促进中心公开的数据统计分析，过去 14 年来，由房地产企业申报的绿色建筑面积和占比在逐年增加（图 6-1），从 2006 年的 46% 上涨到 2020 年的 82%。该比例还有继续扩大的趋势（图 6-2）。

尽管如此，中国房地产业的社会责任发展指数仅为 31.8 分（总分 100 分，表 6-1），离及格线尚且有近 30 分的差距！

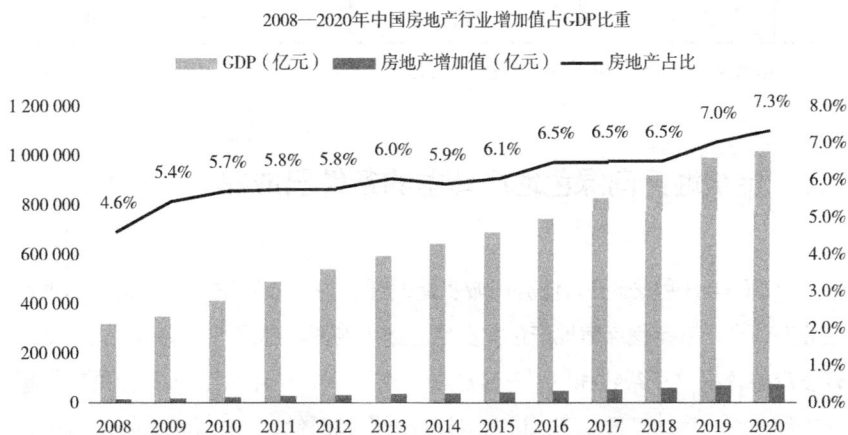

2008—2020年中国房地产行业增加值占GDP比重

图 6-1 2008—2020 年中国房地产业增加值占 GDP 的百分比
（数据来源：国家统计局）

2006—2020年，由房地产企业申报的绿色建筑（住宅）占当年全部绿色建筑（住宅）的比例

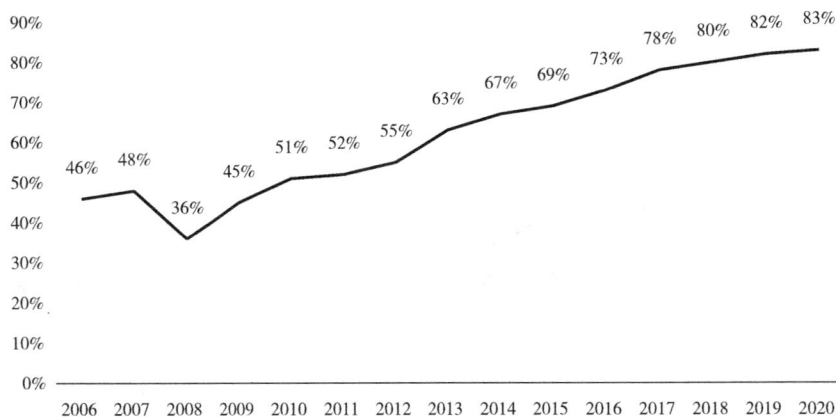

图6-2　由房地产企业申报的绿色建筑占当年全部绿色建筑的比例（2006—2020年）

表6-1　2019年中国重点行业社会责任发展指数

单位：%，分

序号	行业名称	社会责任报告发布比例	社会责任发展指数	星级
1	电力行业	92.0	59.0	★★★
2	银行业	76.9	51.3	★★★
3	特种设备制造业	72.7	49.1	★★★
4	汽车行业	48.6	35.0	★★
5	房地产行业	60.0	31.8	★★
6	食品行业	33.3	29.0	★★
7	金属行业	36.0	26.3	★★
8	机械设备制造业	39.1	24.5	★★
9	石油化工行业	29.2	22.0	★★
10	日化行业	24.0	15.3	★

（表格来源：中国社科院《中国企业社会责任研究报告2019》）

6.2　传统地产向绿色地产转型的条件已成熟

2020年8月20日，住房和城乡建设部、中国人民银行召开重点房地产企业座谈会，制定重点房地产企业资金监测和融资管理规则，明确了收紧地产开发商融资的"三条红线"。"三道红线"终结了地产金融红利，"高周转"模式走到末路。房地产行业正式进入科技创新红利时代。

政府的宏观政策导向要求商品房的开发越加注重节能和环保性能。为了贯彻落实科学发展观，发展和改革委员会、住房和城乡建设部、自然资源部和生态环境部等部委相继为房地产行业制定了包括土地、财税、建筑标准、环境监督核查等措施在内的多项政策法规。自 2005 年，原建设部相继出台了《公共建筑节能设计标准》GB 50189—2015、《绿色建筑评价标准》GB/T 50378—2006 等一系列标准和规范，各地政府也相继出台了《建筑节能管理条例》以强化建筑节能的实施。随着我国进一步推动经济发展方式转变，对于房地产行业环保、节能的要求必将不断提高，相应监管措施也必将更加严格，行业准入制度也将得到完善，不能够达到绿色环保要求的企业将逐步失去竞争力，直至拿不到土地，无法进行开发而退出市场。

社会舆论对"暴利"的房地产企业有更多的社会责任诉求。在全社会都倡导绿色环保的今天，作为房地产行业，理应承担起应尽的社会责任，将自身利益诉求与社会共同利益统一起来，在实现行业价值的同时，承担相应的社会职责。而绿色地产、低碳地产，是与企业经营、社会责任、政府导向结合得最好的转型方向。

房地产业对产业链巨大的拉动效应使其转型将引导相关产业链向环保节能转型。据统计，在我国，每增加 1 亿元的住宅投资，其他 23 个相关产业相应增加投入 1.479 亿元，被带动的直接相关或间接相关较大的产业有 60 多个。如果房地产行业能够大力倡导、发展绿色低碳地产，必将带动相关产业向绿色、节能、环保转变，从而在建设资源节约型、环境友好型社会的过程中起龙头作用。

节能环保相关技术和产品已基本成熟。迫于资源环境的压力，世界早已开始节能、环保技术的研究开发，我国近年来在建筑节能、环保技术方面也取得了长足的进展，在材料科学、太阳能技术、水处理技术等方面已经跻身世界先进水平。尤其是太阳能光伏和光热技术，我国均拥有最大的产量，太阳能集热器的安装使用面积居全球首位。如今，许多绿色环保技术和材料已广泛应用，价格不再"高高在上"，早已"飞入寻常百姓家"。如去年光伏产品的大跳水，必将促进其在建筑领域的大量应用。

房地产行业具备向绿色低碳化转型的主观意愿。我国人多地少、适宜人类生存的土地面积狭小，房地产行业要想实现长期、稳定、可持续的发展，必须正视所面临的自然资源与环境压力。目前，我国房地产行业从建筑施工到后期的营销、运营、物业管护等，多属于高消耗、高污染的模式。建筑材料和能源利用效率低，土地破坏严重、建筑能耗高、污染物排放量大等问题正困扰着房地产行业整体的可持续发展。而且，近年来的高速开发建设拉动了传统原材料如钢材、水泥等成本的大幅上升，迫使开发商寻找替代能源和材料。因此，房地产行业必须转变既有的粗放型经营模式，才能够实现行业的长久繁荣。出于自身生存发展的需要，房地产行业具备向绿色低碳化转型的内在动因。

房地产企业的主体能力。改革开放以来，随着居民财富大幅增长，以及城镇化进程的加快，我国房地产行业经历了一个黄金发展期。房地产企业普遍受惠于改革开放带来的经济发展成果，聚集了大量财富，其盈利水平长期高于社会平均盈利水平。如今，房地产业已形成包括全国工商联房地产商联合会、各地房地产行业协会等在内的正规行业自治体系，具备一定的自我管理、监督和约束的能力。另外，如今房地产行业中已经有一大批熟悉项目运作、深谙房地产开发经营管理知识的从业人员。因此，从资金实力、行业治理能力和人力资源三方面来看，我国房地产行业已基本具备向绿色低碳化转型的能力。

已经形成了一批具备绿色消费能力的消费者。近几年，市场上供给的绿色建筑类产品均为高端物业，比如朗诗、当代、金茂所走的"恒温、恒湿"的科技路线，其产品本身定位高端，但就是在这样的小众市场上，朗诗却得以借助该理念快速成长和扩张。说明市场已经培育出这样一群消费者，他们能够认可节能环保技术应用带来的合理成本增加。同样在对住房消费者专家群体的调研中，31% 的专家认为，经过绿色认证的楼盘可以在价格上高于同类楼盘 1%~3%，43% 的专家认为其价格可以高于 3%~5%，而认可高于 5% 以上的占 20%，不认可的仅占 6%。也就是说，74% 的专家认为，绿色建筑的价格理当高于普通楼盘 1%~5%。对于普通消费者的调研也表明，有 82% 的消费者会优先考虑购买经过绿色认证的楼盘，并有 67% 的消费者认可经过绿色认证的楼盘在价格上高于同类同地段楼盘 1%~3%。

6.3 房地产企业绿色发展的成果概述

6.3.1 申报绿色建筑最多的十家房企

2006—2020 年，15 年间 50 家入选房地产企业总共申报了 8 312 个绿色建筑标识（含设计标识和运行标识），其中：5 639 个一星级，占比 68%；2 402 个二星级，占比 29%；279 个三星级，占比 3.4%；279 个运行标识，占比 3.4%；合计 14.8 亿 m^2 绿色建筑面积。

经过十多年的努力，绿色已经成为房地产业的底色；自2016年以来，绿色建筑面积已逐步与房企的开发规模成正比。从图6-3和图6-4可知，碧桂园累计绿色建筑申报面积已超过4亿 m^2，远超其他房企。

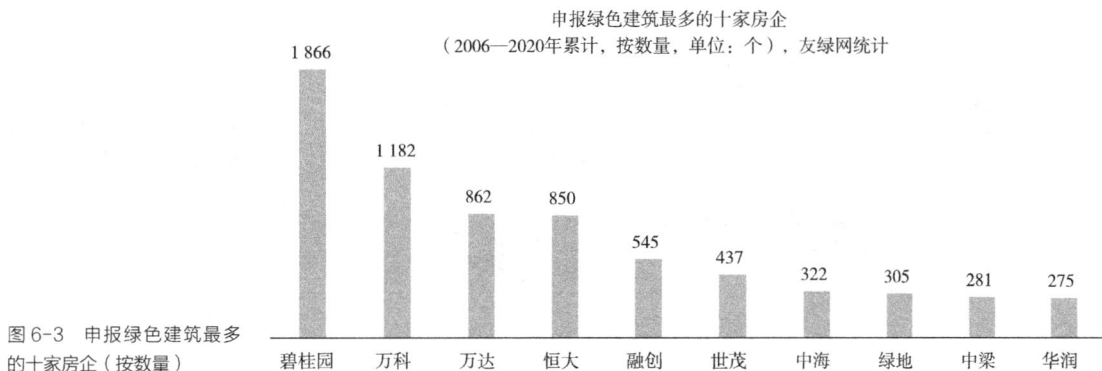

申报绿色建筑最多的十家房企
（2006—2020年累计，按数量，单位：个），友绿网统计

图6-3 申报绿色建筑最多的十家房企（按数量）

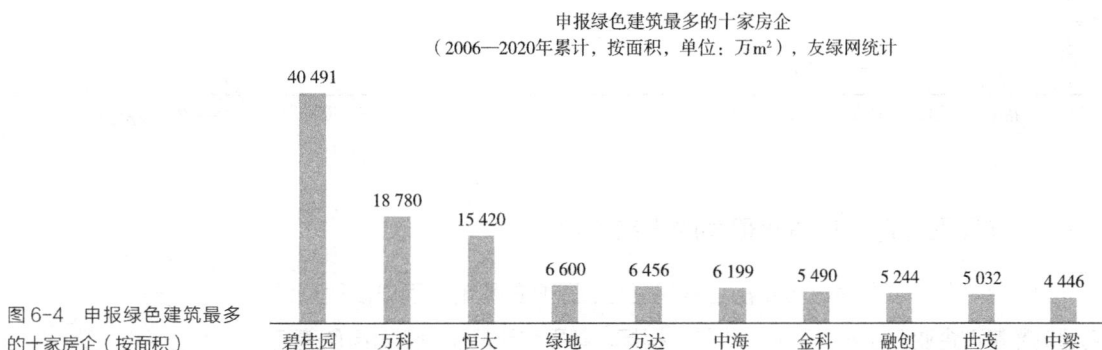

碧桂园	万科	万达	恒大	融创	世茂	中海	绿地	中梁	华润
1 866	1 182	862	850	545	437	322	305	281	275

申报绿色建筑最多的十家房企
（2006—2020年累计，按面积，单位：万m²），友绿网统计

图6-4 申报绿色建筑最多的十家房企（按面积）

碧桂园	万科	恒大	绿地	万达	中海	金科	融创	世茂	中梁
40 491	18 780	15 420	6 600	6 456	6 199	5 490	5 244	5 032	4 446

为避免重复统计，该排名仅计算申报中国绿色建筑评价标识的数量，其他国际绿色建筑标识另行统计。

6.3.2 申报最多高星级绿色建筑的十家房企

随着一星级绿色建筑评价标识逐渐成为强制规范的要求，获得更高星级的认证成为一批领先房企的优先选择，也是检验房企创新力和行业领导力的指标之一。

由图6-5和图6-6可知，朗诗地产申报了全国最多的三星级绿色建筑标识。万达集团申报绿色建筑运行标识的数量已达232个，远超其他房企；值得关注的是，体量较小的恒通集团以5个项目位列全国运行标识数量第7。朗诗、当代、恒通等中小房企申报运行标识领先大型房企。

获得绿色建筑三星级标识最多的十家房企
（2006—2020年累计，按数量，单位：个），友绿网统计

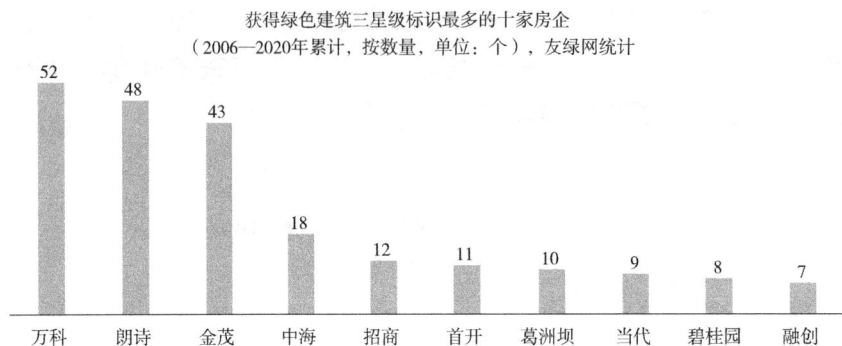

图 6-5　获得绿色建筑三星级标识最多的十家房企（按数量）

获得绿色建筑运行标识最多的十家房企
（2006—2020年累计，按数量，单位：个），友绿网统计

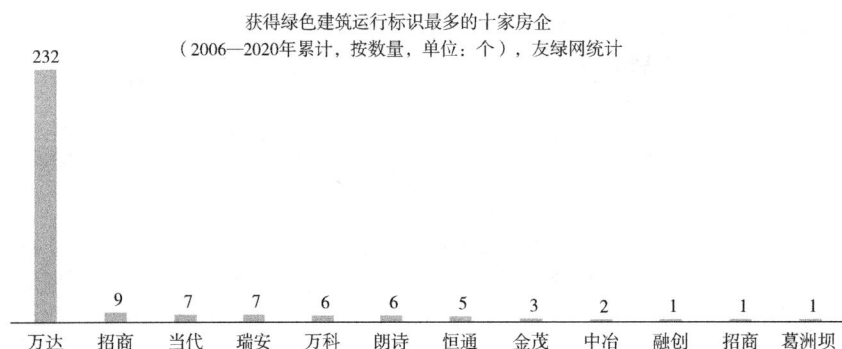

图 6-6　获得绿色建筑运行标识最多的十家房企（按数量）

6.3.3　高质量绿色建筑占比最高的十家房企

以绿色建筑项目数量来衡量房企容易受企业规模的影响，而以高质量绿色建筑数量占企业全部开发量的占比作为指标，则更容易反映房企对绿色建筑战略的执行力度。

由图 6-7 和图 6-8 可知，三湘印象、葛洲坝地产和朗诗地产的三星级绿色建筑标识数量占各自公司申报的全部绿色建筑比例最高，分别达 66.7%、

绿色建筑标识三星级占比最高的十家房企
（2006—2020年累计，按百分比，单位：%），友绿网统计

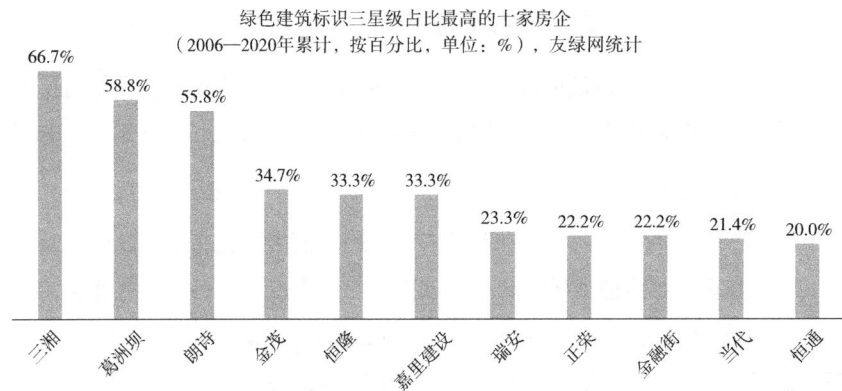

图 6-7　绿色建筑标识三星级占比最高的十家房企

绿色建筑运行标识占比最高的十家房企
（2006—2020年累计，按百分比，单位：%），友绿网统计

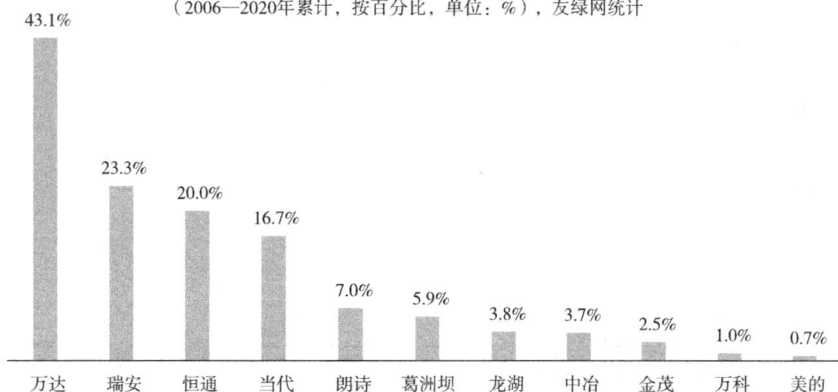

图 6-8　绿色建筑运行标识占比最高的十家房企

58.8%、55.8%。万达集团的运行标识占比遥遥领先于其他房企，达 42.6%，恒通集团以 20% 排名全国第 3。

6.3.4　申报最多国际绿色建筑标识的十大房企

除申报中国本土绿色建筑评价标识以外，为体现差异化和国际化，争取更多国际客户的认可，我国房企也积极申报国际绿色建筑评价标识。

由图 6-9 和图 6-10 可知，中国金茂是最"洋气"的房企，申报了数量最多的国际绿色建筑标识（美、英、法），其 BREEAM 标识数量遥遥领先同行，港资房企偏爱国际绿色建筑标识。

申报最多美国LEED 认证标识的十大房企
（2006—2020年累计，按数量，单位：个），友绿网统计

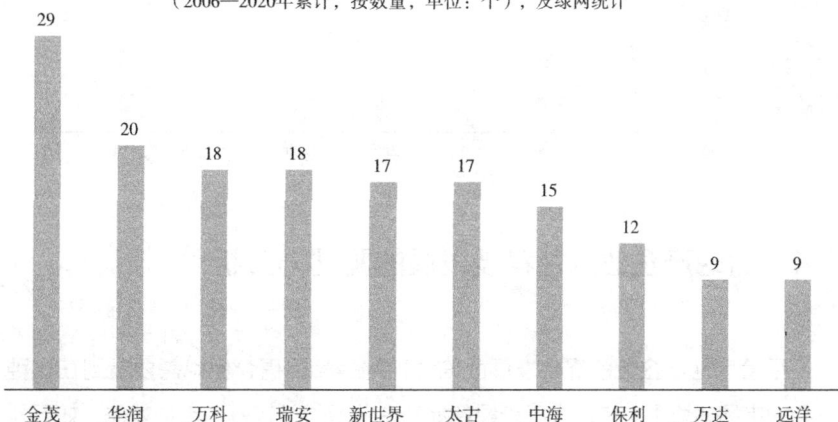

图 6-9　申报最多美国 LEED 认证标识的十大房企

申报最多英国 BREEAM 认证的十大房企
（2006—2020年累计，按数量，单位：个），友绿网统计

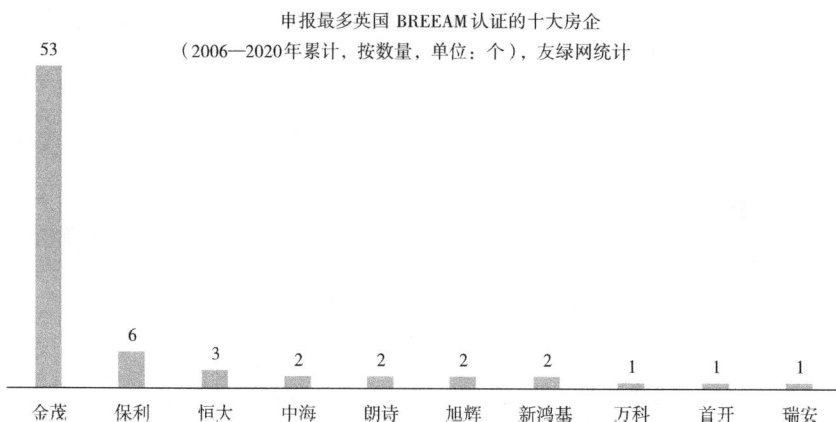

图 6-10　申报最多英国
BREEAM 认证的十大房企

6.3.5　申报最多健康建筑标识的十大房企

健康建筑是绿色建筑深入发展的成果，也是绿色建筑发展的必然趋势。作为更受购房者关注的健康建筑，房地产企业也在积极实践。

如图 6-11 所示健康建筑标识包含中国健康建筑标识、美国 WELL 健康建筑标识、HiH 健康标识、AH 主动式建筑标识等。远洋集团是目前拥有健康建筑数量最多的房企。

申报最多健康建筑标识的十大房企
（2006—2020年累计，按数量，单位：个），友绿网统计

图 6-11　申报最多健康建筑
标识的十大房企

6.4　房地产企业绿色科技发展的驱动力分析

尽管房地产企业的绿色发展面临种种挑战和阻碍，但也需要看到在这种不利的市场环境下，依然有不少绿色地产企业取得了较好的市场效益，如万科

和朗诗坚持绿色发展战略让企业得到稳健的成长，朗诗和当代更是获得了远超行业平均水平的毛利率。

分析多家典型的绿色地产企业选择绿色发展的动因，可以分为外部需求和内部需求。内部需求是由企业自身的产品特点，发展战略选择，以及企业创始人理念基因所决定；外部需求则取决于宏观政策、市场需求等外部环境因素。

6.4.1　发展模式转型升级的内在需求

由"开发—销售"到"开发—运营"的经营模式转变使得绿色发展理念能为企业带来更好的业绩和更具成长性的发展前景。

目前地方政府对产业与城市发展的巨大需求，使得房地产开发商充当城镇化建设与运营者的角色成为可能，"城市运营"已经成为房地产开发企业的主要转型方向，各家企业都提出了"城市运营"的模式和目标。万科早在 2013 年就提出做"城市配套服务商"，中国金茂提出要致力于成为中国领先的城市运营商，招商蛇口定位于"城市及园区综合开发与运营商"，大型房地产企业都在向城市运营商转型。

绿色地产所需的精细化设计、整合设计有助于显著提升房地产企业的项目管理水平和精细化运营能力。绿色地产在办公、商业类自持物业上因节能降耗带来的财务优势尤其体现在降低运营成本上。

除降低运营成本以外，绿色技术的应用也有助于形成产品特色。最近几年，以"三恒"技术（恒温、恒湿和恒氧）为特色的朗诗、金茂、当代都获得了超常规的发展。在朗诗绿色地产 2014—2016 年的年报中披露，朗诗绿色建筑产品的销售价格基本高出同一地段楼盘的30%以上，获得了超高的市场溢价；金茂的"金茂府"系列产品，以"12 大绿色科技"作为核心卖点和差异点，与周边产品形成了鲜明的特色，在豪宅市场开辟了一片以绿色科技作为卖点的蓝海。

6.4.2　打造差异化产品的市场需求

目前领先的绿色地产开发企业都有自己显著的"特色产品"或"特色技术路线"。比如万科的工业化，其发展的终极目标是"智能建造"，即用机器人大量取代现场施工的工人；万达的"慧云"系统将 16 个弱电子系统、3 万多个信息点集成在一个管理平台上，实现了对商业广场的消防、安防、设备、运营与节能的全方位、立体化管理,经过多年的积累和发展,逐步形成了一套全自动的智能化运营管理系统。该系统是万达集团自主研发,具有独立知识产权,可应用于商业广场、文化娱乐等大型公共建筑的智能化管理系统,形成了万达独特的核心竞争力,并初步具备了"产品"到"商品"的转化能力。

纵观各家房地产企业的绿色开发特色,大多以能源和环境为主题,且集中在住宅领域(表6-2)。

6.4.3 增强政策合规性的外部需求

绿色发展已经成为国家战略,全国各地的住建部门都将发展绿色建筑作为响应国家绿色发展战略的必要途径,并在土地获取、城市建设等方面制定了相应的激励政策和约束政策。目前已有多地出台强制绿色建筑一星认证的政策。

在这一政策下,越来越多的开发企业将绿色建筑一星级认证作为公司项目的基本要求,比如恒大规定,从 2016 年 10 月开始,公司所有项目必须申

表6-2 部分房地产企业的绿色特色技术路线

企业	社区/园区	住宅/酒店	办公	能源—环境	智能建造	智慧运营
万达	—	慧云	—	慧云	BIM 总发包管理	慧云智能化管理系统
万科	—	工业化(干法施工)、精装修	—	太阳能光伏和光热、新风	机器人	—
绿地	—	百年住宅	—	—	—	智慧城镇
金茂	绿色学校	"三恒"、绿色酒店	—	区域能源	—	—
葛洲坝	—	德系精工	—	"5G 科技"	—	—
三湘	—	"三恒"	—	太阳能建筑	—	—
远洋	远洋健康建筑体系/WELL 建筑标准/LEED 认证体系	远洋健康建筑体系/WELL 建筑标准	远洋健康建筑体系/WELL 建筑标准/LEED 认证体系	远洋健康建筑体系/WELL 建筑标准/LEED 认证体系	—	—
朗诗	—	"三恒"	—	被动房	—	朗诗 3.0
当代	绿色住区	"三恒"	—	新风	—	第一物业
碧桂园	森林城市	垂直绿化	垂直绿化	—	SSGF 工业化建造	智慧城市

注:"三恒"指的是恒温、恒湿与恒氧。葛洲坝的"5G 科技"指的是 Green 绿色建筑、德系精工、工业体系、智慧互联、服务增值,涵盖 110 余项科技。

报绿色建筑评价标识，至少为一星级，开盘前完成申报，开盘后取得证书。在一星级的基础上，根据产品的市场定位，再选择更高的认证等级或国际上公认的其他认证体系。

但仅靠政策的外部驱动无法实现房地产行业整体的绿色发展和深绿发展，企业总有理由和办法规避即便是强制的绿色建筑政策，反而会弱化政府权威，消解政策实施效果，将绿色建筑引入歧途。强制政策带来的负面效果显而易见。典型的后果就是阴阳图纸，在申报文件上是一套，在实际施工时是另一套，导致申报运行标识的项目数量远小于设计标识。运行标识数量的不足，严重影响了绿色建筑的推广，业界重形式、轻实效，重概念、轻长效的做法相当严重。运行标识项目的缺失不仅仅在技术层面反映了绿色建筑运营管理环节的薄弱，更加重要的是，反映了房地产企业绿色发展的动力不足。

6.4.4 积极履行企业社会责任（CSR）的需求

企业环境社会责任是指企业在追求自身营利最大化和股东利益最大化的过程中，对生态环境保护和社会可持续发展所承担的社会责任。2020年1月，在世界经济论坛发布的《全球风险报告》中指出，在长期风险层面，未来10年的全球五大风险首次全部与环境相关。极端天气事件、减缓和适应气候变化措施的失败、重大自然灾害、生物多样性受损和生态系统崩塌、人为环境破坏是受访者认为最可能发生且产生严重影响的全球风险。

对于房地产业的可持续发展而言，气候风险与资产价值休戚相关。合理地评估气候风险，充分地公开环境、社会和公司治理（ESG）方面的信息，不仅有利于降低自身经营风险，也有利于赢得资本市场的青睐。在可持续投资领域，房地产企业的ESG表现也逐渐成为投资者进行投资决策的重要参考因素。中国房地产企业的环境社会责任在实践中可为三个层次：

1. 基础层次

遵规守法。表现为：积极申报国家绿色建筑评价标识，含设计标识和运行标识。目前，绝大多数房地产业都会从政策合规性的角度出发，申报本地或国家绿色建筑评价标识。

2. 中间层次

超越合规。表现为：积极向社会公开碳排放数据，持有物业的运行能耗数据，进行碳排放交易等。与内地行政强制政策为主的市场干预手段不同，以华润、瑞安、新鸿基、新世界等为代表的港资房地产开发企业，则因为香港上市公司企业社会责任公示制度的要求，定期公开企业的碳排放减排量、节能量等凸显社会公益性的指标，在一定程度上促进了企业的绿色发展。

在内地，中国金茂是房地产行业发展最快、以绿色战略制胜的企业。金茂自 2010 年提出绿色地产战略后，即在绿色技术的研发、应用和内部项目的推广上投入了大量资源，并快速掌握了高舒适度低能耗住宅技术。中国金茂是"北京碳排放交易试点"的首批企业。2017 年 6 月，金茂承诺将在未来 10 年持续地进行碳中和的工作，将碳中和工作持续推进到公司所有的城市运营项目。

3. 引领层次

将企业的环境社会责任融入企业的中长期发展战略，从公司内部的企业文化，到技术研发方向、产品标准化、材料采购、营销推广和运营管理等各个环节，均建立环境导向的考核制度，在这一方面，万达、万科与朗诗是房地产企业履行环境社会责任的引领者。

万达近年来持续公布其持有物业的运行能耗水平，制定节能发展五年规划，设定绿色低碳总战略目标，积极参加"绿色饭店""绿色商场"评选，出版专著《绿色建筑：商业房地产中绿色节能的实践及探索》与同行分享其绿色地产发展的经验，目前万达在绿色环保方面的成就领先于国内其他房地产开发企业。

融入企业战略的环境社会责任观是企业绿色发展（或者可持续发展）的核心。只有当企业的环境社会责任观与发展目标一致的时候，履行环境社会责任才会不再是被动的、附加的和成本消耗的因素，而成为主动的、内生的和带来竞争优势的驱动力。

本研究入选的 50 家房企中，有高质量环境信息披露的占比不到 60%。远洋、万科、招商蛇口、旭辉集团、美的置业、瑞安房地产等企业 ESG 报告质量较高，信息披露充分。部分上市房企根本不公开 ESG 报告或企业社会责任报告，部分房企 ESG 报告中关于环境责任方面的内容缺失，或者连续数年保持不变。

6.4.5 提升公众形象，应对媒体监督的需求

根据李培功等人在《媒体的公司治理作用：中国的经验证据》中的研究，媒体可以通过声誉机制来影响公司治理。除中国房地产报长期对房地产企业的绿色发展进行持续的调研采访和跟踪报道外，近几年，新华社、人民日报等央

媒也开始关注房地产企业的环境社会责任、绿色建筑战略。中国房地产报连续10年在年末排出中国绿色地产竞争力十强，近年来，博鳌亚洲论坛、中国房地产行业协会等组织也开始评选年度绿色地产企业，这些榜单和评选给优秀的绿色地产企业更多的社会关注，大大提高了企业的知名度和美誉度，提升了其产品在市场上的竞争力。

招商蛇口、瑞安房地产等企业将绿色发展与品牌建设挂钩，与企业履行环境社会责任挂钩，从企业绿色发展战略的层面就十分重视媒体宣传，重视绿色公益活动，比如招商蛇口连续13年举办绿色人居论坛、连续10年举办绿色建筑设计竞赛，不仅搭建了顶级的绿色建筑技术交流平台，也通过设计竞赛，培养了整整一代绿色建筑师和工程师，为绿色建筑全行业的发展做出了卓越的贡献。

由于各大媒体在进行评选时，大多依靠企业公开的资料进行分析，如上市公司年报和年度社会责任报告，以及企业定期举办各种活动对外发布的信息，房地产企业的信息披露对获得更加客观的评价和排名至关重要，为应对媒体的监督，房地产企业也十分乐于向社会公开已经取得的绿色成就和正在开展的绿色项目。

6.4.6　"合规"仍是房企绿色发展的最大驱动力

图6-12反映出高周转房地产企业只追求满足绿色建筑要求的底线，中小规模房企将绿色建筑作为驱动创新的源泉之一，也有房企将其作为教育消费者的途径之一，绝大多数房企都将实践绿色建筑作为履行社会责任的方式之一。需要指出的是，图6-12的分类只是反映各家房企发展绿色建筑的驱动力倾向，多数企业的驱动力为上述四个因素的合力。

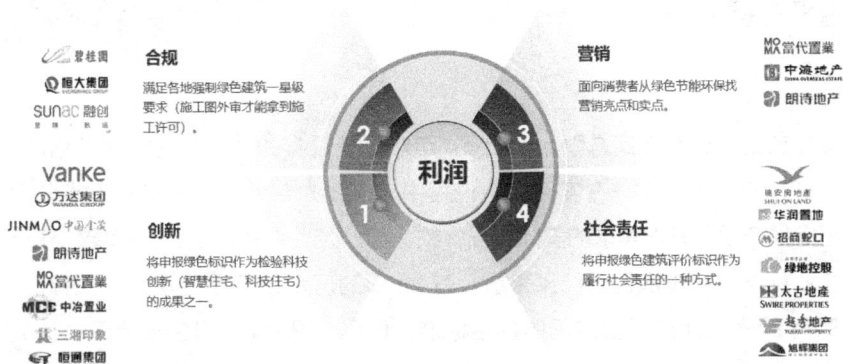

图6-12　房企绿色发展的驱动力构成

6.5 房地产企业绿色发展特点

6.5.1 房地产业绿色科技发展水平整体较低

《中国企业社会责任研究报告 2019》对中国房地产业社会责任发展指数评价为 30.2 分（总分 100 分），处于起步阶段，在评价的 16 个行业中排第 11 位。在针对房地产企业社会责任实践的各项评价指标中，科技创新仅为 13 分，环境责任仅为 16 分。如果仅以 2020 年销售额过千亿的 43 家大型房地产企业为样本，在公司 2020 年报中提及研发，或"研发费用"一项为"适用"，且占有当年营业收入一定比例的企业仅有 12 家。

房地产企业在技术研发方面的投入仍然非常少，据友绿网不完全统计，千亿房企投入到技术研发、标准制定方面的平均费用连当年销售额的万分之一都不到。专利数量是衡量企业技术创新力的指标之一。万科、万达分别在住宅和商业领域里都颇有建树，专利数量遥遥领先其他同行。但值得关注的是，另外三家中等规模的房地产企业，朗诗、当代和金茂，专利数量也大幅领先于其他房企。但是，头部房企恒大和融创的专利数量屈指可数。当然，还有更多大型房企查不到专利（图 6-13）。

2020 年部分房地产企业累计获得专利数量
截至2020年12月，友绿网统计

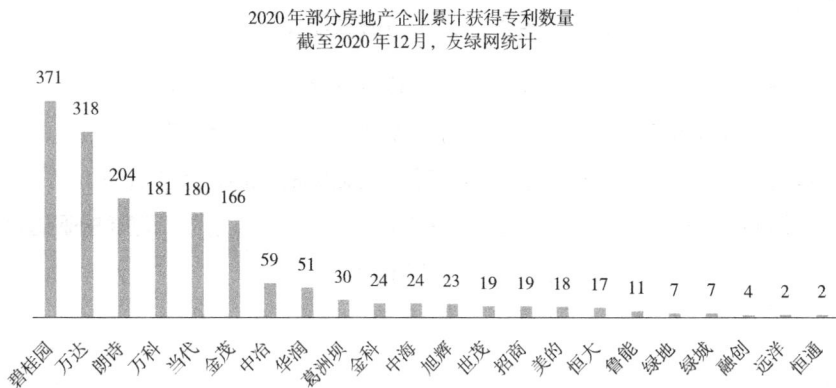

图 6-13　2020 年部分房地产企业累计获得专利数量

在企业标准制定方面，因 2014 年修订并颁布的《绿色建筑评价标准》GB/T 50378—2014 在实际实施过程中，存在少部分技术条款并不十分满足房地产项目开发需求的实际情况，故少部分企业选择制定自己的绿色建筑企业标准。从本次调研结果来看，有 38% 的房企已有绿色建筑企业标准。31% 的房企计划开发自己的企业标准，但仍有 25% 的房企表示无此计划（图 6-14）。

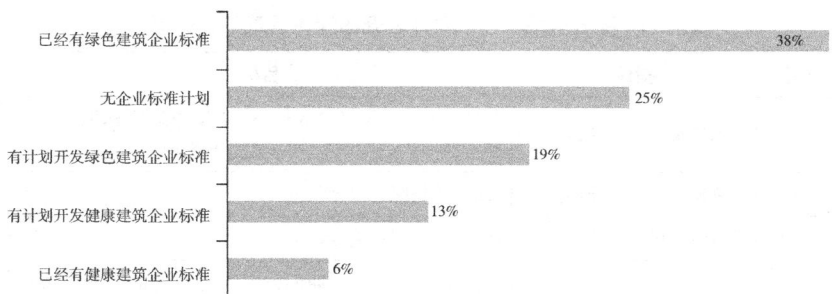

图6-14 房地产企业是否有
计划开发自己的绿色建筑标
准或健康建筑标准

6.5.2 只有少数房地产企业制定并向社会公开了绿色发展规划

明确制定企业的绿色发展战略规划，制定企业的可持续发展战略，并向
社会公开绿色发展目标的房地产企业不足 15 家，占比不到千分之一。

尽管在 2013 年，国务院就发布了《绿色建筑行动方案》。2020 年 7 月，
住房和城乡建设部等七部委又发布了新的《绿色建筑创建行动方案》，绿色建
筑从中央到各省市都已成为一股风潮，各
地方政府都制定了相应的发展规划和目
标。但从本次受访的房地产企业来看，却
呈现出另外一种风格，仅 38% 的受访房
企代表表示自己所在的企业制定了明确的
绿色建筑发展规划或目标（图 6-15）。

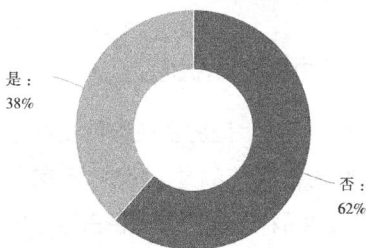

图6-15 房地产企业是否制
定了明确的绿色建筑发展规
划或目标

通过研究这些少数企业，我们可以总结出房地产企业制定绿色发展战略
规划、设定绿色发展目标的方式概括起来有 4 种：①围绕国家绿色建筑评价
标识（设计标识和运行标识），如金融街、绿地和华润等；②围绕国家产业政策，
比如装配式建筑、BIM、被动房和海绵城市，如当代；③降低运营能耗，体现
社会责任，如万达、华润、太古等；④突出企业自身的特色技术体系，比如万
达的慧云系统、三湘的太阳能建筑、朗诗的舒适人居，以及远洋的健康建筑等。

在调研过程中，研究团队发现绿色建筑的星级认证虽然在市场上消费者的
认可度并不高，主要是政府作为推动节能减排事业的一个抓手在强势推进。作为
政策合规性的体现，各大开发企业虽然在"吐槽"标准不好用，条款不合理，但
都无一例外选择将星级认证作为衡量企业绿色发展的重要指标之一（表 6-3）。

需要指出的是，部分房地产企业虽然制定了绿色发展规划，但并未对社
会公开，无法形成社会公众和行业媒体的监督，无法判断其落实目标的力度和
程度，在绿色发展的公信力上打了折扣。

表6-3　部分房地产企业对外公开的绿色建筑认证目标

企业	指标	目标
万达	绿色建筑星级认证覆盖率	万达广场：1星级设计标识，1星级运行标识；万达茂：2星级设计标识，1星级运行标识
万科	绿色建筑星级认证覆盖率	100%申报绿色星级认证
绿地	绿色建筑星级认证覆盖率	100%申报绿色星级认证
华润	绿色建筑星级认证覆盖率	在"十三五"规划期间，新设计开发的商业类项目100%满足绿色建筑设计标准，取得绿色建筑运行标识；新设计开发销售物业项目，除别墅类物业外，100%取得绿色建筑设计标识，60%以上取得绿色建筑运营标识
当代	绿色建筑星级认证覆盖率	到2021年，当代置业开发的绿色建筑面积占开发总建筑面积的比例达到80%以上，且一星级以上面积占绿色建筑面积比例达到90%以上，二星级面积占绿色建筑面积比例达到50%以上
金融街	绿色建筑星级认证覆盖率	100%产品获得绿色建筑设计认证 50%自持产品获得绿色建筑运营认证

6.5.3　大型房企绿色发展的积极性呈现出两极分化状态

"能力越大，责任越大"，但年销售额超过千亿的大型房企在绿色发展方面的积极性却呈现出两极分化状态。我们以2019年销售额过千亿的35家大型房地产企业为样本，以房企历年申报绿色建筑评价标识的建筑面积占当年总销售面积百分比的近5年平均值作为参考指标，通过研究各家企业的年报和社会责任报告中相应的数据，可以明显地看到房企在绿色发展方面呈现出明显的两极分化（表6-4）。

虽然受制于开发规模、开发产品的多元化特征，以及市场区域限制，比如恒大和碧桂园的产品大多在二、三线城市，受消费者购房意愿、增量成本和

表6-4　部分房地产企业申报绿色建筑评价标识的建筑面积
占当年总销售面积的百分比近5年的平均值

	衡量指标	具体表现
第一梯队	大于50%	万科（57.7%）、华润（56.2%）、万达（61%）、绿地*（80%）、金茂（97.1%）
第二梯队	大于5%且小于20%	恒大（7.4%）、保利（8.6%）、中海（12.2%）
第三梯队	小于1%	碧桂园、融创、绿城、金地、华夏幸福

* 绿地对外宣传2016年已达到80%的覆盖率，到2017年达到100%申报绿色建筑星级认证，但无法从公开数据中予以佐证。

产品形态的限制,申报绿色建筑和应用绿色科技面临较大的市场阻力,限制了大型房地产企业整体推动绿色建筑的积极性。但大型房地产企业盈利能力强,具备研发和应用绿色技术的强大潜力,其规模化的优势也有利于实现规模化的环境效益,理应引领行业绿色转型并承担更大的环境社会责任。

大型房企可通过加大绿色科技研发投入,找到适合自身特征的绿色发展道路,同时兼顾政策合规和社会责任。比如碧桂园于 2016 年提出的"森林城市"开发理念及 SSGF 工业化建造体系,恒大 2017 年提出的"民生绿色地产"的概念。

6.5.4 央企的引领作用日渐显现

在房地产市场上,企业可分为国资背景的央企、港资企业,以及民营企业三类,因企业性质不同,虽然处于同一个市场,但在绿色发展方面采取的策略却差异较大,通过分析 2011—2020 年房企的绿色建筑申报数据、企业社会责任报告等数据,我们可以发现:

国资背景央企房地产企业,逐渐发挥出绿色发展的引领作用。在 2015 年以前,在国资委认可的 16 家央企房地产企业中,除招商局集团下属招商蛇口、中化集团下属的中国金茂、绿地集团,以及华润集团下属的华润置地明确制定了绿色发展规划,并制定了相应的保障措施,提供了绿色科技研发资金保障外,鲜有其他国营房地产企业在绿色建筑方面有积极的表现和行动。2015 年以后,随着国家对绿色建筑发展的政策从激励转向强制,以及部分先行绿色地产企业塑造的成功市场形象,引来不少央企追随或效仿,这一时期,远洋集团、鲁能集团、金融街控股、葛洲坝集团出于差异化市场竞争策略,也提出了绿色发展策略,2016 年以后,中冶置业、五矿地产、中铁置业等企业相继加入绿色转型的大潮。保利地产虽然于 2015 年在集团层面提出了"全生命周期绿色建筑"的概念,推出了"5P 战略",但在产品层面上,并未见到落地的典范项目,在企业的年报和社会责任报告中也没看到绿色科技研发方面的信息,其绿色理念更多停留在纸面上。

港资房地产企业普遍具有良好的可持续发展意识。典型如瑞安房地产公司,从上海新天地的旧城改造模式,到公司所有项目全部申报 LEED 认证,制定持有项目的节能减排目标,从企业战略层面推动绿色发展。太古、新世界、新鸿基、恒隆地产等港资企业在项目中均能主动采用绿色科技,积极主动寻求节能减排,给片面追求规模和利润的国内房地产业带来一股清风。

为数众多的民营房地产企业的绿色发展呈现出两极分化状态。部分有可持续发展意识，立足做百年企业的经营者，往往在国家政策出台之前就将节能减排、发展绿色科技作为打造企业独特竞争力、形成产品力和市场差异化的策略之一。比如朗诗、当代、三湘、金都等中小型房地产企业，虽然规模不大，但在绿色科技地产领域的影响力却很大，以引领者的姿态对外输出绿色科技的应用经验，带动了全行业的绿色转型。而绝大部分的中小型民营房地产企业，还缺乏主动运用绿色科技打造企业核心竞争力的意愿和能力。

6.5.5 企业绿色发展战略是"一把手战略"

企业创始人或一把手的理念或"情怀"，在企业绿色发展战略的确立中至关重要。万科、万达、朗诗、当代、金茂、远洋等绿色地产领先企业有一个共同的特征：企业一把手对绿色科技、节能减排高度重视。绿色战略的全面实施，涉及战略规划、流程管控、成本管理、绩效考核、技术研发、人才培训、团队建设、绿色运营等各个环节，如果没有一把手的强力推动，很难想象绿色战略能够在集团层面得到全面、彻底的实施。

6.5.6 大型房企的绿色实践是我国绿色建筑规模快速增长的主要原因

图 6-16 所示健康标识含中国绿色建筑标识、WELL 标识和 HiH 标识。图 6-16 表明，在绿色建筑评价标准颁布实施 10 年后，在 2015—2016 年间，恒大、融创和碧桂园等大型房企才开始发力绿色建筑，这也是那段时间，绿色建筑数量快速增长的主要原因。

图 6-16　绿色建筑、健康建筑项目数量增长趋势与房地产企业首发绿色地产战略的时间关系（1999—2019 年）

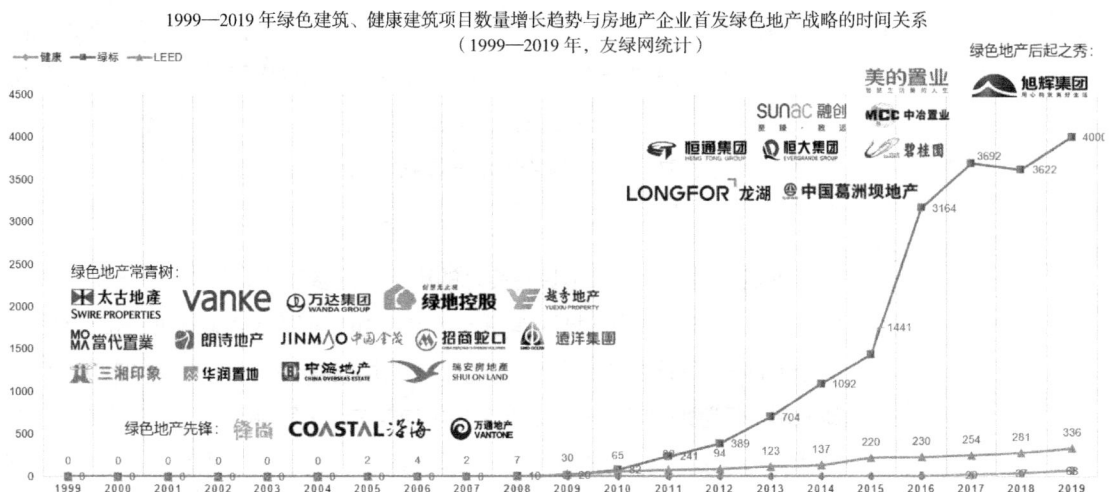

1999—2019 年绿色建筑、健康建筑项目数量增长趋势与房地产企业首发绿色地产战略的时间关系
（1999—2019 年，友绿网统计）

6.5.7 智慧和健康是房企产品创新的主流方向

绿色是底色，以合规为主，积极主动拥抱绿色的房企依然是少数。健康最能打动消费者，是产品力打造的主要的方向。智慧面向新生代人群，智慧社区、智慧家居等日益成为标配（表 6-5）。

表6-5 房企产品创新方向

企业简称	产品特色
当代置业	绿色健康复合社区
朗诗集团	"自由方舟"健康住宅
远洋集团	远洋健康建筑体系
中国金茂	"金茂府 2.0"绿色健康和智慧科技
葛洲坝地产	5G 科技健康体系
绿地集团	健康城区、健康社区、健康家居
招商蛇口	健康科技住宅体系（4+X）
中海地产	悦享空间、智慧物联、绿色科技、健康生活
中冶置业	绿色、健康、智慧的中冶建筑科技体系
力高集团	新东方健康建筑
旭辉集团	HUMAN 智慧健康生活 2.0
中梁控股	9+N 社区美好模块

6.5.8 100% 绿色建筑成为潮流

在房地产行业，有众多房企承诺 100% 绿色建筑。截至 2020 年 11 月，已有至少 10 家房地产企业公开承诺公司新建建筑 100% 符合绿色建筑标准（含 LEED、BREEAM、DGNB 等国际标准；需 100% 申报绿色建筑评价标识，而不是 100% 按照绿色建筑标准设计）。

6.6 房地产行业绿色科技发展缓慢的原因分析

6.6.1 政策层面

在政策层面，由于近年来绿色建筑的快速发展，相关标准、规范、政策管理文件日新月异。但落地到工程实践层面，从项目策划到设计，再到施工运营，都有一个相对较长的时间周期。在这个过程中，往往由于政策变化，导致老项目无法匹配新标准。且管理部门为便于管理，往往对于老标准一刀切。以重庆地区为例，就有项目执行 2006 版本标准完成设计标，但本地不再受理 2006 版本运营标识的尴尬。同时，部分房产项目在通过设计标评审后，由于标准配套政策的变化，导致竣工评审阶段无法匹配新的技术要求。这些过快的技术要求及管理政策的变化，某种程度有损政府公信力，也对行业的发展带来了一定的负面影响。

1. 激励政策执行不力

目前国内基本全部省、直辖市、自治区都已颁布实施了绿色建筑强制要求，制定了绿色建筑专项发展规划。但经过调研发现，尽管国家和地方已经出台了包括土地使用权转让、土地规划、财政补贴、税收、信贷、容积率、城市配套费、审批、评奖、企业资质、科研和消费引导等推动绿色建筑发展的激励政策，但很多政策并未得到有效落实。且在实施绿色建筑强制要求的监管过程中，涉及建设、国土、规划、环保、园林、房管等多个政府部门，各部门职责不清，在政策落实过程中也存在相互推卸责任的现象。激励政策的执行不力弱化了房地产企业申报绿色建筑评价标识、应用绿色科技的意愿和积极性。

2. 政府对消费者激励不足

开发商是绿色建筑的制造者，但消费者才是绿色建筑的接收者。如果消费者不认可这个产品，那么绿色建筑是不可能持续发展的。消费群体的形成才是促进绿色地产发展的根本动力。如果市场需求旺盛，即使没有针对开发商的激励政策，他们追逐利润的特性也会促使他们提供更多更好的产品。所以，引导激励人们接受绿色建筑，从而扩大消费市场就显得更加重要。消费者是理性的经济人，其消费目标是使用最小的成本使自身的效用最大化。由于绿色消费会增加消费者的支出而得不到补偿，这种负面效应使得绿色地产缺乏广泛的消费群体。政府可以采取一些补贴政策来刺激绿色建筑消费。改变消费者的消费理念，从源头上激发绿色建筑的市场需求才是解决绿色地产发展的根本途径。当全社会接受并追求绿色建筑时，自然而然会推动绿色地产的健康发展。

3. 绿色地产投资收益的短期难兑现性与长期可预见性的矛盾

市场行为的典型目标就是追求利润最大化，绿色地产开发成本较高，投资回收期相对较长，这在一定程度上抑制了绿色地产的发展。绿色地产的增量成本主要来源于节能与能源利用、节水、节材和运营管理等方面。随着相关技术越来越成熟，绿色地产的增量成本呈逐年下降的趋势。因此，绿色建筑技术的不断发展将为绿色地产开发成本的降低提供重要的支持。

绿色地产的开发是一种典型的商业行为，其目标是在短时间内追求利润最大化。虽然从长远的角度看，绿色建筑的收益潜力更大，但是这也加重了开发商对投资风险的担忧。投资利润短期难兑现与长期可预见性的矛盾会抑制绿色地产的投资，不利于整个行业的健康可持续发展。

房地产这样资金密集型产业，具有投资大、风险高、周期久、供应链长、地域性强等特点。对绿色地产的开发商而言，尽快回笼资金实现利润才是第一位的。由于绿色地产的开发成本较高，而销售过程又存在许多的不确定性，这就相应导致了更多的财务风险。

4. 政策重建设轻运营

目前国家和各省市统计绿色建筑面积的口径还是以绿色建筑设计标识为准，而不是以绿色建筑运营标识为准。以2011—2015年的统计数据来看，绿色建筑运营标识项目面积占比在2013年达到高峰（7.83%）后，有逐年下降的趋势，如图6-17所示。

图6-17 2011—2015年全国绿色建筑评价标识运行标识面积占比发展趋势
（图片来源：王建清，宋凌，等《2011—2015年度绿色建筑评价标识统计报告》）

2011—2015年全国绿色建筑评价标识运行标识面积占比发展趋势

设计标识的申报仅以施工图为准，房地产企业在获得了绿色建筑设计标识后，不一定会百分百落实施工图中的绿色设计。这也损害了绿色建筑评价标识本身在房地产市场的声誉。

如何保证取得绿色建筑设计标识的建筑能够按照设计要求交工并运营，是绿色建筑长远发展，绿色地产深入发展的关键。

5. 政策未能激发市场需求

目前的绿色建筑激励政策或强制政策，只强调了企业的环境社会责任，忽视了企业作为市场主体，需要为股东创造利润的经营责任。创造利润的前提是赢得消费者。目前的激励政策没有在消费端发力，让消费者获得直接的、可感知的绿色建筑带来的效益，一些有绿色建筑标识的项目，实际却和无标识绿色建筑的项目没有任何区别，甚至在产品力方面、科技应用方面还落后于未取得绿色标识的项目，让消费者看不到绿色建筑带来的好处和差异性。部分房地产企业并未落实绿色建筑标识申报时的各项承诺，造成图纸和实物差异甚大，建筑性能达不到要求等损害消费者信心的情况也时有发生。

6. 绿色金融未能充分惠及房地产业的绿色发展

目前银行贷款依旧是房地产开发商最为倚重的资金来源。央企如招商蛇口等，其主要资金来源也是银行。不仅大型房企，对于融资渠道相对较少的中小型房企而言，银行贷款也是它们最为倚重的融资渠道。

2019 年房地产企业开发资金中国内贷款为 25 229 亿元，占比 11.4%。近年随着地产相关融资政策的收紧，其占比有逐渐下降的趋势。2020 年 1—5 月其占比上升至 12.5%，原因主要系疫情冲击导致整体开发资金来源总额下降，同时国内货币政策偏于放松，银行和非银机构资金较为充裕，从而导致国内贷款占比相对提升。

但金融业对投资绿色建筑方面的政策还不明朗。截至 2019 年 9 月，内地市场有龙湖地产、旭辉集团、瑞安地产等发行了绿色债券，用于绿色建筑项目。随着国家对房地产行业调控政策的逐步收紧，房企资金流动性会变得越来越紧张。在这种情况下，逐步开放房地产企业发展绿色建筑项目的银行贷款、绿色债券和绿色保险等金融产品，无疑将大大刺激房地产企业发展绿色建筑的积极性。

6.6.2　市场层面

1. 传统房地产行业的盈利模式与绿色科技无关

中国房地产业传统的盈利来源主要包括：土地增值、产品溢价，以及快周转带来的财务收入，除少数定位于高端绿色科技豪宅市场的房地产企业，如朗诗、当代外，绝大部分房企利润来自产品技术附加值的百分比几乎可以忽略不计。应用绿色科技还会带来技术管控不当造成产品瑕疵、绿色营销不到位造成消费者不认可等巨大的市场风险，进一步削弱了房地产企业发展和应用绿色科技的意愿。

2. 获取土地的方式多元，绿色发展不占主导因素

房地产企业有许多方式获得土地资源，比如通过并购，发展特色产业，发展文旅产业，如娱乐、体育（足球小镇），以及定点扶贫、发展教育和产业园区等方式，绿色建筑概念带来的影响较小。虽然部分地方政府在土地招拍挂环节提出绿色建筑的要求，但大多后置，比如要求项目建成后申请一定的绿色标识星级，将绿色建筑政策前置作为强制要求的还非常少，比如上海市要求竞拍土地的房企近 3 年在一线城市开发的绿色建筑面积要达到 500 万 m² 以上。

3. 绿色发展较高的技术门槛

目前 80% 以上的地方政府都要求一星级绿色建筑直接进设计图纸，作为基本要求，但要实施二星级以上的绿色建筑，需要应用诸如太阳能建筑一体化、高效保温隔热、被动式超低能耗建筑等绿色技术体系，朗诗、金茂等企业擅长的"恒温、恒湿、恒氧"技术、新风技术，对于部分缺乏技术研发能力的房企而言，更是有很高的门槛。

国外的绿色技术发展比较早，已有大批的定型产品。国内的绿色建筑技术相对而言不够成熟，缺乏相应的技术规范。一些绿色技术在其运营阶段的表现不够理想，大概有五分之一的常用绿色建筑技术在使用阶段不能发挥其应有的作用，有一部分原因是所采用的技术本身存在缺陷造成的，也有运营者不具备相应的绿色运营经验的问题。这些现象又会加重消费者对绿色建筑的误解，阻碍绿色建筑的市场销售，不利于绿色建筑的健康发展。

房地产企业要加强对绿色技术的应用，必然需要培养管理团队的绿色技术管控能力，加大绿色科技的研发投入力度。

4. 消费者对绿色建筑的市场认知有待提高

普通消费者习惯于对"摸得着、看得见"的新技术更加青睐，但在直观感受上通过精细化设计且采用被动式技术的绿色建筑与普通住宅无明显差异，消费者购买的积极性并不是很高。此外，随着近年来中国社会物质的逐渐丰富，居民消费理念发生了较大的变化，这种变化也反映到房地产市场。

其一，广大消费者对绿色建筑的社会效益、经济效益和环境效益认识不足，还没有形成绿色消费的需求。其二，由于受经济发展水平和人们生活水平的限制，目前的购房者优先考虑的两个因素是价格和位置，让他们增加投资去接受绿色建筑显然比较难。因此，展开多渠道、全方位、形式多样、内容丰富的节能与绿色建筑宣传，提高全社会对绿色建筑重要性的认识是促进绿色地产消费

的必要手段。例如，开发商可以通过示范性绿色建筑项目使消费者了解绿色建筑的内涵、使用环节的优势及在环境保护方面的重要意义，进而提升消费者购买绿色建筑的意愿。

对比中房报在 2012 年和 2017 年针对消费者绿色建筑消费的调研结果可知，消费者最关心的建筑性能已经从"能节约水电费"改变为"能保障舒适度"，如图 6-18 所示。

购房时，你最看重住房的哪些环保性能

■ 2012 年 ■ 2017 年

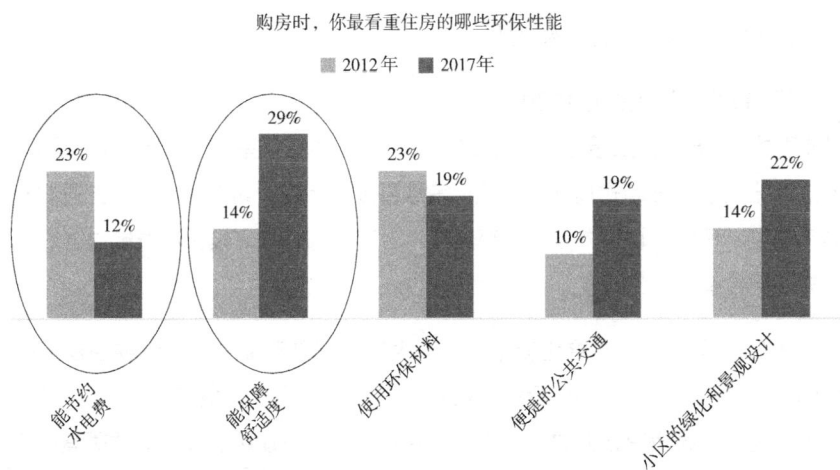

图 6-18　2012—2017 年消费者对建筑性能的关注点变化（图片来源：凤凰网消费者调研《中国绿色地产发展年度报告》，2012—2017 年，其样本量为 6 533）

5. 物业管理水平有待提高

有些绿色建筑技术对运营维护提出了较高的要求，不仅需要较高的维护成本，也需要较高的管理水平。目前一些项目中存在物业脱节的现象，使得某些维护技术成本高的项目没有充分发挥其作用，如大约有 75% 的雨水收集系统未投入运行。

第7章　运营篇

由于绿色运营的价值在商业地产项目中体现的价值最大，本报告仅针对商业地产项目的绿色运营开展研究和分析。

7.1　绿色运营的意义

7.1.1　反映房地产行业向运营转型的趋势

由开发向运营的转型，已经成为房地产企业的共识。以 2017 年房地产企业前 10 强企业为例，除传统的地产开发业务以外，房地产企业都已在城市运营服务方面进行布局，向多元化服务集团迈进。而商业服务，主要表现为各种商场、零售店和购物中心，则是大部分房地产企业转型运营的方向。

在房地产企业向运营转型的进程中，也必然要求贯彻落实生态文明理念、绿色发展创新发展理念，实施绿色运营。为反映房地产行业向运营转型发展的趋势，有必要对绿色运营进行深入研究，构建评价房地产企业绿色运营能力的评价模型。

7.1.2　反映房地产企业管理输出的能力

国内大型商业地产企业，如万达、万科（印力）、大悦城、凯德置地、太古、龙湖、华润、金融街、中海等，多为开发商转型运营商，兼具投资商、开发商和运营商三位一体的角色。商业地产是一个需要大量资金投入，依靠运营收入维持发展的行业。资金需求大、周转慢，给企业带来沉重的经营压力。为保持快速发展，降低企业经营风险，以万达为首的商业地产企业提出向轻资产转型的战略，通过输出品牌、管理和运营经验，与其他优势资源合作开发和运营商业地产项目。

轻资产战略得以实施的关键是商业地产企业的运营能力。运营能力是房地产企业转型升级的核心竞争力。在存量时代，房地产的金融属性和资产管理属性逐步显现，对于土地的经营能力，让资产保值、增值的能力成为房地产业企业保持高效运转和成长的核心能力。商业地产的绿色运营是其价值链上六方主体（政府、投资商、开发商、运营商、经营者和消费者）共同的需求，也是商业地产可持续发展的必然途径。绿色运营的竞争力也能反映出商业地产企业整体运营能力的高低。

7.1.3　推广先进房地产企业绿色运营的经验

除万达、华润、大悦城、凯德、新鸿基、嘉里建设、宝龙、印力、砂之船、新城控股、龙湖、爱琴海等专业商业地产企业外，美凯龙、步步高、苏宁置业、王府井、天虹、银泰、百联、华强、永旺、杉杉控股等传统零售商近几年也开始通过商业地产的开发扩张其商业版图。以住宅开发见长的开发商，如绿地、万科、恒大、金地、保利等企业也加大了对商业地产开发和运营的投入。上述各类商业地产企业由于其主业不同，对商业地产的理解也不尽相同。商业地产项目节能运行、环保运行的经验差距较大，评价商业地产企业绿色运营竞争力有利于树立行业标杆，宣传和推广优秀商业地产企业绿色运营的经验，从而带动全行业的可持续发展。

7.2　房地产企业绿色运营的现状

运营管理阶段是控制建筑物的服务质量、运行成本、实现生态目标的阶段。建筑项目建设周期一般只有 2~3 年，运营周期可以达到几十年，甚至上百年；建筑项目建设期的费用只占到全寿命期的 15%，运营期的维护费、修理费、更新费等高达 85%。可见建筑的运营管理在经济上的重要性。

对于商业地产项目而言，运营管理阶段是消费者体验商场功能的阶段，开发商对建筑性能的投资将逐渐在运营管理阶段获得回报。良好的运行效果可以使消费者得到较好的购物体验，进而提高商场的经营效益。而我国商业地产项目的运营理念和技术都还较为落后，体现在重建轻管、缺乏调适、运维管理技术体系缺失、运营人员技术水平参差不齐、标准体系缺失等几个方面。

在政策合规、社会责任、市场竞争、经营者和消费者绿色消费等驱动力的推动下，部分商业地产企业已经将绿色运营的理念融入了企业的经营管理中。商业地产企业绿色运营具体表现在绿色运营的战略、项目实践和技术应用等方面。

7.2.1 绿色运营战略

推行节能改造、倡导绿色办公是商业地产企业实施绿色运营战略的基本举措。除此以外，各家商业地产企业在绿色运营战略表述方面也各有特色，如表 7-1 所示。比如万达推出的慧云系统，中国金茂提出的零碳运营、招商蛇口的岸电系统、远洋集团的健康生活家，太古地产的绿色厨房倡议等，都是极富特色的商业地产绿色运营战略和举措。

表7-1 典型房地产企业绿色运营战略和举措

公司	战略/规划名称	具体措施
万达	慧云智能化管理系统	智能化集成管理平台
中国金茂	"零碳"运营	研发并运行资产及能源管理平台系统 打造智慧能源系统，提供综合能源服务
万科（印力）	生态环境智能商圈	研发并广泛应用能源管理系统 安装除霾小卫士静电除尘系统 设置生物酶空气治理器 实时空气质量监测和展示
招商蛇口	—	研发招商蛇口绿色智慧运营平台 推进岸电系统，打造清洁邮轮母港
远洋	远洋健康建筑体系 /WELL 建筑标准 /LEED 认证体系	申报 WELL 建筑标准认证 /LEED 认证 /BOMA 申报 WELL 健康建筑标识 组建的能源管理团队（能源顾问 + 软件产品 + 数据分析） 研发并广泛应用能源管理系统
太古	2030 可持续发展策略（SD2030）	建立能源管理平台 对于设备系统进行持续调适 为租户提供免费能源审计服务 发起绿色厨房倡议 广泛安装光伏系统 申报绿色运营国际认证（LEED-EBOM 等）
瑞安	可持续发展六大目标	持续开展温室气体排放进行量化监测和评估
恒隆	—	申报绿色运营的国际认证（LEED-EBOM 等） 开展碳排放管理，在香港上市公司碳足迹数据库公开数据
新世界	4Ts 约章	开展商业建筑节能管理 采用低排放或零排放的混合动力和电动巴士车队
华润	—	建立能耗能效管理平台 开展碳排放管理
中海	—	申报绿色运营的国际认证（LEED-EBOM 等） 开展碳排放管理

7.2.2 绿色运营项目实践

评价商业地产项目绿色运营较为便捷的方法是考察其是否申报和通过绿色运行相关的认证。目前国内商业地产企业应用较为普遍的绿色建筑运行评价标识有我国的绿色建筑评价标识（运行阶段），美国 LEED-EBOM，英国 BREEAM in Use 等。

截至 2018 年 8 月,中国大陆申报的 LEED 认证 Enclosed Mall 和 Shopping Center 总共有 83 个，已经通过认证的有 19 个。申报认证的企业既有瑞安地产,万达集团，太古地产等房地产企业，也有古驰、家乐福、迪卡侬、麦德龙、普拉达、英菲尼迪、沃尔玛、宜家等超市和零售品牌（图 7-1）。值得关注的是，在全部申报 LEED 认证的购物中心项目中，申报面向绿色运营的 LEED-EB O+M 体系认证的项目仅有两个，分别是广州太古汇，已于 2017 年 2 月获得 LEED-EB 铂金认证，以及 2018 年 6 月申报 LEED-EB 认证的上海宜家。

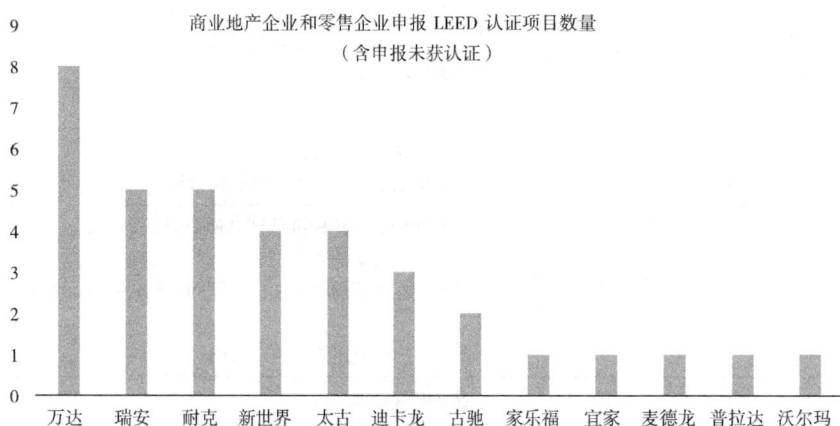

商业地产企业和零售企业申报 LEED 认证项目数量
（含申报未获认证）

图 7-1　商业地产企业和零售企业申报购物中心 LEED 认证项目数量
（数据来源：USGBC.org）

在申报国内绿色建筑运行标识方面，万达集团遥遥领先于其他商业地产企业。截至 2018 年年底，万达集团累计获得各类绿建标识 614 项，其中绿建设计标识 417 项，绿建运行标识 130 项，绿色饭店标识 67 项。其余商业地产项目申报绿色建筑运行标识较少。

7.2.3 绿色运营技术应用

在技术应用上，因购物中心项目获得运行认证的数量较少，仅以酒店、办公等商业项目为例进行分析。

由图 7-2 可知，在获得绿色运行认证标识的公共建筑项目中，先进节能环保技术的应用较为普遍，其中照明节能控制、用水分项计量、节水器具、给

绿色运行认证公共建筑绿色技术应用状况 2006—2018 年

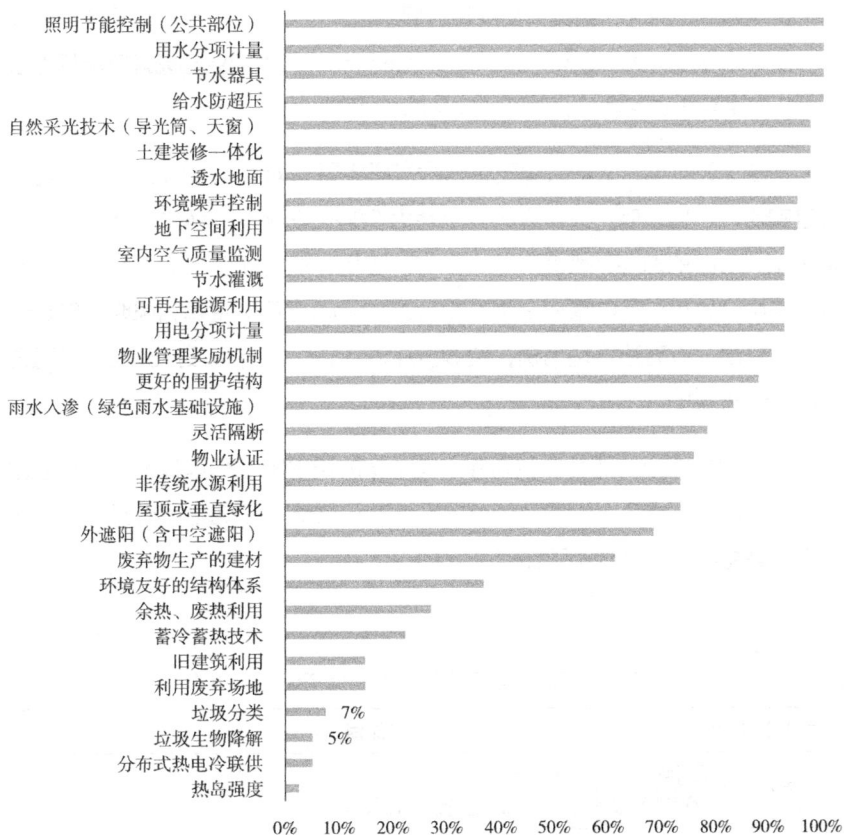

图7-2 绿色运行认证公共建
筑绿色技术应用状况 2006—
2018 年
（数据来源：中国城市科学研
究会绿色建筑研究中心）

水防超压等 4 项技术的使用率为 100%，自然采光技术、土建装修一体化、透水地面等次之。垃圾生物降解、垃圾分类、利用废弃场地、旧建筑利用、余热废热利用等技术的应用率较低。

7.3 商业地产项目运营的环境影响

商业地产项目的运营对城市居民和消费者的环境影响主要体现在下述两个方面。

7.3.1 高能耗

商业地产项目作为公共建筑的一种，单体建筑面积大、客流密度大，各种照明、电气设备密度高，全部采用中央空调系统对商场温度、湿度进行控制，能量传输距离长、转换设备多，以电为主要能源。一般每天营业 12~15 个小时，全年无休。因此，与其他公共建筑相比，大型购物中心单位面积耗电密度高、全年总耗电量大。近年来能耗调查数据显示，大型商业建筑建筑能耗为普通规模不采用中央空调的公共建筑能耗的 3~8 倍。

早在 2004 年，清华大学建筑技术科学系就曾对北京市数家大型商场进行过实测，结果表明：大型商场年电耗为 200~350kW·h/m^2。近几年随着购物中心功能的增加，大空间，大中庭的应用，能耗强度有增加的趋势，部分购物中心全年总耗电量在 294~511kW·h/m^2 之间。空调和照明系统是能耗占比较高，以万达广场为例，空调能耗占其总能耗的 50%~60%，照明占 30%~40%。

造成购物中心高能耗的原因除了其本身的技术特征和运行方式，与运营商的经营观念，绿色运营能力也有关系，表 7-2 列出了购物中心类大型商业综合体高能耗运行的部分原因。

表7-2　造成大型商业综合体高能耗运行的原因

责任主体	原因
政府	设计阶段的节能审查流于形式 对运营阶段的建筑能耗缺乏持续的监管
投资商	不关心运行能耗问题
开发商	系统节能设计审核不严格，缺乏优化 设备不匹配（大马拉小车），施工质量粗糙
运营商	缺乏节能奖惩制度，物业管理公司和物业管理人员主动节能积极性不高 运行管理人员知识结构老化、文化水平偏低，运行和维护保养水平低 缺乏能源监测系统
经营者	缺乏节能奖惩制度，按面积分摊能源费用的方式不利于经营者主动节能
消费者	对能耗问题不敏感

7.3.2　高污染

为确保全天候运行，购物中心往往被设计成完全依赖中央空调系统的封闭空间，如果未能采取适当的技术措施确保室内空气品质，各类污染源容易积聚，恶化室内空气品质，损害消费者的健康。大型商业综合体以其巨大的体量和客流量，超大规模的停车场等辅助设施，对周边环境和交通也造成了极大的影响，尤其影响周边社区居民的日常生活。

据上海市商务发展研究中心发布的《上海城市商业综合体发展情况报告（2016—2017）》，2016年，上海市城市商业综合体平均年客流量达991万人次/个。巨大的客流量加上店铺装修、餐饮、汽车尾气带来的污染，使得大型商业综合体的室内空气品质面临极大的挑战。

1. 室内空气质量

北京市朝阳区疾病预防控制中心于2012年1月9日到2012年12月22日利用无线传输技术，通过在线监测，持续收集某大型商场（卖场、美食城）的空气质量各项指标每日24h动态数据，结果显示卖场以甲醛污染时间最长、污染最严重，全年有8周浓度超标；其次是PM10和一氧化碳（CO），全年各有1周超标；相对湿度在5月中旬至9月中旬达标，其余时间段均低于国标《商场（店）、书店卫生标准》GB 9670—1996的下限。

重庆大学商余珍等人曾对重庆、昆明和天津地区各两栋大型商场建筑开展了长达一年（2014—2015年）的室内空气品质（温度、湿度、风速、二氧化碳（CO_2）、总挥发性有机物（TVOC）、甲醛）测试及室内人员感知问卷调查。客观测试结果表明3个地区的6栋大型商场都存在典型污染物超标测点，其中总挥发性有机物（TVOC）和二氧化碳（CO_2）超标最严重的是重庆某商场，超标率分别为41.9%、20.7%，甲醛超标最严重的为天津某商场，超标率达13.2%。商场室内空气品质主观问卷显示，6栋典型商场室内工作人员病态建筑综合征发病率高达63.3%，其中疲乏症状出现频率最高。而地下商场的污染就更加严重。在监测的17个重庆市地下商场中，共有9个商场的总挥发性有机物（TVOC）浓度超过国家标准，超标率为52.9%。

2. 室外环境质量

大型商业综合体的影响半径通常为1.5~3km，对于一些特大型的购物中心，其影响半径可达5km。对于塑料、油烟、厨余垃圾和汽车尾气等向外排放的污染物，其影响半径则是区域性的，小到整个区域，大到一个城市。

大型停车场是现代购物中心必备的基础设施。大型停车场在为消费者提供便利的停车条件时，也鼓励了驾驶小汽车出行的生活方式，增加了二氧化碳（CO_2）排放量，强化了城市热岛效应。虽然大型商业综合体往往建设在可达性较高，各类交通方式容易到达的城市中心，但其巨大的交通流量和运行强度会恶化其周边的交通环境，尤其是噪声污染。

噪声污染已经成为一种严重的环境污染。2016 年 8 月 31 日，环境保护部发布了《中国环境噪声污染防治报告（2016）》。该报告显示，2015 年全国城市噪声监测中，有 25% 的城市是不达标的，其中绝大部分位于交通强度较高的商业中心区域。

因此对于大型购物中心类商业地产项目，需要综合各方主体的利益，走绿色运营的可持续发展之路，以求社会、经济、环境的和谐可持续发展。

7.4 商业地产的价值链模型

为深入研究商业地产的绿色运营，有必要构建商业地产的价值链模型。基于该模型，逐一分析影响商业地产绿色运营的各方责任主体，找到推动商业地产绿色运营的驱动力。

从商业地产价值的创造和实现方式角度，可以构建商业地产的价值链模型。该模型包含政府、投资商、开发商、运营商、经营者和消费者六方价值主体。构成商业地产价值链六方主体之间的价值创造活动和价值实现方式，如图 7-3 所示。

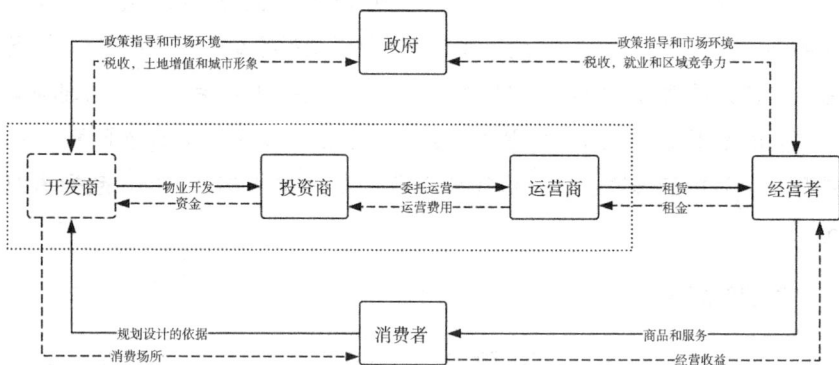

图 7-3 商业地产的价值链模型

目前我国内地购物中心类大型商业综合体的开发以"香港模式"为主。开发商要完成融资、买地、规划设计，施工、销售或出租、交付使用，运营，以及物业管理等所有环节。开发商同时也是投资商和运营商，一个主体承担着三重角色，居于主导地位，是风险的主要承担者，也是利益的主要获得者。商业地产价值链六方主体的价值创造和价值实现方式的详细说明见表 7-3。

表7-3 商业地产价值链六方主体的价值创造和价值实现方式

实施主体	价值实现	价值创造	影响因素
政府	获取财政收入，城市形象提升	制定适合区域经济发展的政策，保障优良的市场环境	区域经济社会发展水平，城市规划和商业规划
投资商	物业投资回报商业物业的保值和增值	为商业地产的建设提供资金	商业增值的潜力和物业升值的潜力
开发商	物业销售利润	物业开发，营销推广	物业性能，营销推广的能力，售价或租金水平
运营商	租金差价、管理费、顾问服务费	商业规划、业态布局、租金制定、商场管理	招商运营的能力
经营者	商品和服务的价差	提供商品和服务	商场客流量、环境、商品品质、服务品质、价格，以及经营能力
消费者	商品价值和消费体验	消费观念/消费行为/购买水平（消费能力）	消费观念/消费行为/购买水平（消费能力）

7.5 商业地产绿色运营的价值

购物中心类商业地产通常规模大，能耗密度高，各类污染排放集中，且因为购物中心直接面向大规模消费者，其场景设计和运营管理对消费行为有着较强的引导作用。购物中心的绿色运营不仅仅体现了商业地产企业的环保理念和社会责任，也有助于运营商改善经营环境、提高租金、节省人工和能源费用，带来实在的经济效益。

按本研究所建立的价值链模型所指出的六方责任主体，从经济价值和社会价值两个维度，商业地产绿色运营的价值可汇总为表7-4。

如表7-5所示，从资产管理的角度看，商业地产的绿色运营有利于商业地产资产的保值和增值。

表7-4 从责任主体的视角看商业地产绿色运营的价值

实施主体	经济价值	社会价值
政府	稳定的税收	更高的社会声誉 更低的社会风险
投资商	超出市场平均水平的投资收益 更低的投资风险（包括气候风险）	良好的社会声誉
开发商	更高的开发价值	良好的社会声誉

续表

实施主体	经济价值	社会价值
运营商	更高的坪效、出租率和租金 节省运营费用 提高管理效率 提高系统可靠性 提高品牌影响力 提高商场美誉度，增加客流量	良好的社会声誉 引导绿色环保的消费观 减轻社会的环境资源压力 工作人员和顾客的健康福利
经营者	更高的客流量和客单价	环保、时尚和潮流的形象 经营者本人和顾客的健康福利
消费者	获得实惠的商品和服务	绿色消费理念的传播和推广

表7-5　从资产管理的角度看商业地产绿色运营的价值

属性	绿色理念	资产保值	绿色运营带来的资产增值
金融	绿色金融	稳定的收益	较低的融资成本，较高的投资收益
地产	绿色地产	安全、无故障、无事故	设备更长的使用寿命
		低能耗、低排放	高能效、智能化
		良好的生态环境	优异的生态环境有利于提高商业地产的知名度和客流量
		确保租户或住户的健康	提升租户和住户的健康体验
		建筑系统能够正常地运行	建筑系统能够高效地运行
		良好的社会声誉	优异的社会声誉，体现出优异的社会责任感，为周边社区和整个社会贡献正能量
商业	绿色商场	干净卫生	绿色环保的消费理念，引领时尚潮流

7.6　商业地产绿色运营的需求构成

商业地产绿色运营的需求来自其价值链上的六方责任主体。

7.6.1　政府

对于商业地产，国家各个不同的主管部门已经出台了相关政策，从环境治理、节能降耗、绿色商场，绿色建筑等各个环节形成了较为完善的确保商业地产项目绿色运营的制度和政策体系。表7-6对中央各部门出台的与商业地产绿色运营相关的政策进行了汇总。

表7-6 政府部门对商业地产绿色运营相关政策

实施主体	行为方式	绿色理念	绿色运营相关政策
国务院	理念引导	生态文明建设，绿色发展	《国家应对气候变化规划（2014—2020年）》《关于加快推进生态文明建设的意见》《生态文明体制改革总体方案》《国务院办公厅关于限制生产销售使用塑料购物袋的通知》
环境保护部	环保执法	环境指标	《城市环境空气质量变化程度排名方案》
发展和改革委员会	节能规划管理办法	节能降耗	《公共机构能源审计管理暂行办法》《碳排放权交易管理暂行办法》
商务部	制定标准行业引导	绿色商场	《绿色商场》GB/T 38849—2020国家标准，《商务部办公厅关于做好2018年绿色循环消费有关工作的通知》，鼓励企业创建绿色商场
住房和城乡建设部	制定标准行业引导	绿色建筑	《绿色建筑评价标准》GB/T 50378—2019《绿色建筑运行维护技术规范》JGJ/T 391—2016《绿色建筑后评估技术指南》（办公和商店建筑版）
国家能源局	行业引导	可再生能源建筑应用	《太阳能发展"十三五"规划》《电力发展"十三五"规划（2016—2020年）》推动分布式光伏在大型商业建筑中的应用《电动汽车充电基础设施发展指南（2015—2020年）》鼓励在商业建筑中建设充电桩
中国银行业监督管理委员会	制定规则	绿色信贷	《绿色信贷指引》《绿色信贷统计制度》《绿色信贷实施情况关键评价指标》《能效信贷指引》
中国证券监督管理委员会	制定规则	绿色证券	《绿色金融债券公告》（中国人民银行）《绿色债券支持项目目录》
中国银行保险监督管理委员会	制定规则	绿色保险	《保险业履行社会责任的指导意见》，鼓励险资投向绿色项目，开展绿色建筑保险试点，强调绿色建筑运营

绿色商场指的是集门店节能改造、节能产品销售、绿色回收于一体，向消费者传递绿色消费理念、销售绿色产品，同时通过绿色采购引导绿色生产，构建绿色供应链，助力绿色发展理念融入生产生活。截至2017年12月，商务部已创建85家绿色商场，覆盖全国各省份。

除上述中央各部委出台的与购物中心绿色运营相关的政策以外，各个地方相关主管部门也出台了具体的实施方案。例如，北京市人民政府2014年正式印发《北京市碳排放权交易管理办法（试行）》。该"办法"要求在中国境内注册的企业、事业单位、国家机关及其他单位，在北京市行政区域内的固定设施年二氧化碳直接排放与间接排放总量 1 万吨（含）以上，实行碳排放权交易制度。交易产品包括碳排放配额、经审定的碳减排量等，本市探索创新碳排放交易相关产品。

7.6.2　投资商

投资商（或散户投资者）对购物中心或商铺进行投资的动力来源于获取商铺的物业增值（地段价值、建筑价值）和租金。绿色运营对于投资商除了责任投资的社会价值，也可以降低项目风险，确保资产的保值和增值。投资商对商业地产绿色运营的需求见表 7-7。

表7-7　投资商对商业地产绿色运营的需求

实施主体	行为方式	绿色理念	投资商对绿色运营的需求
机构投资者	开发投资	责任投资	企业的 ESG 报告，CSR 报告，企业的绿色信用评级
散户投资者	投资商铺	比较薄弱	安全，优良的商业环境

责任投资是指在投资过程中在财务回报的考量之外，将环境（Environment）、社会（Social）和公司治理（Governance）（简称 ESG）等因素纳入投资的评估决策中。

依照国际可持续投资联盟（GSIA）的趋势报告，在 2016 年初，全球在投资中纳入 ESG 因素的资产总量为 22.89 万亿美元，占全球资产总量的 26%，与 2015 年相比，实现了 68.3% 的增长。中国目前缺乏成熟的房地产资产证券化经验，投资者以中小投资为主，缺乏责任投资的理念，是商业地产绿色运营中亟需加强的方面。

7.6.3　开发商

绿色开发和运营能够增加开发商的市场竞争力，包括土地资源的获取、消费者美誉度的提高，合理的开发成本，和更低的开发风险。绿色开发要求开发商在商业项目的规划、设计、招商、销售、工程建设、后期管理等环节，贯彻落实绿色理念和技术。开发商对商业地产绿色运营的需求见表 7-8。

表7-8　开发商对商业地产绿色运营的需求

实施主体	行为方式	绿色理念	开发商对绿色运营的需求
开发商	市场调研 商铺规划 能源规划	绿色开发	针对区域内消费者对绿色产品和服务的消费偏好，比例构成等合理规划商业配置
开发商	项目定位	绿色商场	参照商务部《绿色商场》GB/T 38849—2020 国家标准
设计院	项目规划设计	绿色设计	参照《绿色建筑评价标准》GB/T 50378—2019，或 LEED，BREEAM，DGNB 等国际标准
开发商	项目融资	绿色金融	绿色债券，绿色贷款
总包商	工程建设	绿色施工	按照《绿色施工导则》监督和实施绿色施工
开发商 / 运营商	招商管理和市场推广	绿色营销	突出商场的可持续性特征和优良的环境品质

7.6.4　运营商

在中国，投资商、开发商和运营商往往是一个主体，但这种重资产的开发模式正在改变。专业运营商越来越成为部分商业地产企业轻资产转型的方向。专业运营商能够更好地提供改良管理技术，提高管理效率，增强绿色运营带来的效益。绿色运营的主要执行者和受益者是运营商。绿色运营能够为运营商节省大量的运营成本，减少能源和人工支出，提高效率，也有利于资产的保值增值。

美国零售商业地产之王西蒙地产（Simon Property Group）是典型的运营商。西蒙旗下拥有全美最多的购物中心、品牌折扣店，其中大多数位于北美地区人口最多的 75 个城市，旗下的购物中心每年大约要接待 22 亿人次顾客。西蒙地产的绿色运营规划和策略如表 7-9 所述。

表7-9　运营商对商业地产对绿色运营的需求

实施主体	行为方式	绿色理念	运营商对绿色运营的需求
运营商 / 开发商	招商管理和市场推广	绿色营销	对零售商的经营理念进行考察和审核，挑选符合绿色发展要求的零售商
运营商	商业运营	绿色经营	绿色商场标准，绿色装修，绿色租约，绿色餐饮，绿色门店等理念引导
运营商	资产管理	绿色改造	推动业主申报 LEED-EB 认证，BREEAM-in Use 认证，提高资产价值
运营商 / 物业管理公司	物业管理 设施管理	绿色物业	ISO14001 环境管理体系认证，ISO50001 能源管理体系认证

到 2018 年，在特定物业扩大塑料薄膜回收，与关键租户就购物者相关的可持续发展问题进行沟通，以便在 2018 年之前提高物业的整体可持续发展绩效。到 2020 年将温室气体效率提高 5%~10%，将整个投资组合的能源效率提高 5%~10%，为客户提供 100% 的电动汽车充电站。到 2025 年，将整个投资组合的用水效率提高 20%，将 90% 的房产安装无线网络。

7.6.5　经营者

经营者通过塑造硬件环境和配套设施，提供独特的产品和服务塑造绿色行业文化、绿色消费文化。近 10 年来，随着环保概念的深入，各大品牌零售商在绿色节能方面的要求不断提高。超市、餐厅、饮品店、服装品牌店，以及停车场的运营对节能环保都有相应的行为规范或行业标准。部分品牌零售商对商业地产绿色运营的需求见表 7-10。

表7-10　典型经营者（零售商）对商业地产绿色运营的需求

实施主体	典型品牌	行为方式	绿色理念	经营者对绿色运营的需求
超市	Wal-Mart Carrefour Auchan IKEA IRMA	购物服务	绿色超市，节能，3R 原则，减少包装，绿色物流，减少塑料使用	协助超市经营者提高能效，降低能耗
餐厅	Element Fresh Obentos Factory Fresh McDonald's	餐饮服务	绿色餐厅，健康餐饮（低热量、低脂肪、素食、有机食品），绿色烹饪	提供绿色厨房指南，协助经营者改善厨房卫生环境，提高能效，减少污染物排放
饮品店	Starbucks	餐饮服务	绿色门店 健康餐饮	
服饰品牌店	Burberry, LouisVuitton, BottegaVeneta, Gucci, C&A, 等	购物服务	绿色门店 健康购物	门店均要求获得 LEED-CI 认证
停车场	各商场	收费、停车、寻车、共享车	绿色交通	快速收费，便捷寻车，提供共享车，鼓励和倡导使用电动车

以美式咖啡文化的倡导者星巴克（Starbucks Corporation）为例，星巴克于 2001 年加入美国绿色建筑委员会（USGBC），并与 USGBC 合作开发 LEED 零售计划，使 LEED 认证体系适应零售业的新建筑和商业装修战略。星巴克也是首批加入 LEED 批量认证试点项目的零售商之一。

自 2005 年在俄勒冈州希尔斯伯勒开设第一家获得 LEED 认证的商店以来，星巴克已经在 20 个国家 / 地区拥有超过 1 500 多家获得 LEED 认证的商店。自 2008 年开始，星巴克要求旗下所有新建、改建或现有门店申报 LEED 认证。星巴克的绿色运营策略包括使用回收咖啡渣，用于胶粘剂、密封剂、油漆、涂料和地板的低挥发性有机物（VOC）排放材料，超过 10% 的材料在 500 英里（约 804.67km）内提取，通过使用高效 LED 灯具节省超过 45% 的照明功率。

7.6.6 消费者

近年来，随着我国城乡居民收入水平和消费水平的提高，"安全、环保、健康"成为消费主流。据阿里研究院发布的《2016 年度中国绿色消费者报告》显示，现在中国消费者对绿色消费和环境保护的意愿空前高涨。消费者对健康绿色生活方式的追求，不仅体现在消费过程中更愿意选择未被污染或有助于公众健康的绿色产品，还扩大到希望自己的消费行为和方式能够符合人的健康和环境保护标准。消费者对商业地产绿色运营的需求见表 7-11。

表7-11　消费者对商业地产绿色运营的需求

实施主体	行为方式	绿色理念	消费者对绿色运营诉求
老年消费者		健康、便捷、无障碍	健康、舒适的购物环境 绿色、环保的购物体验 方便、快捷的购物过程 轻松、愉悦的消费体验
中年消费者		经济适用	
青年消费者	购买商品和服务	绿色、时尚	
儿童及家庭消费者		安全、健康、环保	
公司白领消费者		健康、环保	

据《2016 年度中国绿色消费者报告》，"环保型消费者"群体占阿里用户的比例从 2011 年的 3.4%，跃升至 2015 年的 16.2%，在数量上提高到 6 600 万人，4 年内增长了 14 倍。绿色环保消费正在形成主流消费习惯，也让环保产品的价格溢价上升了 33%。

7.7 商业地产绿色运营的实施框架

在我国，商业地产的运营商往往同时也是投资商和开发商。这种三位一体的特征，决定了我国商业地产项目的绿色运营需要同时兼顾投资商、开发商和运营商对绿色发展的需求。商业地产项目的运营管理主要由营销与租赁管理、健康与安全管理、能源管理、室内环境品质管理、保洁管理、交通管理等 6 个方面组成，每一个方面都与绿色运营有着紧密的联系。商业地产实施绿色运营可从管理策略和技术策略两方面着手。

7.7.1 管理策略

商业地产绿色运营的管理策略属于企业管理的范畴，需要商业地产企业进行相应的制度建设和团队建设才能保障其实施。绿色运营管理策略的实施框架见表 7-12 所示。

表7-12　商业地产绿色运营管理策略的实施框架

措施	内容
制定绿色发展战略	实现企业与自然及社会的和谐发展，参考 ESG、CSR、三重底线原则
开展绿色融资	实践责任投资理念，发行绿色债券，参考 PRIMB、GRESB
塑造绿色企业文化	要求企业在日常管理的活动中不仅要考虑到成本、质量，还必须考虑到绿色责任，包括保护环境、节约资源而形成的为企业所有员工所接受的一些绿色价值观和行为
建立绿色组织结构	成立专门的团队或者是组织部门来策划和监督企业的绿色管理，具体工作包括每年企业的绿色管理计划的制定、计划的执行以及计划的监督考核
增强绿色开发能力	规定公司开发的项目必须获得一定等级的绿色认证，如中国的绿色建筑评价标识、LEED、BREEAM、DGNB 等绿色建筑设计建造标准
建立绿色采购体系	绿色采购包括原材料选取、原材料获取、原材料运输，以及原材料使用四个过程；在选择原材料时应尽量使用可再生的原材料，在原材料的获取过程应尽量保证不影响周围的生态环境，在原材料的运输过程，应尽量采用绿色的运输工具，在原材料的使用过程中在保证产品的质量的前提下，尽量节约原料的使用
研发与运用绿色技术	智慧交通（停车）、智慧能源管理、设施管理、绿色景观、可再生能源的应用等
开展绿色营销与租赁管理	在营销活动中，倡导绿色生活、绿色消费理念、营销活动本身也需要实践绿色理念，向租户倡导绿色租约
健康与安全管理	注重工作人员和消费者的健康福利，积极申报健康建筑认证
实施绿色物业管理	积极申请 ISO14001 认证，积极开展 ISO50000 能源审计
积极开展能源审计	定期开展能源审计，进行碳排放量第三方评估

7.7.2 技术策略

为争夺优质土地资源和客流量，商业地产开发运营企业之间竞争激烈。新技术的应用可以让先行者具备先发优势，在激烈的竞争中脱颖而出。目前已有商业地产企业将人工智能、机器学习、增强\虚拟现实、自动驾驶、区块链和无人机等技术应用到商业地产项目的运营中，这些新技术必将对商业地产行业的未来产生重大且深远的影响。绿色运营技术策略的实施框架见表7-13。

表7-13　商业地产绿色运营技术策略的实施框架

技术类别	技术措施
1. 能源管理	
能源管理技术	分项计量、能耗监控、能耗实时监测与控制技术
节能设备和技术	变频磁悬浮制冷机技术、冷水机组冷凝热回收技术、低氮冷凝锅炉技术、冷却水供冷技术、一级泵变流量技术、变新风运行技术、地源热泵技术、空气源热泵热水技术
可再生能源应用技术	光伏发电技术、光伏瓦、光伏幕墙
	太阳能热水技术、高效平板太阳能集热器
自然通风	自然通风器
自然采光	导光板、导光玻璃
2. 室内环境品质管理	
空气净化技术	HEPA 材料过滤器、活性炭吸附技术、光催化净化技术、静电过滤技术、各种除甲醛技术、厨房油烟处理技术
新风管理技术	二氧化碳（CO_2）浓度传感器与新风系统联动控制
室内空气质量监控技术	公共建筑设置空气质量监控与发布系统，监测 PM_{10}、$PM_{2.5}$、二氧化碳（CO_2）浓度，并与空气质量调控设备进行联动地下车库设置与排风设备联动的一氧化碳（CO）浓度监测装置，控制一氧化碳（CO）浓度值
室内声环境控制技术	隔声技术、吸声技术、设备减振降噪技术
室内光环境控制技术	自然采光、导光筒、反光板技术，自然采光主要有采光天窗、采光井和下沉庭院三种形式
3. 保洁管理	
垃圾分类处理技术	真空管道垃圾分类回收技术、厨余垃圾处理技术
环保卫生洁具	节水马桶、循环使用的干手器、节水龙头
环保地毯和地垫	低挥发性有机物（VOC）排放、低甲醛排放的胶粘剂
环保的清洁剂	无毒无害的清洁剂
4. 交通管理	
行车	鼓励电动车，提供充电设施
停车	为电动车提供优先停车位，为合用车优先提供车位，停车智能化辅助设备
寻车	智能寻车系统
缴费	采用电子自助缴费，节省等待时间
5. 营销与租赁管理	
绿色可追溯技术	食品可追溯系统、原材料可追溯系统
绿色物流	商品的生命周期管理技术
绿色包装	友好型绿色塑料包装，高阻隔性塑料包装材料，如 PVDC、EVOH、PVA、PEN、共聚酰胺、MHDPE、MLLDPE、MPP 等包装材料

第 8 章 金融篇

8.1 绿色金融的兴起

绿色金融是以产生环境效益为导向的投融资活动。金融机构在投融资决策中会充分考虑环境因素的影响，并通过一系列的体制安排和产品创新，将更多的资金投向环境保护、节能减排、资源循环使用等可持续发展的企业和项目，同时降低对污染性和高能耗企业和项目的融资，以促进经济的可持续发展。

在中国的倡议下，2016 年 G20 峰会将绿色金融纳入议题，并成立了由中国人民银行和英格兰银行为共同主席的 G20 绿色金融研究小组。该小组在2016 年 9 月发布的《G20 绿色金融综合报告》中，提出了绿色金融定义：绿色金融指能产生环境效益以支持可持续发展的投融资活动。这些环境效益包括减少空气、水和土壤污染，降低温室气体排放，提高资源使用效率，减缓和适应气候变化并体现其协同效应等。发展绿色金融要求将环境外部性内部化，并强化金融机构对环境风险的认知，以提升环境友好型的投资和抑制污染型的投资。

2016 年 8 月，中国人民银行、财政部等七部委联合发布了《关于构建绿色金融体系的指导意见》，并首次给出了中国官方对绿色金融的定义："绿色金融是指为支持环境改善、应对气候变化和资源节约高效利用的经济活动，即对环保、节能、清洁能源、绿色交通、绿色建筑等领域的项目投融资、项目运营、风险管理等所提供的金融服务。"

中国绿色金融发展领跑全球。截至 2020 年 10 月，中国绿色贷款余额超过 11 万亿人民币，居全球第一，并保持了较低的不良率。绿债发行量也持续大幅增长，2019 年，在符合 CBI（气候债券倡议组织）定义的贴标绿色债券全球发行量排名中，中国以 313 亿美元（约 2 160 亿元人民币）居世界第二位，仅次于美国。

国际上关于绿色金融的相关标准和操作指引，较为知名的包括：

1. 责任投资原则（PRI）与社会责任投资者（SRI）

2006 年由时任联合国秘书长安南在纽约证券交易所提出，并由联合国环境规划署金融行动机构（UNEP-FI）和联合国全球契约组织（Global Compact）共同管理。PRI 号召投资者将"社会责任"引入投资决策，强调以一种保护环境（E）、维护社会正义（S）及强化公司治理（G）的方式，即遵循 ESG 框架进行投资，追求长期收益。从目标的范畴看，PRI 涵盖可持续发展的全部内容，并且拓展至企业经营与治理领域，如注重供应链劳工标准、提倡人权、反贪腐、完善信息披露等；从行为主体的范畴看，签署 PRI 的机构，即社会责任投资者（SRI），均为投资基金。

2. 赤道原则（EPs）与赤道银行（EPI）

2003 年 6 月由国际金融公司（IFC）与荷兰银行、巴克莱银行、西德意志银行、花旗银行等多家著名金融机构共同发起的一套自愿性的行为准则。要求参与银行在贷款项目审核过程中审慎考虑环境和社会风险，承诺仅会为符合条件的项目提供贷款，并督促项目发起人或借款人采取有效措施来消除或减缓项目所带来的负面影响。EPs 已经成为国际项目融资中的行业标准和国际惯例，宣布接受"赤道原则"的金融机构，即为"赤道原则金融机构（EPI）"，又由于赤道原则主要针对银行信贷业务，因此 EPI 在国内也被称为"赤道银行"。截至 2016 年 7 月全球已有 35 个国家和地区的 84 家银行和金融机构表示接受"赤道原则"。兴业银行于 2008 年 10 月正式宣布采纳 EPs，成为我国第一家，也是中国内陆地区目前唯一一家"赤道银行"。从涵盖的范围看，EPs 与 PRI 一样，覆盖环境和社会两方面，但侧重于环境影响，同时不包括 PRI 所涉的公司治理领域，因此与绿色金融的范畴较为匹配，而赤道原则规制的主体都是银行，涉及的金融工具仅涉及贷款。

3. 绿色债券原则（GBP）

2015 年 3 月 27 日，国际资本市场协会（ICMA）联合 130 多家金融机构共同制定推出，明确"绿色债券"的范畴，即任何将所得资金专门用于资助促进环境可持续发展、减缓和适应气候变化、遏制自然资源枯竭、生物多样性保护、污染治理等几大关键领域的项目，或为这些项目进行再融资的债券工具。此外，GBP 还对发行程序、资金使用与管理、项目评估与筛选等方面的信息披露设定了明确的要求，从而帮助绿色债券市场健康、有序地发展。从目的看，GBP 对应着绿色金融的领域；而从金融工具的范畴看，GBP 明确针对债券融资产品，包括金融债、公司 / 企业债，以及 ABS 等。

4. 气候债券标准（CBS）

2015 年，气候债券倡议组织制定了 CBS，旨在引导债券融资工具支持全球减缓和适应气候变化的相关投资。在具体操作的过程中，由于生态环境保护对适应和减缓气候变化同样有着积极的影响，因此难以严格区分气候变化与环境保护。因此 CBS 事实上并不仅限于气候金融范畴，而是对应于绿色金融的范畴。此外，CBS 与 GBP 最大的不同点在于设定了认证机制，发行人在债券发行前后都可以通过认证机构进行验证，并申请贴上"绿色债券"的标签。

8.2 支持绿色建筑的绿色金融产品/工具

8.2.1 绿色债券

绿色债券是指将募集资金专门用于支持符合规定条件的绿色产业、绿色项目或绿色经济活动，依照法定程序发行并按约定还本付息的有价证券，包括但不限于绿色金融债券、绿色企业债券、绿色公司债券、绿色债务融资工具和绿色资产支持证券。

2007 年 6 月，欧洲投资银行发行全球第一支绿色债券以来，绿色债券在国内外市场上均取得了快速发展。据气候债券倡议组织（CBI）的报告，全球绿色债券的发行量在 2020 年达到了创纪录的 2 695 亿美元，2021 年可能达到 4 000 至 4 500 亿美元。

我国绿色债券于 2015 年起步，近年来在政策支持下蓬勃发展。国家发展改革委办公厅印发的《绿色债券发行指引》（发改办财金〔2015〕3504 号）、《绿色债券支持项目目录（2015 年版）》中指出"重点支持绿色城镇化项目，包括绿色建筑发展、建筑工业化、既有建筑节能改造、海绵城市建设、智慧城市建设、智能电网建设、新能源汽车充电设施建设等"，如图 8-1 所示。

2021 年 4 月，中国人民银行联合发展改革委、证监会印发更新版《绿色债券支持项目目录（2021 年版）》，该目录进一步明确了对绿色建材、绿色建筑、超低能耗建筑、装配式建筑、既有建筑节能及绿色化改造、绿色物流仓储，以及建筑可再生能源应用等领域的支持（图 8-2）。

随着绿色金融顶层设计的出台，中国正迎来绿色债券发展的黄金时期。2020 年，我国境内绿色债券共计发行 217 只，发行规模 2 242.74 亿元，占同期全球绿色债券发行规模的 12.99%；境内绿色债券累积发行规模突破 1 万

一级分类	二级分类	绿色产业项目	典型项目举例
1.节能	1.1 工业节能	• 新建节能设施和装置 • 节能技术改造 （改造后能耗优于国家标准先进值）	超超临界或超临界热电联产机组 背压式供热机组 特高压电网 生物质发电 LED 高能效产品应用
	1.2 可持续建筑	• 新建绿色二星级及以上建筑 • 既有建筑节能改造	绿色建筑，建筑节能改造
	1.3 能源管理中心	• 节能降耗能源管理一体化系统的建设和运营	

图 8-1 《绿色债券支持项目目录（2015 年版）》支持绿色建筑的要求

1.2 可持续建筑	1.2.1 绿色建筑材料	1.2.1.1 绿色建筑材料制造	节能墙体材料、外墙保温材料、节能玻璃、装配式建筑部件、预拌混凝土、预拌砂浆等绿色建材产品制造及消费。产品相关性能和技术指标应符合国家、行业相关绿色建材产品评价技术要求。玻璃外墙制品应减少光污染，并降低城市热岛效应。
5.2 可持续建筑	5.2.1 建筑节能与绿色建筑	5.2.1.1 超低能耗建筑建设	适应气候特征和场地条件，通过被动式建筑设计降低建筑供暖、空调、照明需求，通过主动技术措施提高建筑能源设备和系统效率的公共和居住建筑建设，以及购置消费。建筑技术指标需符合《近零能耗建筑技术标准》（GB/T 51350）要求。
		5.2.1.2 绿色建筑	依据国家绿色建筑相关规范、标准设计建设，建筑施工图预评价达到有效期内绿色建筑星级标准，以及按照绿色建筑星级标准建设，达到有效期内国家相关绿色建筑运营评价标识星级标准的各类民用、工业建筑建设和购置消费。例如建筑相关技术指标符合《绿色建筑评价标准》（GB/T 50378）、《绿色工业建筑评价标准》（GB/T 50878）、《绿色生态区域评价标准》（GB/T 51255）、《绿色办公建筑评价标准》（GB/T 50903）、《绿色商店建筑评价标准》（GB/T 51100）、《绿色医院建筑评价标准》（GB/T 51153）等技术标准要求。
		5.2.1.3 建筑可再生能源应用	利用建筑屋顶、墙面安装太阳能光伏发电装置向建筑提供电力，以及利用热泵等设施向建筑供冷、供热的建筑可再生能源应用系统的设计、建设及可再生能源建筑应用改造活动。
		5.2.1.4 装配式建筑	采用预制部件在建设工地通过装配施工方法的建筑建设。建筑相关技术指标达到有效期内《装配式建筑评价标准》（GB/T 51129）中 A 级及以上标准要求。
		5.2.1.5 既有建筑节能及绿色化改造	改造后建筑相关技术指标符合国家或地方相关建筑节能标准的既有建筑物节能改造活动、建筑用能系统节能改造活动或获得有效期内国家相关绿色建筑星级标识的既有建筑改造和运营及购置消费，以及改造后达到有效期内国家相关绿色建筑星级标识的既有建筑改造和运营及购置消费。例如建筑技术符合《民用建筑设计统一标准》（GB 50352）、《公共建筑节能设计标准》（GB 50189）、《既有建筑绿色改造评价标准》（GB/T 51141）等技术标准。
		5.2.1.6 物流绿色仓储	按照国家绿色建筑相关规范、标准设计建设或改造，并达到国家相关绿色建筑评价标识水平标准的物流仓储场所的建筑建设、运营及改造活动。例如建筑技术指标符合《绿色仓储要求与评价》（SB/T 11164）对绿色物流仓储建筑的有关要求。

图 8-2 《绿色债券支持项目目录（2021 年版）》支持绿色建筑的要求

亿元，达 11 095.54 亿元。

　　2016 年，香港金融发展局发表题为《发展香港成为区域绿色金融中心》的报告，提出推动香港发展为区域内领先的绿色金融中心。2018 年 1 月，香港质量保证局在参考国际及多国标准的基础上，推出了绿色金融认证计划，提高了绿色融资的认受性。2 月份，香港特区政府在财政预算案中宣布将启动金额高达 1 000 亿港元绿色债券发行计划。6 月份，绿色债券资助计划启动，向使用香港绿色金融认证计划的合资格绿色债券发行机构提供资助。9 月份，"香港绿色金融协会"成立。同时，中国证监会公布绿色金融策略框架，通过提供符合国际标准的披露指引，确保在港发售的绿色产品可信，借此开拓多样化的绿色投资机会。目前，香港也是房地产企业海外融资的主要渠道，已有多家房企成功在香港发行绿色债券。

绿色金融或将成为房企未来融资的新通道。越来越多的房企在新建住宅、写字楼、商业综合体中注重项目本身的绿色建筑质量。而绿色建筑本身的评定和评级成为识别资产的直接标签。

房地产企业发行绿色债券需要注意四个方面的问题。其一是绿色建筑需要达到《绿色工业建筑评价标准》GB/T 50878—2013 或《绿色建筑评价标准》GB/T 50378—2019 二星级及以上；其二，建立绿色债券专项资金管理机制，设立专户严格监督资金使用情况；其三，建立绿色债券信息披露机制，在企业社会责任报告中作为亮点内容披露绿色债券环境效益；其四，房地产企业的信用评级会极大地影响到企业的发债成本。3A 级资质的房企，发行绿色债券利率要比普通债券低 10~20 个 BP（债券利率度量单位，1 个 BP 是 0.01%）。

8.2.2　绿色保险

除绿色债券外，绿色保险也可能成为金融机构下一个商机。绿色保险支持绿色建筑，主要包括运用保险产品为绿色建筑提供风险保障，以及运用保险资金为绿色建筑的开发和运营提供资金支持。

在美国，越来越多的保险公司提供"绿色建筑"有关产品和服务，包括专门为新建绿色建筑设计的产品和服务，和为传统建筑"绿色升级"提供的保险。比如发瑞特保险互助公司推出产品"Green Coverage Endorsement"，为绿色建筑相关的损失提供保险，包括将有害商业资产和原材料置换成绿色产品时所额外支付的费用，在进行绿色设计、重建、认证或再认证时的咨询费用，以及被绿色改造打断的正常商业项目的损失。

为了降低绿色建筑的财产损失风险，保险公司开发了绿色建筑财产保险，保障已具有某种绿色标识认证的建筑物。如 Fireman's Fund 保险公司成为第一家绿色建筑保险承保人，为美国商用建筑提供绿色建筑风险保障，它从 2006 年开始提供名为"GreenGard"的绿色建筑保险。Fireman's Fund 保险公司随即研发了针对家庭住宅的绿色建筑保险，该保险在保障绿色建筑灾后重建的基础上，还负责在修复中进行景观和园林改造，使用绿色植物进行野火防治及保障房屋受损事件导致宠物受伤的治疗费用。Fireman's Fund 还研发了绿色建筑升级财产保险，目的是帮助未来被火灾烧毁的传统建筑重建为绿色建筑。在后续的经营中，Fireman's Fund 把绿色建筑财产保险和绿色建筑升级财产保险合二为一。针对在建绿色建筑的绿色建设保险则主要是保障绿色建筑施工过程中的财产损坏风险，以保险批单的形式提供，附加于建筑商风险保单。

国际上还出现面向消费者贷款的绿色建筑贷款保证保险。消费者在购房、建房或翻新房屋时需要贷款融资。传统的购房贷款需要配合贷款保证保险，从而使贷款人获得增信，顺利取得贷款，甚至获得更高的贷款比例和更低的贷款利息。在国际上，保险业在这方面的创新做法是，对绿色建筑的"绿色性能"进行检测，绿色性能越强者可以获得价格越低廉的保证保险，从而有望获得额度更高和资金成本更低的绿色贷款，以促进绿色建筑的消费。以加拿大贷款和住房集团为例，该集团是加拿大政府所有的金融集团，为住房提供贷款和保证保险以及其他与房地产相关的金融和研究服务。加拿大银行法规定，首付款少于房屋价值 20% 或贷款额超过房屋价值 80% 的购房抵押贷款必须有相应的贷款保证保险。有贷款保证保险的购房贷款额最高可以高达购房价的 95%。为促进绿色建筑的发展，该集团对绿色住房项目提供 15%~25% 的保费优惠，借款项目可以是购买、建造节能房屋或以节能目的而进行的住房翻新。

目前中国的金融业也在房地产领域开展绿色保险产品的尝试。包括平安银行的绿色卫士装修污染责任险和中国人保财险签发的绿色建筑性能责任保险。

绿色卫士装修污染责任险是平安产险于 2018 年 9 月推出的，是一个聚焦于绿色建筑的创新型产品，保险人运用事前、事中、事后全流程风险管控，提供施工时污染物评估、完工后污染物检测、出险后污染物治理等全流程服务，通过打造绿色金融发展的"深圳模式"，保障业主房屋装修后室内空气质量安全、符合居住标准，避免因为新装修后产生的污染物（甲醛、三苯、总挥发性有机物（TVOC）、氡等）。对给业主尤其是儿童造成的身体健康危害，以及建筑物内空气污染引起的人身伤亡和财产损失进行赔付。该险种将率先在深圳市福田区试点，对福田区的新建或翻新公众场所进行承保。未来平安产险将继续在福田区政府、深圳绿金委、深圳保监局的指导支持下，持续稳健发展绿色保险事业。

2019 年 3 月底，北京市朝阳区政府宣布全国首单绿色建筑性能责任保险落地朝阳区，这是一项历史性的进展，旨在通过市场化的绿色保险手段确保一栋商业建筑实现其预期的绿色运行星级标准。投保以后，在该项目的启动阶段、设计阶段、施工阶段、运行阶段，都将聘请第三方绿色建筑服务机构对重要环节和节点进行风险防控,确保标的建筑满足绿色建筑运行评价星级要求。同时，在被保险建筑最终未取得合同约定的绿色运行星级标准的情况下，保险公司将采取实物修复和货币补偿的方式，保障项目方的权益。

2019 年 4 月，青岛市宣布全国首单超低能耗建筑性能保险落地中德生态园，也是通过绿色保险方式来确保多栋住宅建筑预期的超低能耗性能。

8.2.3 绿色信贷

目前与绿色建筑相关的贷款产品主要包括面向开发商的绿色建筑建设或改造项目贷款，以及面向个人消费者和家庭的绿色住房抵押贷款和房屋净值贷款。

国内受政策限制，较少有商业银行会为绿色建筑建设和改造项目提供信贷支持。绿色建筑获得绿色信贷的支持主要体现在个人消费贷。

2016 年初，兴业银行推出零售绿色信贷产品"绿色按揭贷"和"绿色消费贷"。"绿色按揭贷"是指兴业银行向借款人发放的、用于购买符合绿色建筑标准的初次交易商品住房 / 商用房，或售房人已取得房屋产权证、可在房地产市场上合法正常交易的房屋，并以借款人所购房产向兴业银行提供抵押担保的贷款，含个人一手住房（商用房）贷款和个人二手住房（商用房）贷款。"绿色消费贷"是指兴业银行针对居民家庭购买、使用节能环保低碳产品等绿色消费行为提供的人民币贷款。为便于界定和统计，目前"绿色消费贷"暂仅包括"新能源汽车贷款"。

针对上述业务，兴业银行总行优先配置年度信贷规模及风险资产额度，在现有财务资源配置框架下，配备专项财务资源或适当提高配置标准；同时，开通受理审批"绿色通道"，实行"限时审批制"，若贷款资料齐全，应在 2 个工作日内审结。

为了更好引导普通客户选购绿色信贷产品，兴业银行分别于 2016 和 2017 年连续多次发文鼓励分行和客户办理绿色按揭贷业务。"如用户可享受更低的贷款利率，普通按揭贷款利率定价为基准利率 1.1 倍，绿色按揭贷款利率定价则可以为基准利率 1.07 倍。"2016 至 2017 年，兴业银行以国家低碳生态城示范区——太湖新城为突破口，取得了 39 个在售绿色按揭楼盘中有 26 个与兴业银行开展了"绿色按揭贷"合作的好成绩，其中不乏万科、融创、绿城等知名开发商，合作楼盘购房者对于兴业银行的绿色信贷产品纷纷点赞。

截至 2016 年末，兴业银行共有 5 家分行开展了"绿色按揭贷"业务，当年累计发放金额合计 17.75 亿元、累计发放户数 1 743 户，贷款余额 17.27 亿元、户数余额 1 727 户。

8.2.4　绿色金融创新产品

贵州省贵阳市贵安新区多能互补分布式能源绿色资产证券化项目成为中国人民银行绿色资产证券化融资的首批典型案例并在全国进行推广，该模式允许运用绿色能源站未来 15 年收益循环滚动为下一个绿色能源站融资。该项目的推广，可为房企的绿色运营带来新思路。

除上述绿色债券、绿色保险和绿色信贷相关绿色金融产品以外，欧美也有一些面向绿色建筑市场的创新绿色金融产品，比如美国康涅狄格州 C-PACE 融资机制。

美国康涅狄格州 C-PACE（Commercial & Industrial Property Assessed Clean Energy Program，工商业物业资产评估清洁能源融资项目）融资机制是美国运行最为成功的建筑能效及清洁能源利用融资机制。C-PACE 旨在帮助商业房产业主获得更清洁、更廉价、更可靠的能源而提供的专项融资。根据适格工商业等房产业主自愿申请，C-PACE 融资金额最高可覆盖建筑能效达标改造，以及清洁能源利用项目 100% 投资，但通常不超过改造房产评估价值的 30%。

C-PACE 的主要风险控制措施包括：一是合理确定还款方案。基于改造前后对业主节能收益的评估，设计还款方案。每期还款金额小于项目产生的节能收益，确保业主正现金流，贷款期限可超过 20 年，不给业主增加经济压力。二是设置财产担保的优先留置权。对于未结清贷款房产,地方立法规定C-PACE 对担保的财产享有优先留置权。[①] 三是政府税务部门负责 C-PACE 贷款的回收。C-PACE 贷款通过在改造物业房产税账单中增加 PACE 还款项条目，明确还款金额及时长。地方税务部门与房产税一同征收后转付给融资债权人还款。PACE 融资以房产税偿还，不需要签订担保合同等契约。当业主拒不通过房产税还款时，征税部门将通过现有强制执行程序强制征收还款。在 C-PACE 融资未结清前，若改造的物业再次转让，地方法律规定，由新业主继续履行还款义务。四是增信措施。康涅狄格州安排专项财政奖励对采用 C-PACE 融资物业的财产保险，以及业主的人身意外险予以保费补贴，引导业主购买相关保险，规避由于意外原因导致 C-PACE 贷款无法偿还的风险（图 8-3）。

C-PACE 融资有多方面重要意义：一是提升了物业业主建筑节能改造，以及清洁能源应用的意愿。C-PACE 模式下，业主不必考虑在物业持有期内

---

① 在美国，房屋留置权优先于其他任何债权。在中国留置权目前仅限于动产。

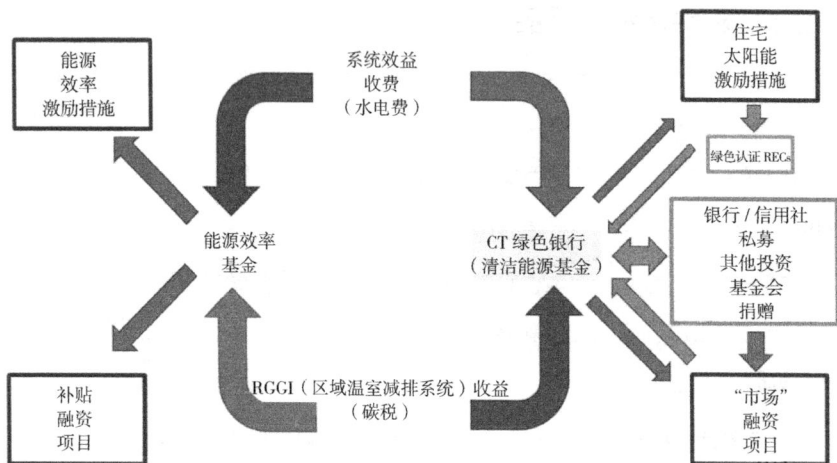

图 8-3　美国康涅狄格州绿色银行 PACE 融资结构
（图片来源：2018 年 11 月第 6 届国际绿色银行年会）

投入的节能改造资金能否回收的问题。墙体保温、高节能等级门窗更新、太阳能光伏系统等初投资大、投资回收期长的产品及系统有可能得到更加广泛的应用。此外，PACE 项目不需要业主自筹资金，贷款金额可覆盖全部项目改造投资，并且项目范围内的正现金流保证业主能够从改造中获得经济收益。从技术和经济两方面提升了业主节能改造及清洁能源利用的意愿。二是解决了建筑节能改造资金来源问题。C-PACE 融资具有法律支持的，优先于房产抵押贷款的财产优先留置权，加之通过房产税还款等风控措施，保证了 C-PACE 融资更低的风险，因此可以从各类社会资本筹集到长期限、低利率资金。美国康涅狄格州绿色银行承担全州 C-PACE 融资组织管理的工作，主要负责统一接受 C-PACE 融资申请，引导 C-PACE 项目改造及验收达标，组织 C-PACE 融资项目包并与社会资金方对接，组织财政资金对业主购买的相关保险予以补贴等等。C-PACE 不需要业主或政府融资，解决了大规模建筑节能改造及清洁能源利用资金来源的问题。三是 C-PACE 融资模式有利于建筑节能和清洁能源利用产品和系统得到更广泛的应用，带动产业链发展。在 C-PACE 模式下，节能减排性能更好、可靠性更高的材料、技术、产品、装备、系统可以得到更广泛的应用，而其价格不再是推广应用的主要约束。可以引导制造商更加专注技术创新，加速绿色产品的升级迭代。

8.3　房地产企业的绿色金融实践

在"房住不炒"的大背景下，房地产企业的融资渠道正在变窄，成本正在升高。房地产企业应当利用绿色建筑及可持续发展原则，充分利用国家目前正在大力倡导的绿色金融政策，拓宽融资渠道，降低融资成本，提高自身的资金周转能力。

绿色债券是国内房地产企业应用最为广泛的金融工具，票面利率介于1%~15%之间。香港证券交易所是目前已上市房地产企业选择最多的绿色债券发行机构。以绿色建筑发行绿色债券有助于缓解房企资金需求，同时也是对绿色建筑的承诺。按照《绿色债券发行框架》要求，企业所融的资金将全部用于绿色建筑建造、绿色节能改造、可再生能源应用、建筑能效提高等领域。

在本次调研中，有89%的受访者表示从未获得过绿色金融政策的支持。仅有6%的受访者所在公司发行过绿色债券（比如：当代置业、龙湖、华发、旭辉、太古等），有3%的受访者所在公司购买过绿色保险，1%的受访者所在公司申请过绿色信贷（图8-4）。

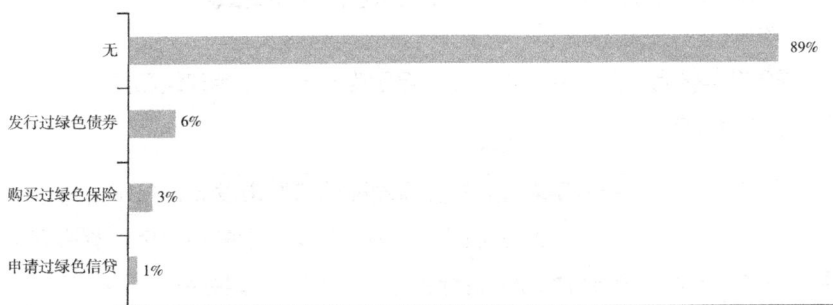

图8-4 房地产企业是否获得过绿色金融政策的支持（单选）

房地产行业目前已有当代置业、朗诗、龙湖、太古、恒隆、首创，以及珠海华发等房地产企业发行过绿色债券或票据。绿色企业债作为绿色金融支持绿色建筑发展的一个重要途径，让龙湖集团在绿色节能方面获得了较大的进展，取得了丰硕的成果（如高碑店列车新城全部建成被动式超低能耗建筑）。在绿色企业债方面，国家发展改革委从发行额度、发行方式、发行期限、偿付方式、资金运用、担保增信等方面给予了灵活的政策，全力鼓励绿色发展，未来对建筑节能减排和绿色建筑的支持力度也将加大。

当代置业是内地最早实践绿色金融的房地产企业。自2014年开展相关研究以来，当代置业已累计发行19.8亿美元绿色债券，平均利率6.8%。截至2019年5月，当代置业已成功发行6次绿色债券，成为首家发行绿色债券的香港联交所上市的内地房地产企业，也实现了境外存量债券的全部绿色化，成功打开了内地房企发行绿债的市场大门（图8-5）。

以绿色建筑发行过绿色债券房地产企业或项目
（2016—2020年累计，单位：亿元人民币，美元按汇率6.8计算），
友绿网统计

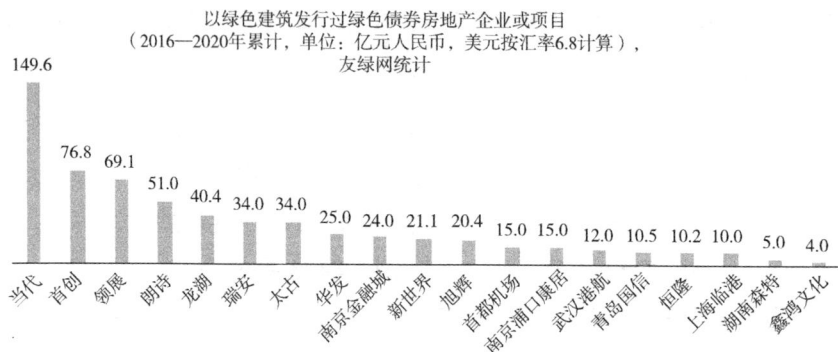

图 8-5 以绿色建筑发行过绿色债券房地产企业或项目

截至 2020 年 12 月，以绿色建筑发行绿色债券数额最大的十家房企分别是：当代置业、首创置业、领展集团、朗诗地产、龙湖集团、瑞安房地产、太古地产、华发集团、新世界中国和旭辉集团。

8.4 地方政府支持绿色建筑的绿色金融实践

2020 年 3 月，浙江省湖州市成为全国唯一一个绿色建筑和绿色金融协同发展试点城市。

为了推进绿色建筑和绿色金融协同发展试点城市发展，湖州市形成了"1+N"的政策体系。"1"即在全国率先编制了绿色金融和绿色建筑协同发展试点实施方案，全方位构建支持绿色建筑发展的区域性金融服务体系，到 2021 年湖州市城镇绿色建筑占新建建筑比例达到 98% 以上，建筑领域绿色信贷余额占全部绿色信贷余额比重达到 15%。"N"为各类配套标准体系，完善了《湖州市绿色房地产开发企业认定评价办法》《湖州市绿色建筑认定评价办法》等配套制度，通过发展培养第三方认证机构，明确有关评价标准等措施，建立了适合湖州实际的绿色建筑标准体系。

在金融产品创新方面，湖州市将"金融＋"与"生态＋"深度融合，推出了"环境污染责任保险""园区贷"等百款绿色金融产品。湖州市 36 家银行机构创新推出了"绿地贷""绿色购建贷""绿色建筑企业按揭贷"等多款绿色金融产品。

2020 年 8 月，湖州市还落地了全国首例联合政府、银行、保险等主体与建筑行业多环联动，将保险与信贷相结合的"保险＋服务＋信贷"绿色建筑保险。绿色建筑性能保险"保险＋服务＋信贷"模式旨在通过政府引导，运用商业保险机制，积极发挥财政补贴、信贷优惠、保费杠杆等市场经济作用，为建筑

企业提供事前信用增进、事中风控服务、事后损失补偿的全方位保障，营造有利于绿色建筑发展的环境，让绿色建筑从绿色设计真正走向绿色运行。

2020 年湖州市绿色建筑领域信贷规模达 100 亿元，高星级绿色建筑占比从 2019 年的 20% 跃升至 2020 年的 29.6%，两项指标增幅位居浙江省前列。2020 年底，湖州市发布了《关于加快绿色建筑提质发展的若干意见》征求意见稿（以下简称意见），要求推动绿色建材产业发展，并给予金融扶持。《意见》明确，对主要产品纳入政府采购目录的绿色建材企业，绿色贷款贴息、担保费率补助等绿色金融政策在现行力度的基础上，按照上浮 10% 执行，引导金融机构加大金融支持；实施绿色建材质量保险制度，对纳入政府采购目录的绿色建材产品，给予一定比例的保费补助。

湖州市主要从加快提升绿色建造供给、引导绿色建筑消费、发展绿色建材产业 3 个方面，推进绿色建筑和绿色金融协同发展。

加快绿色建造供给。对全市年度新出让土地中实施绿色建筑的项目，给予最高 3% 的容积率奖励、50 万元绿色建筑性能保险补助，并在信贷计划、授信额度、利率定价、审批效率、贷款发放等方面给予重点支持。确保实现主城区城镇新建民用建筑和远郊区县城市规划区范围内新建民用建筑执行绿色建筑标准的全覆盖，计划年内全市城镇高星级绿色建筑占年度新建建筑比例不低于 25%。

引导绿色建筑消费。对购买新建绿色建筑住房且符合相关条件的，分别给予家庭住房公积金贷款额度上浮 5% 至 10%，积极支持居民合理的绿色建筑消费需求，力争年内创新绿色金融支持绿色建筑信贷产品 10 个以上。同时，支持符合条件的绿色建筑建材企业发行公司债、企业债、短期融资券等直接融资工具，拓宽融资渠道，降低融资成本，调整债务结构，推出绿色建筑保险品种 5 个以上。

发展绿色建材产业。对符合条件的绿色建材企业，在现行的绿色贷款贴息、担保费率补助等绿色金融支持政策基础上，按照上浮 10% 执行，并给予一次性奖励 20 至 30 万元。同时，将奖励范围覆盖至使用绿色建材、建筑工业化基地、投资建设绿色建材产品生产项目、绿色建材企业，努力推动具有湖州特色的木地板、电梯和家居用品等产业链企业转型升级。计划年内绿色建筑产业规模占建筑业比例提升至 20% 以上。

针对农村住房贷款存在的担保难、期限短、周转烦等问题，湖州市在安吉县创新设立全国首个"农房绿色建筑贷"。

制定认定标准。结合国家《绿色建筑评价标准》GB/T 50378—2019 规定，从建筑场地选择、周边布局环境影响、绿色建材采用、自然光照利用、垃圾分类设施等 17 个方面制定"农村住房绿色建筑"认定标准，并将符合贷款条件的绿色农房建筑划分为一、二、三星级。

明确贷款条件。该项贷款采用信用、保证、抵押、质押等一种或多种组合方式进行申请，明确贷款期限最长可达 10 年，有效减轻客户集中还款压力。同时，充分发挥绿色导向，对不同星级的绿色农房建筑给予不同档次的利率下调优惠，最高可在利率定价测算基础上下调 40 个基点。

简化办理流程。将贷款受理权限下放至乡镇（街道）农商银行支行，符合条件的农户可直接向属地支行提出申请，受理银行及时上门对接客户进行授信调查，确保打通服务群众"最后一公里"。此外，开通优先受理、优先审批、优先支持的绿色通道，确保贷款快速及时发放。目前，该行已发放"农房绿色建筑贷"3 笔、150 万元。

8.5 评价房地产企业绿色发展的指标体系

目前房企主要在境外发行绿债，在境内发行绿债仍面临诸多障碍，亟待建立一套评价房地产企业可持续发展的指标体系。该指标体系评价对象是房地产企业，不是具体项目，具体而言，制定面向企业的评价指标体系具有以下意义：

1. 有利于金融机构评价融资主体，降低风险；
2. 用于衡量企业治理（ESG）和创新能力；
3. 提升企业科技竞争力的管理工具；
4. 责任投资 / 绿色投资的参考依据；
5. 评判科技创新对房地产行业贡献率的指标。

2018 年，中国证券投资基金业协会正式发布《中国上市公司 ESG 评价体系研究报告》和《绿色投资指引（试行）》，ESG 指的是环境（Environmental）、社会（Social）和企业治理（Governance）。ESG 投资引导，将推动机构落实绿色主题基金投资，强化注重投资回报，也兼顾投资的社会影响与环境保护。

依照国际可持续投资联盟（GSIA）的趋势报告，在 2016 年初，全球在投资中纳入 ESG 因素的资产总量为 22.89 万亿美元，占全球资产总量的

26%，与 2012 年相比，实现了 68.3% 的增长。其中欧洲、美国和加拿大占 ESG 资产总量的前三位，一共占到了全球的 95.5%，分别为 12.04 万亿美元、8.72 万亿美元和 1.09 万亿美元。

数据显示，2020 年国内泛 ESG 指数数量增至 52 只，泛 ESG 公募基金数量则增至 127 只，资产规模 1 209.72 亿元，达到历史最高水平。若以 5 年为单位，"十三五"（2016—2020 年）规划期间，我国泛 ESG 指数数量增长 34%，泛 ESG 公募基金数量增长 79%，资产规模增长 109%。截至 2020 年 10 月底，共有 49 家基金公司发行 127 只泛 ESG 公募基金。

随着 ESG 责任投资理念及投资实践的深入，商业银行也逐步关注并尝试推出带有 ESG 理念的理财产品。自 2019 年 4 月华夏银行推出第一只 ESG 主题理财产品，截至 2020 年 11 月底，共有 10 家商业银行或理财公司发行了 47 只泛 ESG 理财产品。

泛 ESG 理财产品的出现，说明责任投资的理念已经逐步为个人投资者所认知。其中，6 成以上的泛 ESG 理财产品均在 2020 年发行，表明 ESG 投资理念正在个人投资者中快速普及。绿色债券、绿色资产支持证券等有明显绿色标识的资产颇受泛 ESG 理财产品青睐，也有产品说明其将投资于在环保、社会责任、公司治理方面表现良好企业的债权类资产。

在近几年一个针对欧洲房地产市场的调查中发现，房地产行业正趋向于用非金融指标去衡量房地产和物业的价值。ESG 正在成为房地产管理中不可或缺的部分。这项非财务指标正成为全球可持续发展的其中一项目标和投资者的其中一项要求。预计 5 年后大型的房地产上市公司将不会拥有没有环保认证的资产。

第 9 章　营销篇

9.1　什么是绿色营销

绿色营销是指以促进可持续发展为目标，为实现经济利益、消费者需求和环境利益的统一，市场主体根据科学性和规范性的原则，通过有目的、有计划地开发，以及同其他市场主体交换产品价值来满足市场需求的一种营销活动。

绿色营销以可持续发展为导向。绿色营销的目的是实现社会资源、经济资源、生态资源的和谐发展，因此，企业在开展绿色营销时，要以可持续发展为导向，注重生态环境的保护，促进经济与生态的协调发展，实现企业利益、消费者利益、社会利益及生态环境利益的统一。

绿色营销更加突出以消费者为中心的营销观念。随着经济的发展，人们生活水平的提高和生活方式的改变，人们的健康意识和环保意识大大增强，形成了维护生态平衡、重视环境保护的绿色消费意识，绿色营销是为了满足人们的绿色消费需求而产生。

绿色营销具有鲜明的时代性。绿色营销是在绿色运动浪潮的推动下产生的，其可持续发展的指导思想是当代社会一种全新的发展观，具有鲜明的时代特征。

绿色营销更注重企业的社会责任和社会道德，要求企业在营销活动中不仅要考虑消费者的利益和企业的自身利益，还要考虑社会利益和环境利益。因此，企业在开展绿色营销活动中，首先要注重企业的经济责任，合理配置企业的资源，使企业资源能够得到有效利用，争取以低耗能、低污染、低投入取得符合社会需要的高产出、高效益；然后要注重企业的社会责任，企业在满足消费者绿色消费需求的同时，要保证人类社会的可持续发展，要促进绿色文明的发展。其次，要遵循社会的道德规范，企业必须注重社会公德，杜绝以牺牲环境利益来取得企业的经济利益。

9.2 房地产绿色营销的误区

9.2.1 绿化营销

尽管不少楼盘从提高居住小区的环境质量出发，在追求高绿地率的同时，有意无意地引入绿色营销理念，但也只能称其为"绿化营销"。它与绿色营销的区别在于，绿化营销主题单一，主要通过追求高绿地率来体现，且绿化的实现形式也比较简单，一般以宅前绿化为主，绿色营销的内涵是丰富的，它不仅包括了外部空间（绿地、广场、林荫、道路、建筑小品等）的营造，也包含了住宅单元内部空间（朝向、层次、通风、采光、干湿等）的营造。因此，绿化营销与绿色营销所要求的多元化内外空间的营造，尤其是人与自然、人与宇宙的能量交换，相去甚远。另外，单一的绿化营销易为竞争对手模仿，不利于市场多维度争格局的形成，同时也不能满足消费者日益提高的对居住质量的多方位要求。

9.2.2 环境营销

单一的绿化营销与区位营销、房型营销、物业管理营销相互融合，形成了环境营销理念。毋庸置疑，环境营销理念的形成，意味着"绿化营销"向"绿色营销"发展的质的飞跃。它兼顾了住宅开发区内外空间生态环境的营造。开发商在选址时，更倾向于选择位于城郊接合部、空气清新、环境清洁、地价实惠、交通便捷的地段，以形成具有相当规模的开发区；规划设计中重视开发区外部空间包括绿地、林荫等绿化环境的营造，以及道路、广场、建筑小品的合理布局；同时，也更加注重居室环境的优化设计。

但这种肤浅的"绿化营销""环境营销"，只迎合了消费者对住宅产品表层的感官需求，在实际操作中，往往会流于形式，于是形成了一些十分有欺骗性的楼盘广告。比如 2011 年 11 月 1 日的《人民日报》第 16 版以《雷人的"楼盘文化"》为标题，按地段篇、规划篇、配套篇三部分"罗列"了 25 组开发商爱用且常用的"楼盘宣传语"——例如，所谓的"绝版水岸风光"，可能只是挨着水沟，再者"坐拥中央商务区"，可能只是有家信用社，等等。

由于缺乏相应的知识普及和实践，很多人将绿色建筑"符号化"，认为有屋顶花园、太阳能热水器等设备就等于是绿色建筑。

事实上从 1999 年以来，以"绿色住宅""生态住宅"等命名的项目数量非常多。但是，有些项目可能只是种了些简单的花草或是打着某种新型环保节能产品的旗号便大张旗鼓地冠以"环保住宅""绿色小区""生态社区"的美名，绿色住宅流于概念炒作。有鉴于此，全国工商联住宅产业商会由于行业自身发展的需要，参照美国《绿色建筑评估体系》等一批国外有关生态建筑的标准，组织国内权威专家（聂梅生、秦佑国等）按照中国住宅建设的需要进行系统研究，于 2001 年 9 月发布了《中国生态住宅技术评估手册》，评估手册对小区环境规划设计、能源与环境、室内环境质量、小区水环境、材料与资源等 5 个方面进行了量化。以手册为标准，住宅产业商会还在会员单位中开展了一批示范工程的建设。

在市场交易活动中，买卖双方往往在住宅产品质量、产品性能等方面拥有不完全相同的信息，这一现象在信息经济学中称为信息不对称。对绿色节能住宅而言，住宅的建造者拥有充分的信息而消费者拥有的信息要少一些；而且交易双方对绿色建筑的信息不对称程度更大，因为绿色节能住宅的一些新的属性，如节能性能、环保性能、治理生活污水成本和利润空间很难为消费者所熟知，再加上一些企业利用消费者对绿色建筑和绿色企业诚实态度的信任，利用消费者辨别绿色建筑方面的困难，趁机浑水摸鱼，发布虚假信息，以假乱真，牟取暴利等。这一切都加剧了绿色建筑市场信息的不对称性。

绿色建筑市场信息的不对称使得消费者只能根据其所掌握的绿色节能住宅产品的平均绿色性信息来确定支付价格，这样，真实绿色建筑的卖者就会退出交易，而虚假绿色建筑的卖者进入市场。结果绿色建筑市场上住宅产品的绿色性、质量等不断下降，价格就会进一步降低，导致真实绿色建筑逐渐被挤出市场。这就是绿色营销中"逆向选择"问题形成的基本原理。

信息不对称对市场有效运行的影响在现有的市场管理体制下已有所改善，比如，市场管理部门要求每一个建造绿色节能住宅的开发商为其产品进行节能性能的公示，如住房和城乡建设部正在推广的"建筑能效标识"标签，对于杜绝这类以次充好的住宅产品就有很大的作用。具体而言，政府和开发商可采取以下措施减少信息的不对称性，增加绿色建筑产品的市场竞争力。

1. 完善信息传递机制，减少信息的不对称性

绿色营销中的"逆向选择"问题的重要根源是信息的不对称性，因此，建议完善信息传递机制，减少信息的不对称性。政府加强市场的建设，规范市场，提高市场的透明度。绿色企业应通过新闻媒介、绿色广告和优质的服务向社会传递更多绿色建筑信息，缓解市场中的信息不对称问题，比如开发商采用的"绿标"认证、LEED 认证等绿色建筑评估体系，实施绿色物业管理、参

观已建成的绿色建筑小区等，以区别于虚假绿色建筑的生产经营者。

2. 提高消费者的鉴别能力，减少信息的不对称性

消费者对绿色建筑的鉴别能力较弱也能加重信息的不对称性，因此要加大绿色文化、绿色理念和绿色建筑的宣传和教育力度，提高消费者的绿色消费意识和对绿色营销、绿色建筑的鉴别能力，以减少信息的不对称性。

3. 奖罚并举，规范经营者的行为

治理绿色营销中的"逆向选择"问题，除了减少信息不对称外，还要奖罚并举，规范产品经营者的行为。建造虚假绿色建筑的开发商其目的是追求经济效益，所以对其经济处罚不失为一种有效的方法，但关键是处罚力度的大小。根据分析，可将建造虚假绿色建筑的开发商的社会成本作为处罚的下限，加大处罚力度。

除合理确定处罚力度外，还有一个重要的问题就是如何及时准确地发现虚假绿色建筑及其开发商。除政府主管部门定期和不定期的检查外，重要的是调动建造绿色建筑的开发商和消费者的投诉积极性。

9.3 房地产绿色营销策略

房地产绿色营销是房地产开发企业以人与自然和谐的生态稳定为目的，通过一系列的绿色营销组合手段来满足绿色消费者对绿色建筑的需求，以实现社会效益、消费者效益和企业效益的协调统一，最终实现人与自然可持续发展的全过程。房地产绿色营销的核心，是按照环保与生态稳定原则来选择和确定营销组合的策略，是建立在环保技术、绿色营销市场和绿色经济基础上的一种经营方式。

在调研中，有 75% 的房地产开发商认为"与周边的同类项目相比，经过认证的楼盘更吸引客户"，89% 的项目在营销过程中，特别将绿色、节能、环保等理念作为亮点。但也要看到在宣传手段上，55% 的开发商依然选择"个别节能产品作为亮点"，宣传"整体节能"的占 45%，还不是绝对的主流。在营销人员对项目环保性能的表达方面，表示"能"与"不能"清晰表达的，各占 50%。55% 的开发商为客户 / 业主准备了节能设计书、节能使用说明书、环保装修指南等文件，60% 的项目用多媒体展示了项目的节能环保性能，76% 的项目在售楼处、临时售楼处体现了节能环保特色。以上数据均表明，我国绿色地产的绿色营销已经开始起步，但还未建立完善的方法论，对绿色建筑整体节能性能的把握也不够，营销人员对节能环保的认识还有待深入。

就产品而言，绿色营销要求房地产产品是绿色产品，即要求房地产企业开发绿色建筑。就销售而言，要开展绿色促销，开辟绿色销售渠道。同时房地产绿色营销也要求房地产促销采用绿色媒体，如绿色广告、绿色公共关系、绿色人员。绿色建筑价格把环境成本内部化。房地产绿色营销认为环境是有价值的，因此在制定绿色建筑的价格时，要将环境成本计算在内。

9.3.1 绿色广告促销

绿色广告促销应确定绿色建筑广告的系列目标。主要目标有：①告知消费者新的绿色楼盘或现有楼盘的绿色特性；②提醒消费者有关本开发企业及所推楼盘的绿色表现；③说服消费者本企业物业的绿色表现较竞争者的优势等。总之，这些目标皆在促进绿色建筑的销售，同时培养消费者的绿色居住消费意识及环保意识。

绿色广告的经费分配应遵循绿色原则。绿色原则就是要尽量节约广告费开支，减少资源的浪费；在既定的预算经费范围内要合理地使用，使之产生最大效应；在节约广告经费与支出较多广告费以促进绿色建筑销售之间做出一个权衡，使广告经费的合理预算既不影响绿色建筑的销售又不浪费，使其以低成本高成效的方式来使用广告费。

绿色广告应真实传递信息。绿色物业广告应通过各种有效的方式来传递绿色物业及开发企业的信息。绿色信息应是真实可信的，而且往往与环境保护有关。绿色物业广告的媒体选择亦应贯彻绿色原则。应选择目标顾客涵盖率高、成本又较便宜的媒体来传递绿色信息。在选择媒体时，应注意这些媒体是有利于环保的或至少不污染环境的，这些媒体能高效地使用资源。此外，房地产开发企业若选用多种媒体，则应统筹安排，合理分配经费，并设法取得该媒体组合的协同效应。

9.3.2 绿色促销活动

房地产企业的绿色营销活动，主要可以从绿色培训、项目推广活动、赠送活动、折扣活动、联谊活动几个方面入手。

1. 举办绿色物业知识讲座

绿色物业的潜在业主往往具有相似的特征，比如收入水平高、受教育程度高、社会地位高等，经常有一些相似的爱好和生活习惯。所以举办绿色物业的知识讲座可以选在某个特定的地点，比如银行、高校、外资企业、项目所在地等目标客户相对集中的地方，也可以选在某个特定的场合，比如本市大型的房地产交易会、某个重要团体的年会、某些高层社会人士的联谊活动期间等。主要目的在于激起消费者的绿色需求，同时树立本企业的品牌形象。

2. 举办绿色项目推广活动

在开盘前期，可以用赠送礼品的方式吸引和邀请一批潜在业主参加本项目的推广活动，活动的内容主要是介绍项目情况，突出项目的绿色特性，附带奉送制作精美的项目宣传画册，目的是提高项目被认识程度，激起消费者选择本项目的欲望。

3. 折扣活动、赠送活动

折扣活动主要开展的时间应该选在项目销售的前期，比如某个时间之内购房者可以享受一定的折扣，一次性付款可以享受一定的折扣、介绍朋友购房的人可以享受一定的折扣等。目的在于刺激消费者的购买欲望，帮助他们完成购买决策，从而形成项目良好的销售局面，加速资金回笼；赠送活动主要在项目尾期开展，选择方式可以是在购买房屋之后赠送装修或者家具、家电、旅游机票等。目的在于促进后期某些户型、层高、朝向不良的滞销房屋的销售，刺激消费者购买，迅速完成项目的销售工作。

4. 联谊活动

联谊活动的主体是本公司所开发物业的老业主和潜在业主，此活动的目的在于通过第三方向目标客户传达本绿色项目的有关信息和居住过程中的亲身感受。此方式往往能够消除客户对公司促销活动的防卫，更能增强消费者的购买欲望。同时，客户还可以通过此方式提前了解以后的邻里环境，高雅、文明、活跃的生活氛围往往可以促进他们的购买决策。利用老业主的满意度感染潜在业主的办法，成本低而且往往能够收到奇效，但前提条件是企业所开发的物业能达到让业主义务推销的满意程度，不然只能取得相反的效果。

9.3.3　公共关系

绿色营销因为其对社会和环境的友好性，较强的外部性和良好的示范作用，往往可以成为政府和新闻媒体的支持和宣传对象。项目开发前期对政府的公关，可以获得很多土地、资金、税收的优惠政策，降低项目成本。项目开发过程中对政府和新闻媒体的公关，可以借助政府和新闻媒体的宣传渠道，树立公司的品牌形象，提高项目的知名度，吸引潜在客户，起到良好的广告效益。

9.3.4　人员推销

人员推销在购买过程的某个阶段，特别是在建立购买者偏好、信任和行动时，是最为有效的工具。绿色房地产企业想在人员推销上取得优势，就必须首先组建和培养一支专业的推销队伍，绿色建筑较高的科技含量给推销员提出了更高的要求，同时较高层次的目标客户也需要推销员具备良好的个人修养和知识水平。人员推销在很多场合都可以进行，也可以结合前面提到的促销活动和公关活动，当然目前房地产企业的人员更多的是在项目所在地向客户推销他们的产品。人员推销必须具有相关的配套方式，比如：装修样板房，样板房给消费者一个以后住所状况的直观感受，对消费者的决策有重要的影响，绿色建筑的样板房应该突出其绿色特性，不但要向消费者展示房屋的户型、外部景观、内部装修，还要向顾客展示房屋具备的声、光、热方面的独特功能，以及小区的水循环系统、能源节约系统、垃圾处理系统等。

尽管我们阐述了众多可能的绿色地产营销策略，但绿色建筑的发展究竟是否被市场接受，最终取决于两个要素：一个是能否把绿色建筑的开发转变为企业的竞争力，另一个是绿色建筑的品质是否足以支撑高企的房价。

9.4　绿色体验营销

9.4.1　什么是绿色体验营销

体验式营销是指在销售过程中，让客户参与其中，亲身体验产品的功能，从而进行一系列产品的销售行为。体验式营销，在全面客户体验时代，不仅需要对用户进行深入和全方位的了解，而且还应把对使用者的全方位体验和尊重凝结在产品层面，让用户感受到被尊重、被理解和被体贴，充分感受产品和服务的细节。体验营销要求营销者站在消费者的角度，从消费者的感官、情感、思考、行动和关联五个方面重新设计和定义营销的方式和与营销理念。与传统营销相比，体验营销更强调消费者的参与，更注重于为消费者创造感性价值，更关注消费者的感觉、感受。

体验式营销为消费者创造了一个"全景体验"的过程，在这里，购房者不仅能看到居住的硬件标准、工程质量、房屋结构，还能体会到入住后的物业服务、家居景观。这种真切的心理感受使房产营销更加人性化。面对变幻莫测的房地产市场以及日益挑剔的消费者，体验式营销模式的运用确实对楼盘销售起了推波助澜的作用。

9.4.2　绿色建筑尤其需要体验营销

绿色建筑产品区别于普通的住宅、商场或写字楼，在实际使用中，更加强调人的行为需要符合节能环保的原则，自觉实践低碳环保的生活理念，比如垃圾分类、公交出行、合用车、遮阳与灯光控制、采光与通风的合理控制等，要让一栋节能建筑充分发挥其节能性能，使用高科技、高性能的材料与技术固然重要，消费者自身的节能意识和使用习惯也很重要。

另一方面，绿色建筑产品往往由于其所采用技术较为复杂，多为高科技产品，如恒温恒湿恒氧居住理念、集中太阳能热水系统、地源热泵系统、住宅置换新风系统、中央除尘系统、遮阳系统等技术和理念无不让消费者眼花缭乱，这些新技术新材料的应用是 20 世纪 80、90 年代的房子从来没有考虑过，这些新技术、新材料的应用也在改变着我们生活方式，改变着我们与居所的互动方式，在实际的使用过程中，实现精确的节能控制本身就不易，也对使用者的素质和节能知识提出了更高的要求。

这种面向更加舒适、健康、安全的生活方式的转变，往往会让消费者刚开始时无所适从，需要对消费者有一个说明、教育和生活习惯的培养过程。正是这样一些绿色建筑的新理念新技术新材料的应用，让房地产的体验式营销变得更加重要。

9.4.3　朗诗的经验

对于恒温恒湿这类高科技住宅产品，对消费者生活习惯的养成就更加重要。以朗诗绿色地产为例，为了让购房者了解"绿色人居"理念，朗诗国际街区开展了"试住体验活动"。"恒温、恒湿、恒氧"，听起来很神秘，很专业，到底对我们的日常生活有何影响，住一晚就知道了。朗诗所倡导的"恒温、恒湿、恒氧、低噪、适光"的绿色人居生活，与普通住宅的区别很大。"试住体验"能够展现出项目的差异化所在，客户也会在这里寻找到不同于以往的生活理念。

除了这样的"试住体验"营销活动外，朗诗还修建了一个绿色人居展示中心。朗诗绿色人居展示中心面积逾 1 200m²，是一个面向公众普及绿色生活常识、展示朗诗绿色人居理念的创新平台，旨在将朗诗多年来与国内外的专家、合作伙伴共同参与研究的绿色人居思考和经验付诸呈现。

展示中心分为 10 个展厅，分别是空气、温湿度、节能、光、声、厨卫、老年关怀、收纳、绿化、梦想，这些展示厅会通过图文、多媒体的演绎、实验室体验、互动操作等各种方式，系统、生动的展示人居发展现状、环境的现状，通过系统地介绍国内外相关的研究成果和实物展示、以多媒体互动的方式来告诉消费者有关室内空气品质的知识。

在展示中心，消费者可以了解到人体最佳的温湿度曲线，还可以通过多媒体查询到全国主要城市的温湿度数据，并且通过计算机对比来看这些自然气候与人体最佳舒适度之间的契合度。朗诗还特别设立了一个模拟的气候仓，让大家可以进去体验和对比不同的温湿度控制的优缺点。

体验式营销为购房者创造了一个"全景体验"的过程，这种真实的感受将使楼盘营销更为人性化。面对日益理性的购房者及激烈的楼盘市场竞争，体验式营销对于绿色地产赢得更多普通消费者的青睐将起到至关重要的作用。

9.5 绿色标识营销

9.5.1 什么是绿色标识营销

绿色标识，本质上是环境标识，具体指一种贴在或印刷在产品或产品的包装上的图形，以表明该产品的生产、使用及处理过程皆符合环境保护的要求，不危害人体健康，对垃圾无害或危害极小，有利于资源再生和回收利用。某种产品是否可获得绿色标识，取决于该产品是否达到了绿色标志机构所制定的标准。绿色标识一般由产品的生产者自愿提出申请，由权威机构（政府部门、非政府组织或公众团体）授予。绿色标识受法律保护，但申请与否并不作强制规定，所以它具有指导性而非强制性。绿色标识不是一种奖惩措施，而是一种"软"性的市场手段，有助于产品生产者构筑其在市场上的竞争优势。建筑业向可持续发展方向转型的过程中，同样借鉴了这种做法，为节能环保的建筑，贴上绿色标签，以此促进房地产市场或建筑市场的绿色转型。

9.5.2 常见绿色标识

环境标志作为市场营销环节的一种环境管制措施，最近几年已有不少国家相继实行，其主要目的在于提高产品的环境品质和特征，体现环保意识。对企业而言，绿色标志可谓绿色产品的身份证，是企业获得政府支持，获取消费者信任，顺利开展绿色营销的重要保证。在全球建筑市场活跃的环境标签有美国的 LEED，英国的 BREEAM，德国的 DGNB 等。目前在中国广受认可的，主要是美国的 LEED 认证和我国自主推出的绿色建筑设计标识及绿色建筑评价标识。上述标准或标识的详细市场应用状况已在本报告前文中详述。

除了上述这些由第三方认证机构颁布的绿色标识，还有一些市场自发形成的绿色标识，比如全国工商联房地产商会推出的生态住区（源于德国的"三升房"），以及源于英国的 OPL 一个地球生活理念，当代、朗诗等企业倡导的"三恒"理念等，都是绿色标识营销的可选标签。

1. 生态住区

生态住区的概念最早是由全国工商联房地产商会于 2002 年在《中国生态住区技术评估手册》中提出，是中国房地产行业最早提出并实践的绿色建筑、生态住区标准。在 2009 年 10 月 29 日宁波召开的全国工商联房地产商会年会上，商会将该手册升级为《中国低碳生态住区评估标准（讨论稿）》。

自 2002 年开展"绿色生态示范项目"推广以来，商会在全国已推动建设了 45 个示范项目，遍及全国 18 个省 27 个城市，总建筑面积为 1 200 万 m^2。

2. 中国环境标志生态住宅认证

图 9-1 中国环境标志"十环标志"

"中国环境标志"的标识（即"十环标志"），如图 9-1 所示，由国家环境保护总局于 1993 年 8 月发布。该标志经国家工商行政管理总局商标局注册，受法律保护，属环境保护领域的证明性商标。2005 年 12 月，原全国工商联房地产商会与国家环境保护总局环境认证中心共同推出"中国环境标志生态住宅验证项目"，并于 2007 年 11 月 1 日正式实施。

3. 三升房

德国的"三升房"（3-Liter House），意即"房屋每平方米单位面积每年消耗 3L 燃料用于供暖"。

"三升房"由世界最大的化学公司——巴斯夫在一幢已有 70 年历史的老建筑基础上改造而成，因其每年每平方米（使用面积）消耗的供暖耗油量不超出 3L（相当于当量煤约 4.5kg）而被称为"三升房"。改造过程中主要采用了加强围护结构的保温性能、设置可回收热量的通风系统、截热技术等措施。与改造前相比，供暖耗油量从 20l 降到了 3L，如按 100m² 的公寓测算，每年取暖费可从 5 400 元人民币降至 770 元，二氧化碳（CO_2）的排放量也降至原来的七分之一，具有极大的经济和环保价值。

虽然目前德国建筑物的常规能耗标准是 7L，但新项目的平均数都要求降到 5L。巴斯夫的"三升房"作为一种示范性的建筑标准，已经开始在德国推广，政府对依此标准建设的项目会给予一定补贴。在"三升房"的附近，一片新的工地上，一排新的住宅小楼正在兴建，这是比"三升房"更加节能环保的"一升房"。

巴斯夫的"三升房"如今在德国已有很高的知名度。在中国境内，巴斯夫也正在寻找与中国和地方政府合作，推广他们的"三升房"节能技术。

4. OPL 一个地球生活

OPL（One Planet Living，一个地球生活，图 9-2）是由世界自然基金会 WWF 和生态区域发展工作组（Bio Regional Development Group，这是一个英国环境组织，致力于社会、

图 9-2　OPL 一个地球生活项目标识

经济和环境的可持续生活的实践）共同发起的，目标是建立一个每个人都能公平共享地球资源，快乐、健康生活的世界。OPL 关于消费、供应和价值的十条原则包括：零碳排放、零浪费、可持续的交通方式、原材料的本地及可持续性获得、实物的本地及可持续性获得、可持续的水、自然栖息地和野生动植物、文化和遗产、平等公正的贸易，以及健康和幸福。

近来经常可以听到这样一种说法：如果全世界都按照西欧的方式生活，要有 3 个地球才能养活全部的人口，而如果按美国的标准，则需要 5 个地球。OPL 认为，人们必须将其对环境的影响和生态足迹降低到一个"可持续而且全球平等的水平"。为了推动情况朝这个方向发展，实现上文提到的设

想，OPL 的目标是建立一个代表各大洲的全球性 OPL 社区网络。他们计划到 2010 年在葡萄牙、英国、澳大利亚、北美、南非，当然还有中国，建立起第一批这样的社区。在另外几个生态足迹最大的地方，同类社区的可行性考察和选址工作正在进行之中。

从全球来说，走在最前列的 OPL 项目还要数葡萄牙的玛塔·德·瑟西姆布拉的生态旅游开发项目，这是世界上第一个集建筑、旅游、自然保护和重新造林于一体的综合可持续性工程。这里位于里斯本以南，有 5 200hm^2，8 千套住房，可容纳 3 万人。它的一个关键目标就是森林的恢复，要在 4 600hm^2 的退化土地上种植本地树木。

5. "恒温、恒湿、恒氧"

"恒温、恒湿"是由当代节能置业为自己的产品提出的标签。其含义是指其产品在创造高舒适度的情况下（全年维持室内所有房间温度在 20℃ ~26℃，湿度在 30%~70%，这也是 ISO7730 中所认为的最舒适的热环境），其能耗仅为目前中国普通型住宅达到同等舒适度所需能耗的 1/3，每 100m^2 当代节能的住宅在每个供暖季均可以节省供暖费 600 元左右。"恒温恒湿"这个概念又被朗诗地产、中国金茂等开发商丰富为"恒温恒湿恒氧"，即更加强调新风系统对室内空气品质的改善。

该理念一经提出，就在房地产市场上掀起一股对科技地产、节能地产热议的高潮，尤其是部分学术专家，对"恒温恒湿"这一提法提出了很大质疑，认为其误导了消费者，应改称"衡温衡湿"，是相对的平衡。

虽然学术界对这一概念至今仍有不同观点，但这并不妨碍开发商以此为营销卖点向消费者推销自己的科技地产产品。究其原因，在于普通消费者并不会像学术专家那样具备专业的知识，了解"恒温恒湿"在建筑环境设备专业里的具体含义，以及真正的恒温恒湿指的是怎样一种环境，但消费者需要一个简明扼要的单词或术语，能够非常简单、直观地了解自己将要购买、入住的房子所区别于其他房子的最大特征。从营销的角度讲，"恒温恒湿"是节能型高科技住宅一个十分成功的营销案例，到如今，"恒温恒湿"已经成为住宅市场高舒适度低能耗居住模式的代名词。

6. 零能耗

英国的 BedZED 生态村是世界上首个提出"零能耗"发展的项目，它位于伦敦南郊，是首个世界自然基金会 WWF 和 Bioregional 集团倡导建设的"零能耗"社区，有着节能示范项目理念的人类"未来之家"工程之称。该社区建于 2002 年，现已成为英国首个完整的生态村。BedZED 是"贝丁顿零能耗开发区"的缩写。由于采用了先进的设计理念，"生态村"将"绿色环保"切实地带进了每个居民的生活。在这里，人们的生活方式在潜移默化中得到改变。据介绍，与同类居住区相比，"节能生态村"住户的供暖能耗降低了 88%，用电量减少了 25%，用水量只相当于英国平均用水量的 50%，而居民的生活质量并没有降低。虽然无法做到绝对零耗能，但生态村在节能、环保上有着明显优势，是目前英国最大的"可持续居住环保小区"。

在国内房地产市场，最早提出"零能耗"概念，给自己的产品打上"零能耗"标签的是北京锋尚房地产开发有限公司。锋尚国际于 2002 年开发出中国第一个实现欧洲标准的低能耗住宅项目北京锋尚国际公寓，该项目率先在业界提出"告别空调暖气时代"，并首次在中国住宅中配置置换式新风系统。该产品推向市场后引起轩然大波，随之引起了关于节能环保住宅的成本、售价、市场接受程度，以及生活方式变革等一系列讨论。继北京锋尚国际公寓之后，很快"零能耗"住宅现身南京，一度被媒体热炒。

南京锋尚国际公寓项目的技术路线在北京锋尚国际公寓的基础上，进行了升华：通过规划布局，创造好的自然通风条件；通过设有流动空气层的干挂幕墙、外窗设遮阳设施，使用断桥隔热铝合金门窗、安装 LOW-E 玻璃等技术提高建筑物围护结构的保温隔热性能降低夏季制冷负荷；通过选择高效节能的供暖制冷系统，降低使用能耗和提高舒适度；通过玻璃采光天井等建筑方法给地下空间提供自然通风与采光减少建筑物对电能的消耗。利用太阳能光伏发电、地源热泵直供等可再生能源技术，为建筑物补充供暖制冷系统所需的微能耗，达到夏季不用电力等传统化石能源进行制冷的目的，实现"零能耗"。

但"零能耗"这个概念过于超前，英国的 BedZED 实现零能耗大量地借助了太阳能光伏电池所发电力，并在生活方式上做了一定的妥协，才在一定程度上实现零碳排放，从实际长期使用效果看，效果也并不理想。

尽管 BedZED 生态村设计的初衷就是所有的能源都通过风能、太阳能和生物量等可再生方式来提供，但在生物量方面却一直存在问题。贝丁顿的热电联产设施（CHP）技术上的麻烦层出不穷。热电联产设施的燃料是树木修剪下来的枝叶，就是在发电的同时也提供副产品——供暖。在常规的发电中这些热量都白白流失了，而热电联产也可以通过超隔热管提供热水。CHP 所使用的木柴是一种碳平衡燃料，因为燃烧所产生的二氧化碳和（CO_2）当初树木所吸收的量是一样的。然而，不断的技术问题意味着贝丁顿要更多地依赖室内热水储罐，而这可以兼作散热器。

因此，BedZED 的可再生能源比例已经从 2003 年的 80% 锐减到目前的 11%。和伦敦的其他住宅区一样，这里也要依赖国家电网的供电。供水的情况也一样，在降水稀少的雨季——比如去年夏天，BedZED 几乎没有存储和再利用的冲厕用水，因此不得不依靠公共供水。

BedZED 的另一个关键技术——"生活机器"，也已经失灵了。所谓的"生活机器"就是生活污水处理设施，利用芦苇湿地对生活污水进行过滤，然后再次用来冲厕所和浇灌花园。事实证明，它的运行和维护成本很高，并不经济。尽管在情况良好的时候，"生活机器"和雨水收集装置可以实现每人每天 15L 的节约用水。

BedZED 作为一个失败的先锋案例，再次说明了技术越高级，系统越复杂，就会越快出问题，越快被淘汰。系统的维护成本越高，也就越不经济。开发商在选择这样的先进技术体系时，需要更加谨慎。

7. 美国能源之星

能源之星（Energy Star，图 9-3），是美国能源部和美国环保署共同推行的一项政府计划，旨在更好地保护生存环境，节约能源。1992 年由美国环保署参与，最早在电脑产品上推广。现在纳入此认证范围的产品已达 30 多类，如电器、办公设备、新建建筑和既有建筑等，目前在中国市场上做得最多的是照明产品，包括节能灯（CFL）、灯具（RLF）、交通信号灯和出口指示灯。

图 9-3 美国能源之星标识

2002 年，美国环保署推出能源之星住宅计划。该全国性的志愿计划，旨在建设一种能源效率提高 30% 的新型住宅。合格的能源之星住宅须经过第三方的验证，以确认营造商已适当地采用了提高能源效率的措施。只要能看到能源之星的标识，住宅的购买者不是专家也能够很有信心地作出购买决定。

一般来说，能源之星住宅比按通用的能源规范建造的住宅节能 30%，同时保护环境并为住户节省能源开支。能源之星住宅的建设不仅有利于购买者，也有利于营造商、抵押贷款公司和住宅产业中的其他组织，因此全美的住宅营造商均支持能源之星住宅计划。能源之星住宅通常是新建住宅，这是因为建造一栋符合节能规则的住宅比翻新一栋已建住宅要简单得多。虽然对住宅进行升级改造而获得能源之星标志的花费很高，但却能大大地降低能源使用开支，所以对已建住宅进行节能改造仍然不失为一个好建议。当替换空调设备、电气设备或者照明设备的时候，还应该考虑购买那些具有能源之星标志的产品，这样能够进一步改进住宅的节能效果。

能源之星住宅计划使用住宅能源评价系统（HERS）来确定住宅的能源效率分值。新建和已建的住宅均须满足同样的节能标准才可获得能源之星标志。为了得到 HERS 的评估，或者寻求获得能源之星标志的途径，还需要咨询当地有评估资质的住宅能源评估机构，对比样板住宅（它与被评估住宅具有相同的大小和形状，并且达到能源规范的最低要求），HERS 评估体系对住宅的能源效率进行客观、标准的评价。HERS 评估分值介于 0 到 100 之间。样板住宅的分值是 80 分。与样板住宅相对比，每降低 5% 的能源消耗，等于 HERS 增加一分。能源之星住宅最低的 HERS 评估值为 86。HERS 的评估包括对住宅的现场检测。这一检测包括吹风机门测试和管道泄漏测试。这些检测的结果，连同住宅的其他信息，被输入一个模拟的计算机程序以计算出 HERS 分值，并估算出每年的能源费用。

9.6 绿色营销的社会价值

企业增信

1. 强化绿色产品的生态特性，提升标志产品的形象，促进销售；

2. 有利于产品的差异化，在市场上赢得竞争优势；

3. 有利于提升企业形象及企业的产品形象，从而赢得消费者的信任和青睐；

4. 使企业有合适的方式向消费者提供准确的信息，并使消费者相信若无这种法律保证的方式，消费者往往被众多的广告轰炸弄糊涂，难辨真假，索性一概怀疑，不利于真正"绿色"的产品的销售；

5. 可以减少政府不必要的行政干预，甚至获得政府的大力支持。

第 10 章　消费篇

10.1　绿色建筑消费者的分类

房地产绿色消费者是指那些关心生态环境、对绿色建筑和绿色服务具有现实和潜在购买意愿与购买力的消费人群。也就是说，绿色消费者是那些具有绿色意识，并已经或可能将绿色意识转化为绿色建筑消费行为的人群，是绿色地产开发商的主要顾客群体。

研究发现，绿色消费者倾向于具有较高的社会责任感。对社会责任最简单而又准确的定义是：个人在即使没有报酬的情况下，也愿意帮助他人。其原因在于有社会责任感的人往往受到自己接受的社会价值观的影响。而具有较高社会责任感的消费者相比较而言往往会积极参与各种社区或社会活动。因此，那些积极参与社区活动，以及具有社会责任感的人具有更高的消费倾向，并认为这样的行为应该成为被社会接受的规范。

一般认为，居住城市规模越大、人口密度越高的消费者绿色消费倾向越大；居住地附近有较高级娱乐场所的消费者绿色消费倾向大；居住地更有利于进行户外休闲活动的消费者对环境和污染的认识与关心更强烈，同时绿色消费倾向较大。

绿色消费者虽然在总体上有很多共性，如有亲环境的意识、追求生活质量。但他们的绿色意识和绿色消费行为的深度和广度是有层次之分的。企业要想实施有效的绿色营销，就要搞清影响不同层次的绿色消费者做出购买决策的主要因素，对他们进行细分。

国外有学者根据消费者的环境意识水平对其进行分类，也有的利用消费者自我认定的"绿色度"来区分他们。根据人们消费选择中所体现的对环境关注的程度呈由低到高的一个连续不断的状态，可以将消费者大致分为以下三类：

1. 浅绿色消费者

此类消费者只有模糊的绿色意识，他们意识到应对环境进行保护，但没有在消费过程中把这种意识具体化，他们的绿色消费行为是无意识的和随机的，是潜在的、不稳定的绿色消费者，对绿色产品的溢价难以接受。群体特征表现为受教育程度和收入水平较低，对环境的态度不积极，比较容易受他人的影响。

2. 中绿色消费者

这类消费者具有较强的环保意识，但对绿色消费还缺乏全面的认识，只认识到绿色建筑的无害性，没有认识到绿色建筑建造过程的无污性。他们是选择性消费者，对5% ～ 15%的绿色产品溢价能接受。群体特征表现为受教育程度和收入水平一般，对环境的态度比浅绿色消费者积极，受社会相关群体的影响更大。

3. 深绿色消费者

此类消费者的绿色意识已经深深扎根，对绿色消费有全面和深刻的认识，表现为自觉、积极、主动地参与绿色消费，对绿色产品的溢价接受程度大于15%，会提出新的绿色建筑消费需求。群体特征表现为受教育程度和收入水平较高，对环境的态度很积极。

10.2 影响绿色购房者消费行为的主要因素

1. 收入是实际购买选择的重要制约因素

由于绿色建筑定价时要把保护环境所支出的成本纳入其中，或者采用新工艺、新材料，所以价格相对较高。许多购房者并非不关心环境问题，但由于收入的有限，在实际作出购买决策时，实用主义就会占上风。根据美国芝加哥大学哈里斯学院 Don Coursey 的一项研究成果表明，在影响人们绿色消费的诸因素中，收入是最重要的因素。一旦人均月收入达到 5 000 美元以上，人们就会花钱在改善环境方面，进行绿色消费。我国学者的研究也有同样的结论。在北京的一项调查显示，家庭月收入在 1 000 元以下的人对 5% 的绿色建筑溢价一般不接受。而家庭月收入在 8 000 元以上的人 100% 购买过绿色产品，其购买行为明显表现出深绿色购房者的特征。

2. 教育水平对人的行为影响巨大

一般来说，受过良好教育的人更能正确认识人类与环境的关系，更具有社会责任感，更能接受绿色消费的观念。国外学者的研究成果也表明，年轻、受过良好教育，政治上比较自由的人群比其他人群更关心环境。我国的研究也表明，教育水平最高的一组购房者对绿色建筑溢价接受能力最强，对以往购买绿色建筑的价格满意度最高。

3. 学习对绿色消费行为的产生、强化有极大的影响

人们绿色消费意识的产生和绿色消费的实践行动，主要来源于以下三个方面：一是日益严重的环境问题损害了人们的正常生活，引起了人们的密切关注。二是环保知识的普及推广，全社会对环保运动的推动，提高了购房者在环保方面的素质。三是购房者的个人绿色消费经验的积累，从中感受到绿色消费对自身社会的好处。比如一个购房者开始尝试了绿色建筑，出现了好的效果会产生强化作用，增强他们对绿色建筑的好感和信心，然后也许会扩大绿色消费的范围，如购买节能家电、绿色家具等，或向他人推荐绿色建筑。

当然，除了以上主要因素外，购房者对于更高生活品质的追求、个人性格等因素也是影响其绿色消费的因素。

消费者对于自己目前所生活的住宅是否经过绿色认证，19% 表示没有经过认证，另有 62% "不清楚"。说明目前市场上，经过认证的住宅产品依然是少数。绿色建筑虽然在概念上还未能为广大消费者所全面认识，但是价值含量已经深入人心（可以承担一定的价格增幅），受绿色建筑概念深、成本高等的影响，推广过程中还将受到阻力，然而我们相信只要大家共同努力，普及绿色建筑知识，合理控制成本，经过认证的绿色建筑会成为市场上最受欢迎的住宅产品。

10.3　当前绿色建筑消费的特征与趋势

10.3.1　正外部性市场失灵

绿色地产的消费正外部性是指消费者（个人或组织）消费绿色建筑时对环境造成了有利影响，但这种有利影响并不能为消费者私人所得，或者说消费绿色建筑的私人利益小于社会利益（包括私人利益），二者的差额就是消费绿色建筑带来的净社会效益，即正外部效应。这种正外部性的存在使得市场不能实现绿色建筑社会最优的消费 / 生产量，扭曲了市场机制，降低了资源配置效率，最终导致社会福利损失。

从调研结果可知，消费者最关心的环保性能是舒适度（41%），环保材料（35%），和良好的室内环境（26%），绿化、交通等方面。普通的大众消费者已经具备了一定的环保意识，但仍需进一步提高。环保意识的进一步提高可以通过改变微观经济主体的主观效用评价，从而改变其决策行为，削减绿色建筑市场中的正外部效应，校正市场机制，优化社会资源配置，增进社会福利。

随着房地产调控政策日趋严格，尤其是受限价政策的影响，为保住利润减少亏损，不少开发商对原方案进行减配，或精装变毛坯，或对设计进行变更。在绿色建筑方面也有承诺的新风不到位、设计的节水马桶变成普通马桶等情况。在本次调研中有 19% 的房企代表表示亲身经历过因绿色建筑质量问题或绿色建筑标识与实际项目不符而引发消费者维权的事例（图 10-1）。

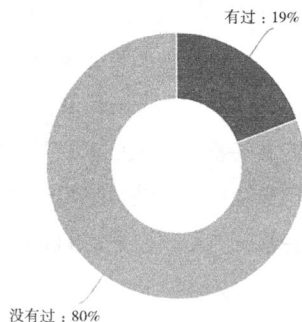

图 10-1　是否亲身经历过因绿色建筑质量问题或绿色建筑标识与实际项目不符而引发消费者维权的事件

2006 版《绿色建筑评价标准》GB/T 50378—2006 和 2014 版《绿色建筑评价标准》GB/T 50378—2014 的"四节一环保"（节能、节地、节水、节材和环境保护）就更多地考虑建筑本身的绿色性能，而人的居住感受在技术要求中仅有较少的体现。因此最初的一些绿色建筑成了众多绿色技术的叠加体，居住在其中的人却并不感觉舒适，这也是绿色建筑前期推广中市场认可度低的主要原因。

近 10 年来我们开始对这种"见物不见人"的绿色建筑理念进行反思，绿色建筑的关注点逐渐从"房子"回归到"人"。2019 年新修订的《绿色建筑评价标准》GB/T 50378—2019 将安全耐久、健康舒适、环境宜居等指标纳入其中，从物的指标变成人的指标，体现了国内绿色建筑发展思路的转变。

2020 年肆虐全球的新冠肺炎疫情提醒我们更应从"以人为本"的角度去反思住房问题，今后人们会更看重住宅产品的健康和安全属性，绿色建筑的概念得到重塑和完善。

10.3.2　绿色消费观念逐步增强

据中国房地产报绿色地产研究中心实地调研，有 81% 的消费者表示，会优先考虑购买经过绿色认证的楼盘，并有 67% 的消费者认可经过绿色认证的楼盘在价格上高于同类同地段楼盘 1%~3%。随着经济的发展，人们的生活消费水平得到不断的提高，消费需求由低层次向高层次递进，由简单稳定向复杂多样转化。而生活水平的提高，又使人们的健康意识大大增加，因此导致人们的消费观念发生重要的转型。具体表现为：人们在购买物品时，更注重物品是否符合自己的主观需求和偏好，在消费物品时，更考虑该产品在生产与使用过程中是否破坏生态，是否污染环境。人们对生态环境的质量要求不断提高，往符合生态环境保护、有利于生态环境的方向发展。

但也需要看到，本次调研中对于绿色建筑发展的动力判断上，调查结果显示消费者认为促进绿色建筑发展的基本动力是外部因素，与自己关系不大。另外，大多数受访者都认可国家政策会推动绿色建筑的发展，其次是开发商、设计院和产品供应商能够通过绿色建筑获取更多的利润，从而推动绿色建筑的发展，而消费者对好房子的需求和全球变暖危机，基本上不重要。这说明我国的绿色地产的消费文化，甚至是普通民众的绿色意识还有待继续培育。

10.3.3　高知群体依然是绿色地产的主要消费群体

受访开发商在对绿色建筑潜在消费者的排序中，排前四位的分别是"高端客户""改善性需求""知识分子"，以及"外资客户"。可以认为这四类客户，也正是目前绿色建筑的主要消费群体。有32%的受访开发商认为其客户认可经过绿色认证的楼盘在价格上高于同类同地段楼盘的1%~3%。

10.3.4　保障房是绿色建筑的最佳实践方向

所谓保障性住房，是指政府向低收入住房困难家庭提供的、限定户型面积和销售价格或租金标准的、具有"造价不高品质高，占地不多环境美，面积不大功能全"保障性质的政策性住房，具体包括经济适用房、廉租住房等。近年来，加快保障性住房建设是中央和地方政府为解决城市中低收入家庭住房困难问题而实施的一项重要举措，是平抑商品房房价上涨过快的重要战略，也是长远调控房价的重要组成部分。

保障性住房对改善城市低收入居民的居住条件，加快建设保障性安居工程，对于改善民生、促进社会和谐稳定具有重要意义。加快建设保障性安居工程，可以对相关产业具有很强的带动效应。加快建设保障性安居工程，还为今后扩大消费创造了有利条件。同时，建筑作为中国三大耗能产业之一，节能减排任务重大，绿色建筑成为建筑业的大趋势。当保障房都成为绿色时，我国也就在节能减排目标实现的路上迈出了一大步。

保障性住房是政府推广绿色建筑设计的最佳平台,"十三五"规划期间各地强制推广绿色建筑,已将保障房作为最基本的绿色建筑纳入强制性政策中。作为调控商品房房价的重要举措,保障性住房的建设量虽远不及商品房开发量,但近年来随着政府政策力度的加大,年开发量也逐年递增。如果政府在倡导绿色建筑的同时,作为政府的主导项目,在保障房建设中做到了绿色、节能、环保,不仅作出表率、带动社会投资商的理念更新,而且优先让低收入和住房困难群体享受到了节能技术带来的宜居舒适新感受。在新建保障性住房中推广绿色建筑设计,不仅加快建筑绿色化进程,而且将有效缓解资源消耗的压力。

第11章 咨询篇

11.1 绿色建筑咨询的兴起

绿色建筑咨询服务完全是受益于绿色建筑的发展而产生、兴盛和繁荣的小行业，但其在整个绿色建筑产业链中，却起到了举足轻重的作用。

绿色建筑无论是目标、原则还是具体任务，落地实施都离不开工程设计咨询，这也是我国自 1982 年由国家计委组建中国国际工程咨询公司，正式将工程咨询引入项目立项、实施评价后工程建设领域的标准业务流程。因此，可以说绿色建筑行业发展空间有多大，绿色建筑设计咨询业务的空间就有多大（图 11-1）。

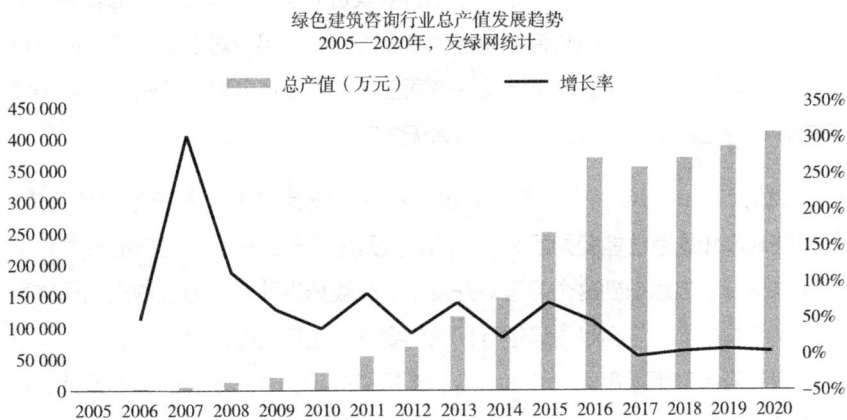

绿色建筑咨询行业总产值发展趋势
2005—2020年，友绿网统计

总产值（万元）　　　　增长率

图 11-1 绿色建筑咨询行业
总产值发展趋势

行业发展得到政策面支持，呈现出巨大的成长空间，吸引企业积极投入。这一因素在两类企业上体现最为突出，一类是创业型公司如雨后春笋，另一类是建筑节能技术服务企业积极转型。

绿色建筑咨询行业尚未设立门槛，市场准入要求低。与工程设计不同，绿色建筑咨询行业至今未能建立统一的人员资质、单位资质管理体系，易于进入。

市场需求暴增，各地在深化落实《绿色建筑行动方案》时，惯性的制订绿色建筑发展高标准、大体量规划，导致绿色建筑设计咨询市场需求上升。部分地区甚至出现了官办第三方咨询机构。

绿色建筑理念、知识的普及程度低，大部分开发企业的管理人员对绿标的理解仅仅是星级的差异，缺乏运行使用的长远眼光，更谈不上对咨询机构优劣的甄选，只要咨询合同中保障能够拿到星级，并不在乎由谁来做。客观上形成了劣币驱逐良币的现象。

11.2 绿色建筑咨询的价值

11.2.1 整合设计提高管理效率

整合设计（Integrated Design）是绿色建筑咨询的核心价值之一，可以提升整个项目团队的工作效率并提升项目最终的环境性能。

绿色建筑的实现需要建筑业几乎全部专业的参与：业主、城乡规划、建筑学、风景园林、土木工程、建筑环境与能源应用、给排水科学与工程、建筑电气与智能化（照明、控制、配电）、总包以及各分包（如装修、机电安装等）、物业等。如果没有一个团队将上述各个专业整合在一起，对设定的各项绿色建筑指标进行协调，对绿色建筑涉及的各项工作任务进行分配、监督和资料的收集整理，业主所设定的绿色建筑目标将无法实现。

我们在之前的预测中，曾提到过在不同的设计阶段介入实施绿色建筑，其增量成本和绿色性能差异巨大。在具体实践中，已经有越来越多的开发企业和建筑设计单位意识到这个问题。开发企业在委托设计时，即会提出项目需要达到星级设计标识甚至是星级运行标识的要求，这迫使建筑设计企业在方案设计阶段就开始着手绿色建筑技术措施的选择和应用，并在随后的规划设计、扩初设计，以及施工图设计中，不断调整、细化这些绿色建筑技术措施，使项目设计始终向着甲方的要求靠近（图 11-2）。

绿色建筑咨询团队作为独立的第三方，团队中的绿色建筑和健康建筑标准专家就可以为项目：

1. 设定适当的认证目标，如 LEED 的金级或铂金级，国标的三星级或二星级；

2. 通过绿色建筑评级工具对项目实施进程进行高效的管控；

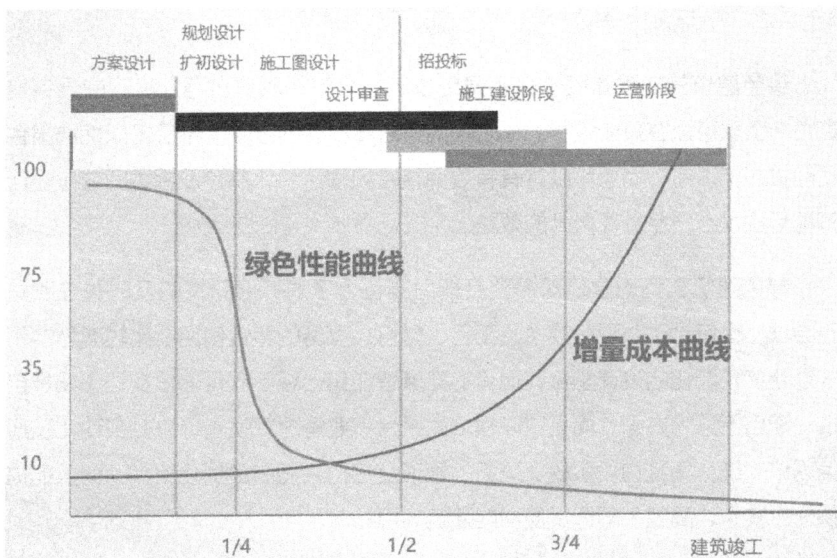

图 11-2　项目实施各阶段绿色建筑性能与增量成本的关系

3. 向设计和施工团队清晰地描述和传达绿色建筑的各项技术指标要求;

4. 通过合理的技术组合节约初投资。

对绿色建筑设计咨询基本原则之一 ——"被动式建筑技术优先采用、主动式建筑技术优化采用"的应用,设计无疑具有实施的先天优势,而设计能力的高低,则直接决定着一个绿色建筑项目后期实施的增量成本和市场表现。

11.2.2　确保合规减少违规风险

绿色建筑咨询团队需要深入研究各个绿色建筑评价标准,对各项强制性指标和推荐性指标了如指掌,能够帮助项目减少违规风险。

对绿色建筑标准的理解和应用能力体现在绿色建筑项目方案设计、施工图深化和标识评价阶段,尤其是在标识评价阶段,标准应用能力能够有效整合申报材料,提高评审通过率。

11.2.3　模拟优化提高运行效率

绿色建筑咨询团队通过对建筑物早期的环境与能源性能优化,对场地规划、建筑设计和材料使用(如保温隔热材料、高性能门窗幕墙等)提出建设性建议,减少不必要的投入。能够确保项目团队在最低的预算下达到绿色建筑标准最低的要求,或者,以最经济的技术路径实现预定的绿色建筑等级。

11.2.4 产品和材料筛选

绿色建筑的实现有赖于各类绿色建筑技术和产品的应用，称职的绿色建筑咨询团队可以有效避免绿色建筑沦为材料和设备的堆砌，不仅可以优选出合规的材料和设备，而且可以将其有效地整合到项目中，充分发挥协同效应，让每种新技术新产品发挥最大的效益。

绿色建筑咨询对建筑部品整合能力既包含了对"四新"的及时关注和勇于尝试，也包含了对现有技术、工艺、材料、设备的整合使用。比较典型的例子是建筑智能化的设计整合，现有的建筑智能化已经不仅仅停留在楼宇设备自控、通信覆盖等方面，而是"以建筑为平台，兼备建筑设备、办公自动化及通信网络系统，集结构、系统、服务、管理及它们之间的最优化组合，向人们提供一个安全、高效、舒适、便利的建筑环境"。

11.3　绿色建筑咨询发展状况

11.3.1　行业现状

通过对全国范围内绿色建筑项目信息的收集、整理，我们统计出目前活跃的设计咨询机构有 188 家，分布具有明显的地域性，主要集中在 15 个省、市、地区。

在选择研究对象时，我们仔细甄别了综合性设计公司，和以绿色认证为主业的顾问咨询公司。本研究发现综合的设计公司目前已经成为绿色建筑评估咨询的主流，占了公司数量的 81% 以上，以绿色建筑评估咨询为单一业务的公司仅有 15 家，但这 15 家企业申报的绿色建筑数量占了 60% 以上。我们相信随着综合设计公司对节能业务的重视程度增加，以绿色建筑评估咨询为单一业务的公司所占的市场份额将越来越小。

可以看到科研院所类别的"绿色建筑研究中心"占到了统计样本的 48%，其次是企业类别的占到了 36%，最后行业协会和行业联盟占到了 16%。与前几年第三方咨询公司占据绝对优势相比，我们或可认为，绿色建筑已经基本迈过了概念普及阶段，无论是开发商、业主、设计人员还是监理、建造、运营人员，都或多或少地开始认真探究、实践绿色建筑的各项内容，因此，直接依赖建筑类的科研院所成为最便捷高效的一种选择。

11.3.2　业务模式

与建筑设计行业的悠久历史和深厚底蕴不同，绿色建筑设计咨询行业很年轻，从我国绿色建筑评价标准发布实施至今，也不过短短十余年。在这十余年的发展历程中，绿色建筑设计咨询经历了从第三方咨询企业独立潮头到传统建筑设计企业后来居上的巨大变化，从独立的第三方技术顾问到融入常规设计的各个专业，至今余波未平。

总的说来，绿色建筑设计咨询的业务模式有"第三方咨询""设计 + 咨询""开发 + 咨询"等五种业务模式。

1. 第三方咨询

由于从业的门槛相对勘察设计机构要低很多，因此，第三方咨询机构的数量随着绿色建筑各项工作的深入推进继续增长，这种势头一直延续到 2015 年。近几年随着绿色建筑发展进入平台期，绿色建筑咨询公司之间的竞争加剧，第三方咨询公司的生存环境出现了两极分化的趋势，优秀的企业在向更深入的绿色服务转型，比如 EPC，而部分来不及建立自己的核心竞争力的企业，则在市场的大潮中日渐失去了竞争力。

"第三方咨询"在绿色建筑发展的前 8 年（2006—2013 年）对绿色建筑各项工作的推动功不可没，在项目的实施过程中，咨询公司意外地扮演了宣传者、教育者的角色，切实地推动了绿色建筑的普及。很多咨询公司完成的咨询项目都是项目所在地区的第一个，面对甲方、设计方、使用方，以及建设主管部门对绿色建筑闻所未闻或一知半解，多数第三方咨询公司在拿下咨询合同前，都需要进行科普式的方案介绍，在合同签订后项目设计、施工过程中，又需要将各类绿色建筑评价标准的要求，转述为设计方、施工方、设备采购人员能够理解和执行的内容，客观上推广和宣传了绿色建筑理念、方法，培训了相关人员掌握和理解绿色建筑的理念。

2. 设计 + 咨询

在 2013 年国家和地方纷纷发布《绿色建筑行动方案》后，绿色建筑一星级在很多地方成为强制推广内容，且多数地区借鉴建筑节能审查的做法，采取了将绿色建筑一星级设计内容纳入施工图审查。此举等于强制设计单位认真面对绿色建筑设计要求，学习并贯彻绿色建筑设计理念。

做法虽然有些简单粗暴，但切实地改善了设计单位参与绿色建筑设计咨询的态度和数量，并使大部分设计单位因此获益。接受调研的 133 家设计机构中,除行业所限(电子工业)和管理层主动不参与外,67% 的设计机构绿色建筑相关业务数量有所增加。随着绿色建筑各项工作的深入推进,这种模式在将来无论是在参与企业数量还是在承担咨询项目数量上都会继续提升,并在传统建筑设计行业引发新的学习、追赶、淘汰的行业成长潮。

在大形势的影响下,传统设计强院在试探性地进行设计 + 咨询的整合后,发现设计成果与未整合前的作品相比,更能吸引甲方或投资者的关注,在大型项目的招标投标中,往往可以凭借这一细微差别领先竞争对手而中标。项目收费有所提升而成本费用并未增加太多,这使得企业经营者认可并强化了这种内生发展模式,部分企业为强调新模式的重要性,甚至成立了独立部门——绿色建筑研究中心,配合企业提升整体设计水平的需求。到 2020 年,加入这个队伍的传统设计机构数量大大增加。

在甲方需求和市场竞争的双重刺激下,可以预见的是,随着绿色建筑设计咨询知识的普及,将会有越来越多的设计机构采用这种模式,涉足绿色建筑设计,建筑方案绿色化会成为一种常态。

3. 设备 + 咨询

"设备 + 咨询"的模式在诞生之初就有所侧重,与"第三方咨询"不同的是,其不刻意追求项目数量,而在乎提供的绿色建筑设计咨询服务能否配合公司销售人员完成设备销售。

绿色建筑对建筑的设计、使用提出了全新的要求,在建材、设备的选用和应用中,现阶段对智能化的要求比较突出,无论是从节能角度出发的楼宇管理,还是从运营角度出发的使用优化,都给智能化设备供应商提供了一个绝佳的参与机会。

在绿色建筑推行之初,设备供应商在维护好与传统设计机构良好的合作关系基础上,谋求与项目量大面广的第三方咨询机构合作,在其咨询方案中推荐使用自己的产品。但第三方咨询机构在招标投标中并没有很大的发言权,且设备供应商与第三方咨询机构合作产生的费用必然会体现在产品价格上,因此,这样合作成功的案例非常少。在尝试失败后,一些实力比较雄厚的智能化设备供应商开始着手自建第三方咨询团队,在向客户推销产品的同时,额外提供增值服务。已有的比较有影响力的企业有:江森自控、施耐德电气。

4. 开发 + 咨询

绿色建筑的出现和发展为地产开发企业中一些勇于尝试的小型企业提供

了弯道超车的机会。从 2008 年开始，坚持做节能建筑、科技建筑的地产企业，如果能够坚持到今天，基本都成了行业内独树一帜的品牌，小型者如朗诗、当代，大型者如万科、绿地。在十多年的摸索中，多数这样的企业都形成自己的一套建筑科技管理体系，成立了技术研发中心。在成就自己的同时，一些有想法的企业，甚至提出并开始实践"开发 + 咨询"的模式，即将自己的科技体系对外有偿输出，与缺乏技术实力的地产开发公司达成合作，帮助对方提升开发能力实施绿色建筑。

这种模式的典型实践者是朗诗地产，早在 2008 年，朗诗集团即在上海注册成立了朗绿科技，设立之初，科技公司主要协助集团聘用的第三方顾问完成企业内部项目的设计、咨询工作，同时组建和培养自己的设计、咨询团队。

目前，朗绿科技旗下已有 100 多位资深专家，涵盖健康科技、环境科技、能源科技、智能化等 12 大专业领域，拥有专利 350 项（其中发明专利 67 项），为 45 个城市的 139 个项目提供绿色科技解决方案，覆盖居住、办公、酒店、康养、商业、教育等多种业态，服务 1 500 万 m^2 绿色科技系统安全、稳定、高效运行 12 万小时。

5. 运营 + 咨询

"运营 + 咨询"的模式以物业管理和房地产顾问公司为代表。这些公司本身就为业主提供物业管理服务和设施管理，内容包括空调设备、机电设备、排水排污、保安保洁、客户入住及出入、紧急情况处理（如地震）。

因运营托管的价值还没有被普遍认可，现阶段的"运营 + 咨询"多数是长期租赁后的改造。

6. 创新业务

除了传统的绿色建筑标识认证咨询以外，近几年也衍生出一些新的服务模式和服务内容，为绿色建筑咨询行业带来新的发展空间，包括：

（1）生态城区及海绵城市规划咨询。
（2）WELL 标准及健康住宅咨询。
（3）绿色建筑检验测评。
（4）生态城区及绿色建筑数值模拟分析。
（5）建筑设备系统调试。

（6）可持续总体规划：生态城或生态镇方案设计、总体布局规划、绿色社区设计。

（7）区域能源：区域制冷供暖机房设计、区域冷热点三联供。

（8）可持续高层建筑：建筑围护结构优化、可持续机电、能效系统设计、混合通风。

（9）绿色建筑和零碳设计：能源阶梯利用和能源策略、室内和微环境研究、可再生系统设计。

（10）能源管理和碳审计：碳审计、能效检验和审计。

（11）规范、规章和战略规划：可持续建筑设计指导方针和规章、本地绿色建筑认证方案深化、在线基准测量工具开发。

11.3.3 服务价格

绿色建筑设计咨询从业企业的增加，导致市场竞争进一步加剧。部分设计机构将免费对其所设计的项目提供绿色建筑咨询作为投标的竞争优势，因此，在设计 + 咨询的模式下，实施绿色建筑对设计费和咨询费的影响难以估计，但就纯咨询机构而言，缺乏行业准入门槛，致使部分实力差或有特殊交换关系的咨询机构以极低的咨询服务价格参与绿色建筑咨询投标的竞争，有些项目的咨询服务费甚至跌破了 10 万元。

与绿色建筑项目咨询服务费屡创新低截然不同的是，绿色建筑设计咨询工程师的人力成本费用却在节节攀升，拥有一年以上绿色建筑设计咨询经验，或参与、管理、申报过绿色建筑标识的工程师年薪可达 15 万元以上。这无疑导致部分仍处于成长期的绿色建筑设计咨询机构增加了企业运营成本（图 11-3）。

绿色建筑已经越来越成为常态化设计内容，传统的建筑设计咨询企业已不仅仅满足于成立一个绿色建筑研究中心作为业务点缀，而是将绿色建筑纳入到方案竞标中，纳入到工程总承包服务中，即便再低的成本竞争，也抵不过免费的增值服务。

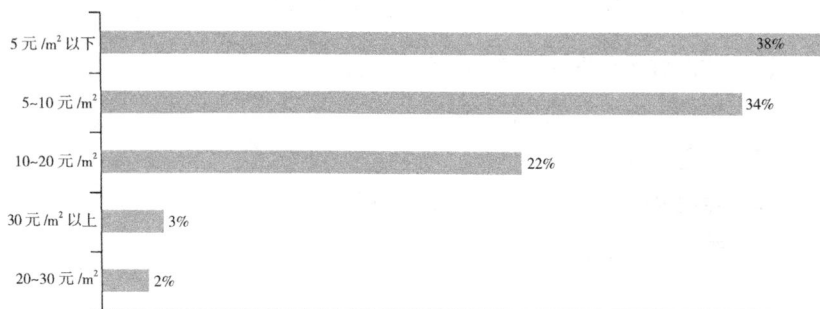

图 11-3　当前绿色建筑咨询业务的平均价格区间
注：假定项目面积 2 万 m²，办公建筑。

11.3.4 产业规模

近几年，密集的绿色建筑政策、规定、标准的发布，使身在其中的相关从业人员越来越确定——作为建筑业的发展方向，作为节能减排、保护环境在建筑业的具体体现，绿色建筑已然形成不可逆转的潮流，其内涵和品质随着整体工作的推进不断提升，评价的对象也从开始的住宅、办公、酒店、商场向所有民用建筑类型拓展。

总体来说，受益于政策层面对推行绿色建筑的肯定和支持，绿色建筑行业、绿色建筑设计咨询行业仍处于高速增长的发展阶段，行业内相关企业的经营状况良好，相关从业人员薪资、待遇水平稳中有升。

据统计，2012 年，中国的绿色建筑咨询业务（含生态规划）产值已达到10 亿元左右。2016 年绿色建筑咨询行业的平均增速为 25.1%，依然保持着高速增长的态势，行业总产值约为 40 亿元人民币。2020 年绿色建筑咨询行业的产值已达到 60 亿元人民币（图 11-4）。

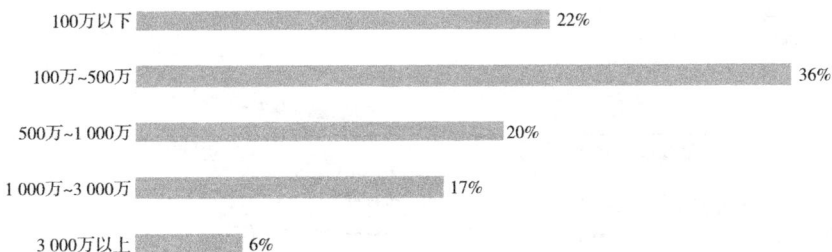

区间	百分比
100万以下	22%
100万~500万	36%
500万~1 000万	20%
1 000万~3 000万	17%
3 000万以上	6%

图 11-4 绿色建筑咨询业务年营业额所在区间

11.3.5 业务来源

业主直接委托是绿色建筑咨询业务的主要来源（图 11-5），占比高达82% 以及上，其次是招标投标（55%）、设计院转包（47%）、朋友介绍（23%），以及其他咨询公司转包（5%）。

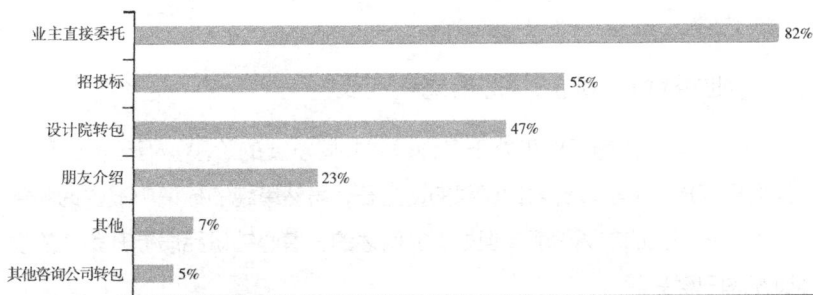

来源	百分比
业主直接委托	82%
招投标	55%
设计院转包	47%
朋友介绍	23%
其他	7%
其他咨询公司转包	5%

图 11-5 绿色建筑咨询项目的主要来源

11.4 绿色建筑咨询发展趋势

11.4.1 行业发展空间依然巨大

2013 年以来，绿色建筑设计咨询行业市场规模和参与企业数量一直保持着高速的增长态势，但与行业的发展潜力相比，目前无论是从业企业的数量还是其业绩状况，都还有较大的增长潜力。随着政策的不断出台和落地，绿色建筑的市场将会进一步扩大，现有绿色建筑咨询企业必然不能完全满足市场快速增长的需求，将会有越来越多的"设计＋咨询＋施工＋设备＋检测／监测"为特征的工程总承包性质的咨询企业诞生，市场竞争自然也会进一步加剧（图 11-6）。

在图 11-7 中，包含了同一个设计咨询单位多次申报绿色建筑项目的情况。

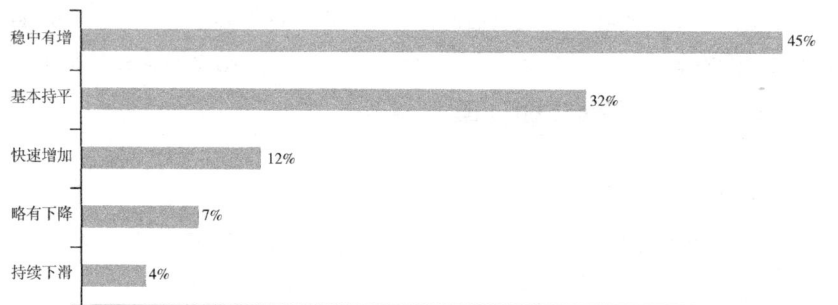

图 11-6 近 3 年（2017—2019 年）绿色建筑（含健康建筑）咨询业务营业额增长趋势

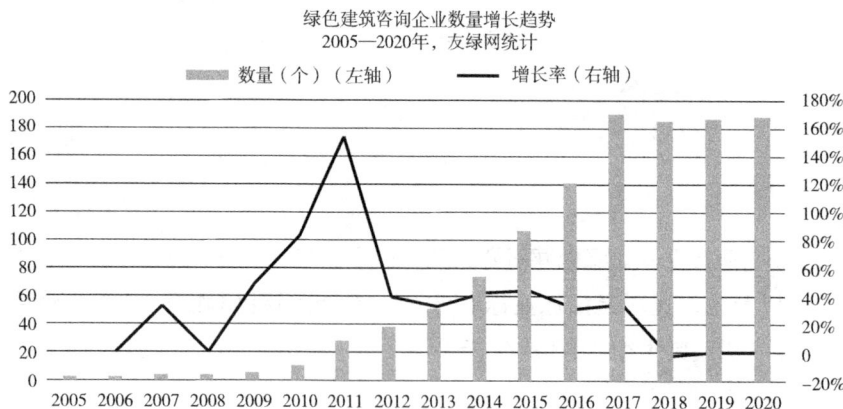

图 11-7 申报绿色建筑项目的设计咨询企业数量年度变化情况

11.4.2 业务附加值增加，服务周期变长

绿色建筑设计咨询行业仍处于多种模式共同发展的阶段，但无论哪种模式，品质已经成为检验设计咨询成果的试金石，虽然单纯的标识申报咨询服务依然占据了相当大的市场份额，但如上文所述的，潜心钻研品质提升路径的设计咨询机构已然兴起。

绿色建筑实施重点和评价节点的变化，以及标准体系的迅速丰富，势必会给绿色建筑设计咨询行业带来影响，就当下的发展形势来看，实施重点和评价节点的变化，会拖长设计咨询的服务期限，提高设计咨询的服务深度和难度，对于一些主打"认证"服务，低价格、高周转的设计咨询企业来说，生存的压力将在竞争已经趋于白热化的情况下进一步加大。标准体系的丰富，对从业人员技术能力在深度和广度上提出了更高的要求，从而对设计咨询单位人力资源结构提出更新和补充要求。这些同样会加剧业务内容单一、人力资源结构简单的咨询企业的生存压力。因此，危机意识较强的咨询企业，早在标准修订之前、标准化改革初期，便已开始探索丰富业务内容、提升服务价值、抵御行业升级带来的冲击。

11.4.3　房企更信任独立第三方咨询顾问公司

在绿色建筑咨询服务市场中，独立第三方咨询公司有更高的市场商务灵活度，同时能够有效串联整个产业服务；他们既可以是设计咨询，也可以是绿色产品部品的供应商，甚至可以延展到相关系统的专项施工运营，具有很强的生命力和发展潜力。根据调研结果，63%的房企倾向于选择独立第三方咨询公司作为绿色建筑顾问（图11-8）。

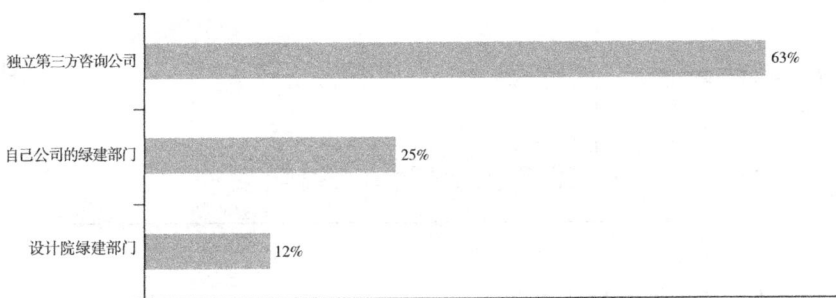

图11-8　房企倾向于选择哪一类绿色建筑咨询顾问公司

从目前绿建咨询机构的生存状况来看，依附于大机构的团队普遍缺乏市场竞争力，调研中，仅有13%的房企代表会选择设计院的绿建部门！这并非技术实力不强，相反，这些机构技术实力并不弱，但各种经济成本高、内部沟通成本高、时间周期长，致其市场竞争力受损。这也是独立第三方咨询公司受欢迎的根本原因。

虽然一些大型设计院都设置了绿色建筑研究中心，从方案设计或施工图设计阶段就开始接手绿色建筑专项设计咨询，并提供从设计到运维的全过程增值服务，但大客户（房地产企业）貌似并不是很认可这样的做法。少得可怜的咨询费往往也会被并入设计费中大打折扣，甚至直接抹掉，到头来，反而增加了设计院的工作量，却没有增加产出。设计院附属绿建研究中心或绿建咨询团队不仅在整个团队处于配合地位，利益分配也处于从属地位，比较缺乏价值感，工作积极性有待提高。

由于直接接触到设计院设计师群体，绿色建筑软件公司的销售人员能够第一时间获得各类绿色建筑评估咨询项目信息。由此，不少软件公司将业务直接延伸到绿色建筑的评估咨询市场，与自己的软件客户争夺咨询客户。从本次调研的结论看，有40%的受访者（全产业链）并不赞成绿色建筑软件公司开展咨询业务。

不少受访者在后台留言表示，谁能放心软件公司不会通过后门程序将自己正在操作的项目信息发给软件公司的销售人员，进而泄露项目信息，给自己公司造成不必要的竞争局面。即便不存在后门程序，软件公司的销售人员往往会以所谓的软件优势以更低的价格参与市场竞争，让购买软件的设计院和咨询公司失去竞争优势，结果绿色建筑软件非但没有增加他们的竞争力，反而削弱了他们的竞争力（图11-9）。

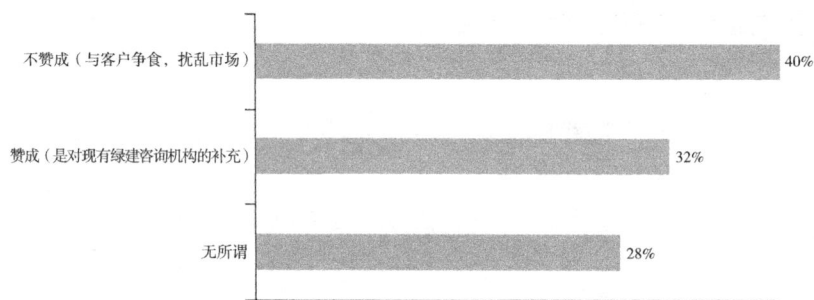

图11-9　是否赞同绿建软件公司从事咨询业务

11.4.4　行业自律与政府监管

行业的健康、有序发展离不开合理的规章制度：一方面，行业协会要主动承担起自我约束、自我改善、自我发展的责任和义务，为业内企业搭建良好的沟通、交流、学习、竞争平台。另一方面，政府应在这新一轮的行业变革中，既给市场充分的自由竞争，出台适当的发展引导政策，同时也要打击恶意竞争、以次充好，严控评审、财政激励项目的质量，避免劣币驱逐良币现象的出现。

绿色建筑实施推广工作突飞猛进的发展，给绿色建筑设计咨询行业带来了前所未有的发展良机，相关设计咨询企业的数量连年增长，增速水平不亚于绿色建筑项目数量的增长。在缺乏基本约束的情况下，规模、技术能力相差悬殊的企业同台竞技，虽然给绿色建筑项目单位提供了多种多样的选择，但同时，恶意竞争，粗劣低价等不良现象也充斥市场。因此，对绿色建筑设计咨询服务设立准入门槛的呼声成为现阶段行业内最显著的期望。

与传统勘察设计单位成立不同，绿色建筑设计咨询目前无资质要求、无人员构成要求、无人员技术能力资格要求，在三无情况下，两三个人成立的皮包公司也敢参与市场竞争，招揽项目，可以想象，即使他们能够完成绿色建筑设计咨询方案，该方案的质量也不会高到哪里。事实上，从绿色建筑标识评价角度看，虽然绿色建筑数量增速喜人，但绿色建筑设计咨询方案的质量并没有同比例提高，大量虚假、低劣的设计咨询方案仍普遍存在。按照经济学理论，在市场经济中，市场会发挥自我调节机制，优胜劣汰，汰弱留强，逐步净化市场环境。但这种功能发生需要一个良好的前提，那就是要赏罚分明、奖惩有度，很显然，在全国层面，目前我们对绿色建筑设计咨询的监督是缺位的，这不仅会导致上述功能无法正常运行，甚至会变相鼓励劣币驱逐良币，进一步恶化市场环境。

本届政府有意破除各行各业的垄断现象，避免过多的行政干预，因此，指定或官办绿色建筑设计咨询机构的现象几乎不存在，一般采取遴选或推荐技术支撑单位供绿色建筑实施单位优先选用。但这并没有从根本上解决上述竞争无序的问题，行业仍期望能够尽快建立准入机制，引导竞争有序进行。

2012 年，财政部和住建部联合发布《关于加快推动我国绿色建筑发展的实施意见》（财建〔2012〕167 号），绿色建筑的财政激励和补贴彻底激发了各方参与实施绿色建筑的热情。然后，2014 年至今，除重庆地区基于绿色生态住宅小区的税收减免确有执行，以及部分省区的补贴确实有落地之外，大多数单位并未获得文件规定的财政补贴或其他奖励，参与各方的态度渐渐地从积极到观望，春江水暖鸭先知，感受到这种细微变化的自然非绿色建筑设计咨询机构莫属。在过去几年，财政补贴和奖励一直是他们动员相关单位实施绿色建筑最有说服力的说辞，然而 2014 年至今，除重庆地区基于绿色生态住宅小区的税收减免确有执行，以及部分地区的补贴确实有落地之外，大多数单位并未获得文件规定的财政补贴或其他奖励，参与各方的态度渐渐地从积极到观望。

虽然绿色建筑的数量还在增长，但增速已经开始下滑了，本研究统计的绿色建筑数量并不包含强制执行的一星级绿色建筑项目（因此类项目仅通过施工图审查，未经评审，无绿色建筑设计或运行标识，且不在财政补贴和奖励的范围）。部分地方，如北京、山东，在中央财政资金迟迟不能到位的情况下，自拨经费先打折发放一部分，但显然这种方式无论是覆盖范围还是持久性，也是都打了折扣的。因此，无论项目所在地是否有地方财政补贴发放，行业都期望国家层面的政策能够尽快落实。

11.4.5 从设计到运维，绿色建筑全过程服务的兴起

工程总承包是国际通行的建设项目组织实施方式，指从事工程总承包的企业按照与建设单位签订的合同，对工程项目的设计、采购、施工等实行全过程的承包，并对工程的质量、安全、工期和造价等全面负责的承包方式。工程总承包一般采用设计—采购—施工总承包或者设计—施工总承包模式。其中设计采购施工总承包是指工程总承包企业按照合同约定，承担工程项目的设计、采购、施工、试运行服务等工作，并对承包工程的质量、安全、工期、造价全面负责。

2016年5月，住房和城乡建设部发布《关于进一步推进工程总承包发展的若干意见》（建市〔2016〕93号），为深化建设项目组织实施方式改革，提升工程建设质量和效益，提出大力推进工程总承包、完善工程总承包管理制度、提升企业工程总承包能力和水平、加强推进工程总承包发展的组织和实施。

事实上，企业的探索实践远远早于文件的发布，但直到文件发布后，工程总承包也仍未成为现在工程建设的主流。究其原因，还是设计、施工、运行三者的企业类型迥异，设计行业以专业技术人员为人才，长期以来以画图出图审图为主营业务；施工行业以工程管理和施工水平为经营核心，企业内的任何一个人都是人才，都发挥着重要作用；而运营管理行业，专业而经验丰富的技术人员非常稀缺，运行调试过程烦琐而耗时，属于近年来的新兴行业。因此，在前几年设计行业尝试工程总承包大部分失败后，近几年施工或工程管理行业尝试工程总承包的趋势渐明。

作为建筑性能的整体提升，绿色建筑无论从定义还是设计至运行的评价，都贯穿了项目的建设期。从设计目标的落实效果上来讲，工程总承包模式下开展绿色建筑，具备先天的优势，不仅能严格执行设计企业提供的设计方案，更可以在施工过程出现设计变更时及时评估变更对绿色建筑性能目标的影响，从而采取改进措施，保障目标偏离程度最小化。

自绿色建筑标识评价工作启动以来，运行标识项目数量占比偏低的现象一直没有发生趋势性的转变，这里面有很多原因，诸如绿色建筑实施难度大，不仅是设计机构参与积极性不高，大部分的施工企业参与热情也很低；绿色建筑

设计标识相对容易，仅对设计内容进行评价，对于施工和运行缺乏有力的、必要的监管措施；受项目建设周期的影响，设计标识易于实现，而运行标识因为时间跨度大，中间环节多、参与主体多、涉及的内容广，难以全程控制，导致设计时达标而到运行时出现降星的现象；住房和城乡建设部和各省市级建设主管部门将绿色建筑面积目标层层分解，在考核压力下，基层建设主管部门对设计标识多而运行标识少的现象倾向于默认（当然也确实缺乏改变现状的抓手），想改变而有心无力。

综合来看，以上原因可以分为三类即：标准问题、实施问题、管理问题。对于标准问题，正在修订的绿色建筑评价标准将取消设计标识评价，代之以预评价，修订后的标准更关注项目的实际运行效果；对于管理问题，在坚持市场化、深化"放管服"的大环境下，建设主管部门也不能直接要求开发企业必须做到运行标识，部分地区建设主管部门采取在土地出让时将实施绿建作为出让条件之一，以合同形式锁定项目实施效果，或将财政奖励从取得设计标识后置到取得运行标识。这些措施既符合现在的营商环境要求，又能切实提高绿色建筑项目做到运行标识的动力。

《绿色建筑评价标准》GB/T 50378—2019 是推荐性标准，即使在部分区域是强制实施的，但就整体来看，依然改变不了评价标准弱势的地位。因此，解决了标准问题和管理问题，并不能从根本上解决设计标识多而运行标识少的问题，要解决这一问题，除了在管理上继续升级管理手段外，打通实施过程中各阶段的脱节现象，才是彻底解决问题的有效途径。涵盖了设计—采购—施工—试运行的设计总承包模式，是目前可操作的最优解。

未来的建筑业发展模式，有两条主线，一条是工程总承包，一条是全过程工程咨询，这也是国际上主流大型工程公司大多采用的核心业务模式。今后，大多数建设业主只需选择两家企业，一家承接工程总承包业务，另一家承接全过程工程咨询业务，便可以高效完成工程建设。这样的模式可以有效解决传统模式投资失控造成"三超"工程、进度失控造成"晒太阳"工程、管理失控造成推诿扯皮、计划失控造成变更过多、风险失控造成安全事件等问题。

11.4.6　本地化

自然环境方面，我国幅员辽阔，南北、东西的跨度都比较大，体现在气候方面，全国分成了 5 个热工分区；体现在地理方面，全国各地的地形有平原、丘陵、山地等。这些因素与绿色建筑的设计实施密切相关，总体来看，南方实

施的条件优于北方，比如关于标准对复层绿化的要求，在南方不仅容易做，且
实施效果好。条件的差异对绿色建筑设计咨询的直接影响是设计咨询的难易差
异，如何在条件好的地区做得更出色和如何在条件差的地区做得更经济，将成
为绿色建筑设计咨询机构实力比拼的重要内容。这样的比拼，对设计＋咨询
的机构更有利，因此，从项目实施和申报的角度看，传统意义上的大型建筑设
计机构开始慢慢在绿色建筑设计咨询领域发力。尤其是一些政府重点项目，如
北京地区，几乎被北京市建筑设计院、中国建筑科学研究院建筑设计院等机构
全部承担。

第 12 章　工具篇

绿色建筑的实施需要各类软件工具的支持。从绿色建筑的实施周期，可以将绿色建筑软件工具分为绿色建筑设计软件、运营管理软件和项目管理软件两大类。

运营管理软件通常整合到建筑智能化系统或建筑能源管理系统中，详情可参阅友绿智库《建筑能源管理行业研究报告》，本报告将仅针对各类绿色建筑设计软件进行梳理。

12.1　设计软件

12.1.1　建筑能耗模拟软件

目前在绿色建筑设计咨询领域应用较广的建筑能耗模拟软件有 eQuest、EnergyPlus、DeST、IES VE、TRNSYS、DesignBuilder、OpenStudio、Honeybee 等。

1. eQuest

eQuest 是目前国内建筑工程领域应用最广的建筑全年能耗模拟软件。eQuest 是由美国能源部（U.S. Department of Energy）和电力研究院的资助下，由美国劳伦斯伯克利国家实验室（LBNL）和 J.J. Hirsch 及其联盟（Associates）共同开发的一款建筑能耗模拟分析软件。

eQuest 能够模拟的一些特殊空调系统包括：地源热泵系统、水侧变流量系统、双风机双风管变风量系统（Dual-Fan Dual-Duct VAV systems）、自然通风、自定义设备的性能曲线、热电联产、蓄能系统、光电转换、热回收通风。eQuest 最大的优势在于计算快速、可以对各种不同的方案进行快速的对比分析，适合工程中选择合适的节能技术策略。

2. EnergyPlus

EnergyPlus 是由美国能源部和劳伦斯·伯克利国家实验室共同开发的一

款建筑能耗模拟软件。EnergyPlus 是在软件 BLAST 和 DOE-2 基础上进行开发的，具有 BLAST 和 DOE-2 的优点。EnergyPlus 能够根据建筑围护结构和暖通空调系统计算建筑的冷热负荷。EnergyPlus 还能够输出非常详细的各项数据，如通过窗户的太阳辐射得热等，可以和真实的数据进行验证。

EnergyPlus 是采用 ASCII 文本格式的输入输出方式，对模拟人员的专业要求极高。许多开发团队在 EnergyPlus 的基础上进行了二次开发，提高 EnergyPlus 的易用性和可视化能力，其中比较有名的有 Openstudio、DesignBuilder、Simergy。

EnergyPlus 功能强大开源免费，是国际上使用最为广泛的建筑能耗模拟软件。其既能够用于辅助被动建筑设计、供暖空调负荷计算、空暖空调辅助设计，也能够用于节能评估（LEED 等），但不足之处在于入门较难。

3. DeST

DeST 是集成于 AutoCAD 上的建筑环境及 HVAC（暖通空调）系统模拟的软件平台，该平台以清华大学建筑技术科学系环境与设备研究所十余年的科研成果为理论基础，将现代模拟技术和独特的模拟思想运用到建筑环境的模拟和 HVAC 系统的模拟中去，为建筑环境的相关研究和建筑环境的模拟预测、性能评估提供了方便实用可靠的软件工具，为 HVAC 系统的相关研究和系统的模拟预测、性能优化提供了一流的软件工具。

DeST 软件使用方便，具有简单明了的定义操作界面，计算模型能准确地反映实际情况，后处理及报表生成功能强大。自推出 DeST1.0 版以来，至今发展到 DeST2.0，分别推出 DeST-h（住宅版）、DeST-e（评估版）、DeST-c（商建测试版）。

4. TRNSYS

TRNSYS（Transient System Simulation Program，瞬时系统模拟程序）软件最早是由美国威斯康星大学麦迪逊分校（Wisconsin-Madison）大学太阳能（Solar Energy）实验室（SEL）开发的，并在欧洲一些研究所的共同努力下逐步完善，迄今为止其最新版本为 Ver.17。美国的 Thermal Energy Systems Specialists（TESS）专门开发出针对暖通空调系统的各种模块。

TRNSYS 可以模拟建筑能耗也可以仿真 HVAC 系统。相比于 EnergyPlus,TRNSYS 擅长系统的仿真。例如：对于太阳能供暖系统的模拟，

EnergyPlus 里只有一个平板集热器的模块，而 TRNSYS 则几乎可以模拟所有的太阳能供暖系统。TRNSYS 的另一个优点则是可以调用 Matlab。利用 Matlab 自带的工具箱，可以实现更复杂的系统控制。

5. DesignBuilder

DesignBuilder 是一款针对建筑能耗动态模拟程序 EnergyPlus 开发的综合用户图形界面模拟软件，可对建筑供暖、制冷、照明、通风、采光等进行全能耗模拟分析和经济分析，是一款实现从规划阶段开始便考虑环境的节能型建筑设计软件。Designbuilder 最新版本为 V6。

DesignBuilder 采用了易操作的 OpenGL 固体建模器。由此，在 3D 空间中配置"块"，通过拉伸、剪切可直观地进行建筑物模型的制作。可对建筑部件的厚度、房间的面积及体积进行可视化把握。此外，对模型的几何学的形状和表面形状没有限制。使用数据模板，通过从下拉列表中选择，可以载入一般性建筑结构、建筑物内部的人物活动、HVAC（Heating、Ventilating and Air Conditioning.）及设计照明装置。同样类型的建筑物可反复使用，还能追加到模板。此功能与数据库联动，可对建筑物及其周边的区划追加大型变更，在设计、评价流程的阶段，可进行对各个建筑模型的个别详细设定。

6. OpenStudio

OpenStudio 是由美国能源部可再生能源实验室（National Renewable Energy Laboratory，NREL）领导下开发的集成 EnergyPlus 和 Radiance 的建筑能耗模拟软件，既能进行能耗分析，也可以进行采光分析。OpenStudio 采用 EnergyPlus 作为建筑能耗模拟计算的核心引擎，故也可以将 OpenStudio 视为 EnergyPlus 的一种可视化用户界面。OpenStudio 为开源免费软件。

OpenStudio 使用 SketchUp 建立三维几何模型。最初，OpenStudio 是一款 SketchUp 的插件，用于帮助用户建立 EnergyPlus 模拟的建筑几何模型，现在这个保留下来的版本被称为 Legacy OpenStudio SketchUp Plug-in。而 OpenStudio 被持续地开发，功能类似于 DesignBuilder，可以独立地进行建筑能耗分析。

7. Ladybug

Ladybug 是 Grasshopper（简称 GH）的免费开源建筑环境分析插件，可帮助设计师进行建筑环境设计。设计过程的第一步应该是天气数据分析；对天气数据的全面了解将更有可能引导设计人员做出高性能的设计决策。

Ladybug 可以完成各种气象参数的分析和显示，比如温度、湿度、太阳辐射、风玫瑰图等。同时也能显示焓湿图、太阳轨迹、日照阴影、日照时间等被动式建筑中常用的分析。

Ladybug 在 Grasshopper 中导入标准的 EnergyPlus Weather 文件（.EPW），并提供各种 2D 和 3D 设计友好的交互式图形，以支持设计初始阶段的决策过程。该工具还为设计人员提供了进一步的支持，以测试他们的初始设计选项，以了解辐射和日照时数分析结果的影响。与 Grasshopper 集成可以对设计修改提供几乎即时的反馈，并且在设计环境中运行时，信息和分析是交互式的。

8. Honeybee

Honeybee 将 Grasshopper 的可视化编程环境连接到四个经过验证的仿真引擎（EnergyPlus、Radiance、Daysim、Therm），特别是通过与 OpenStudio、Radiance、Daysim 连接，可实现建筑能耗、热舒适度、采光和照明模拟。

和 Ladybug 相比，Honeybee 功能更加强大。借助于 Radiance 强大的光环境分析核心，可以完全自然采光、眩光、人工照明、太阳辐射、全年动态光环境等各种分析。同时还可以借助 EnergyPlus 这个全球领先的能耗分析核心，完成全年 8 760h 的冷热负荷、动态能耗等计算。目前 Honeybee 支持 14 种常见的空调系统形式，为方案阶段快速评估建筑能耗水平提供了强有力的支持。同时还可以耦合 Radiance 和 EnergyPlus，完成各种窗户控制行为对建筑能耗影响的分析。目前还有更多功能正在完善中，值得我们密切关注。

12.1.2　建筑风环境模拟软件

在绿色建筑设计咨询领域应用较广的建筑风环境模拟软件有 FLUENT、Airpak 等。

1. FLUENT

FLUENT 是由美国 FLUENT 公司于 1983 年推出的 CFD 软件（现已被 Ansys 收购），可解算涉及流体、热传递，以及化学反应等的工程问题。Fluent 软件可用来模拟从不可压缩流体到高度可压缩流体的复杂流动。Fluent

采用了多种求解方法和多重网格加速收敛技术，因而能达到最佳的收敛速度和求解精度。灵活的非结构化网格和基于解的自适应网格技术及成熟的物理模型，使 FLUENT 在转捩（从层流到湍流的过渡）与湍流、传热与相变、化学反应与燃烧、多相流、旋转机械、动 / 变形网格、噪声、材料加工和燃料电池等方面有广泛应用。

在工程应用上，FLUENT 主要可以用在以下几个方面：过程和过程装备应用、油 / 气能量的产生和环境应用、航天和涡轮机械的应用、汽车工业的应用、热交换应用、电子 /HVAC/ 应用、材料处理应用、建筑设计和火灾研究。

相比于其他专业化的 CFD 分析软件，FLUENT 的专业化和功能性最强，其系列软件皆采用 FLUENT 公司自行研发的 Gambit 前处理软件来建立几何形状及生成网格，是具有超强组合建构模型能力的前处理器。另外，TGrid 和 Filters（Translators）是独立于 FLUENT 的前处理器，其中 TGrid 用于从现有的边界网络生成体网络，Fliters 可以转换由其他软件生成的网络从而用于 FLUENT 计算。

2. Airpak

Airpak 软件是在 FLUENT 软件基础上发展起来的一个工具软件。主要是针对通风系统的空气品质、热舒适性、空气调节及污染控制进行气流组织的模拟。Airpak 主要面向工程师、建筑师和室内设计师的专业领域工程师的专业人工环境系统分析，特别是 HVAC 领域。

Airpak 采用 FLUENT 这一强大的求解器，从而得到准确的结果，它可以准确地模拟通风系统的空气流动、空气品质、传热、污染和舒适度等问题，并依照 ISO 7730 标准提供舒适度、PMV、PPD 等衡量室内空气质量（IAQ）的技术指标。从而减少设计成本，降低设计风险，缩短设计周期。

3. Phoenics

Phoenics（Parabolic Hyperbolic or Elliptic Numerical Integration Code Series）是英国 CHAM 公司开发的模拟传热、流动、反应、燃烧过程的通用 CFD 软件，该软件于 1981 年投放市场，是世界上第一套计算流体力学与计算传热学商用软件。PHOENICS 软件可用于求解零维、一维、二维和三维空间内可压缩或不可压缩、单相或多相流体的稳态或非稳态流动，确定流体空间内的质量、动量、热量、浓度的传递与分布，已广泛应用于航空航天、船舶、汽车、安全、暖通空调、环境、能源动力、化工等领域。

4. FloVENT

FloVENT 是 Mentor Graphics 公司开发的 CFD 软件，广泛应用于室内通风及空调设计、社区和建筑内外环境分析、无尘室的设计、浓度扩散预测及火灾的仿真。它提供反应快速和简单易用的菜单系统，是专为设计和优化供暖、通风和空调设备的工程师而打造的 CFD 工具。

FloVENT 主要应用范围：数据中心热设计、交通工具和建筑的舒适度及通风设计、商场和写字楼暖通及空调设计、剧院、机场、码头、仓储设施和仓库通风设计、实验室、研究机构、医院、地下停车场的通风和污染控制。

FloVENT 具有用于空气流动设计的最完整、技术最先进的模型创建环境。用户可以从 FloVENT 完备的智能部件（智能模型创建宏）工具栏中，选取零件，快速组装成包含各种散流器、换热器、栅格、CRAC 单元和机箱的分析模型。

FloVENT 还是行业内与 CAD 集成最好的软件。来自 Pro/ENGINEER、Autodesk Inventor，Solidworks 以及其他 CAD 软件的原始数据，以及 DXF 文件格式，均可输入到 FloVENT 中。不同于其他 CAD 到分析协同解决方案，FloVENT 可自动准备几何结构以提高分析的效率和精度。

5. FINE/Open

FINE/Open 是 NUMECA 公司推出的全二阶精度通用网格求解器，能够对结构化和非结构化网格（或二者的拼接组合）进行数值模拟，适用于各种低速、亚音速、跨音速和高超音速流动的模拟。此外，FINE/Open 还提供了强大的化学反应模拟能力，能够模拟各种复杂的燃烧和化学反应，帮助工程师解决实际的问题，如污染物形成模拟，燃烧火焰模拟等。

6. STAR-CCM+

STAR-CCM+ 是 CD-adapco 集团（2016 年被西门子收购，STAR-CD 也是其产品）推出的新一代 CFD 软件。采用最先进的连续介质力学算法（Computational Continuum Mechanics Algorithms），并和卓越的现代软件工程技术结合在一起，拥有出色的性能、精度和高可靠性。基于连续介质力学算法的 STAR-CCM+，不仅可以进行热、流体分析，还拥有结构应力、噪声等其他物理场的分析功能，功能强大而又易学易用。

STAR-CCM+ 拥有一体化的图形用户界面，从参数化 CAD 建模、表面准备、体网格生成、模型设定、计算求解一直到后处理分析的整个流程，都可以在同一个界面环境中完成。

STAR-CCM+ 能够模拟在现实中可能遇到的全部物理问题,支持声学、多相流、粒子流、流变学、固体力学、反应流、电磁学、电池等不同学科,使得其被广泛应用于所有流体计算领域,涉及的行业有航空航天、汽车、生物医疗、建筑、化学、电子器件、能源、石油天然气、环境、船舶和旋转机械等。

7. WindPerfectDX

WindPerfectDX(建筑 CFD)是一套专为建筑学、城乡规划、风景园林、暖通等专业设计的三维热流解析软件。

WindPerfectDX 可进行室外风环境、室内外通风、城市热岛以及室内气流组织等四大模块。除针对《绿建筑评价标准》GB/T 50378—2019 的室外风环境计算需求,并有植被、水域空间、垂直等计算模块支持城市热岛分析另更可支持室内外自然通风的同时模块解析计算及室内空调的气流组织分析。

8. ENVI-MET

ENVI-MET 是一款城市微气候的模拟软件,其开发者是德国美因茨约翰内斯古滕贝格大学的 Bruse 团队。该软件可以对城市中小尺度的微气候进行计算机仿真模拟,其特点是对微气候影响因素的综合性考虑,特别是引入了绿化对光、热、风、污染物等环境因子的影响。因此绿化模拟、热岛模拟常采用 ENVI-met。

9. OpenFOAM

OpenFOAM 是 ESI 集团下属的 OpenCFD 公司开发的一款物理场计算软件。该软件是用 C++ 语言编写的、符合 GPL 协议的开源软件。其前身 FOAM(Field Operation and Manipulation 的缩写),是 Hrvoje Jasak 在 Imperial College London 机械工程系博士阶段所写,后来开发源代码并更名为 OpenFOAM。

OpenFOAM 能够进行流体、传热、分子动力学、电磁流体、固体应力的解析,能够实现从网格划分到后处理的可视化流程。软件能够满足用户对于设计流程匹配、物理模型、需要的计算精度、自动化流程的要求,通过代码开发实现 CAE 仿真。

12.1.3 建筑声环境模拟软件

噪声模拟软件是解决噪声问题的关键工具。它可协助识别噪声的来源、位置和传播途径。制作有效的噪声地图，不仅可以显示当前的噪声水平，还可以显示将来噪声水平的分布。这意味着可以在项目施工前就可以预知噪声的影响和制定相应的缓解措施。规划专家也可以测试不同场景并建议最佳的方案，以降低噪声带来的影响，并可以保护工人和社区免受其影响。

目前，国内常用的建筑声环境模拟软件有 PKPM-Sound、SoundPlan、Cadna/A、Cadna/R、NoiseSystem、Predictor-LimaA、EIAproN 等，可以进行室外噪声计算、构件隔声计算、环境声传播计算、互动的噪声控制等优化设计。

1. PKPM-Sound

PKPM-Sound 由中国建筑科学研究院建研科技股份有限公司独立自主研发，是一款基于 AutoCAD 平台的建筑室外声环境模拟分析软件。该软件密切结合最新《绿色建筑评价标准》GB/T 50378—2019 和《声环境质量标准》GB/T 3096—2008 等，软件操作性强，提供多种快速建立模型方法，快速建立建筑、道路、高架桥、林带、声屏障、设备、路堤等精细模型，全程提供向导模式，大大降低用户学习成本。

2. Cadna/A

Cadna/A 是简单易用的室外噪声级预测软件，用于计算、评估、预测、显示噪声污染和空气污染。软件基于《声学 户外声传播衰减 第 2 部分：一般计算方法》ISO 9613-2—1996 及中国《环境影响评价技术导则 声环境》HJ2.4—2009 等技术导则为计算原理，适用于多种噪声源的预测评估、设计和研究。

Cadna/R 是应用于室内和工作环境噪声级计算和预测的软件，可以帮助用户进行工作环境中声学设计和降噪处理。

3. SoundPlan

SoundPlan 软件 1986 年颁布以来，迅速成为德国户外声学软件的标准，并逐渐成为世界关于噪声预测、制图及评估的领先软件，欧洲市场占有率为 70%。

SoundPlan 可以模拟出大型区域的 3D 鸟瞰图，也可预测噪声地图和噪声截面图。其使用范围从小工厂到整个城市的噪声规划，对实体和项目的尺寸没有任何限制。SoundPlan 可进行外部噪声计算、环境噪声传播、分布计算，其主要功能包括：交通噪声、工业噪声现状模拟和预测、声屏障设计优化、建筑立面噪声模拟预测、隔声窗布局优化等；声学空间的参数化设计与建模技巧；建模软件 SketchUp 与声学模拟软件的结合。

4. NoiseSystem

环安噪声影响评价系统 NoiseSystem 是环安科技公司根据《环境影响评价技术导则　声环境》HJ2.4—2009 构建，基于 GIS 的三维噪声影响评价系统。

5. Predictor-LimaA

Predictor-LimA 软件套件是适用于所有环境噪声项目的完整解决方案。该软件支持工业、公路、铁路、飞机和风力涡轮机的噪声计算。该软件供声学顾问，环境主管部门，重工业和教育机构使用。

通过 Predictor 的直观功能和 LimA 的灵活性，Predictor-LimA 软件套件可快速轻松地执行项目。此外，LimA 系统还提供了将环境噪声计算完全集成到其他地理信息系统（GIS）中的工具。

6. EIAproN

EIAproN 是以《环境影响评价技术导则　声环境》HJ 2.4—2009 的要求为编制依据，参考了户外声传播衰减计算方法国标《声学　户外声传播的衰减　第 2 部分：一般计算方法》GB/T 17247.2—1998，交通部的相关公路噪声导则等 2006 版等相关标准和资料，采用了 EIAProA 相似的面向环评项目的集成方便的噪声环评辅助软件系统。

7. Acoubatsound

ACOUBAT 是法国 CSTB 开发的一款室内声环境设计与控制软件。它具有建模简单、材料库开放、标准可选 / 转换等优点。可进行各种房间隔声模式（墙面垂直、斜向隔声计算，建筑外墙、幕墙、门窗隔声计算，楼板撞击声隔声计算等）并具备虚拟视听技术。

通过该隔声软件的使用，可以迅速地分析目标房间的各种墙体和地板的设计措施，并通过软件的分析虚拟听闻方案的设计效果。

12.1.4　建筑光环境模拟软件

1. Radiance

Radiance 软件是由 LBNL、太平洋电气公司以及加州能源效率研究中心合作研究开发的建筑光环境模拟软件，软件内置了 50 多个功能工具程序，可以对天然采光及人工照明条件下的室内光环境进行模拟预测，其模拟计算的高准确性为国际光学研究界所公认。

Radiance 软件的模型建立过程是典型的 BIM 三维模型，建模过程中，所有灯具信息参数及材料性能参数都会作为非几何信息添入三维模型之中。其后 Radiance 会读取模型的所有的几何及非几何信息，并编译成用于光线追踪分析的 Octree 文件。为了在合理的工作时间内得到足够的模拟计算精度，Radiance 光模拟软件使用了反向光线追踪算法和随机蒙特卡洛采样作为其核心算法，并将窗户和天窗等构件当作二次光源，如此 Radiance 模拟计算过程还能分析计算间接光学构件对室内光环境的影响。

Radiance 中提供了包括人眼、云图和线图在内的高级图像分析处理功能，它可以从计算图像中提取相应的信息进行综合处理。

2. Sunshine

Sunshine 光环境模拟软件是由清华大学建筑学院研发的建筑光环境模拟软件，该软件实质是嵌套在 AutoCAD 的用户界面上的一个插件式模块。

Sunshine 软件擅长于建筑日照分析模拟，其内置了多种建模方法和日照模拟算法，包括天空图法、日照等时线法、日照圆锥面法、阳光通道法和返回光线法。Sunshine 软件采用了解析法及优化方法对模型进行计算求解，因此统一具备日照模拟分析的高速和高精度。软件内置了日照约束下的容积极限模拟计算模块，该模块采用遗传算法，可对周边有日照约束条件下的地块极限容积体进行优化求解。此外，Sunshine 软件还内置了玻璃幕墙一次反射光模拟计算模块，可针对玻璃幕墙有害光反射对建筑环境的影响进行模拟评测。

3. DAYSIM

DAYSIM 是一款基于 RADIANCE 的采光分析软件，可对建筑物内和周围的日光量进行模拟。DAYSIM 允许用户模拟动态外墙系统，从标准百叶窗到最先进的光重定向元件，可切换的玻璃窗及其组合。用户可以进一步指定复杂的电气照明系统和控制，包括手动灯开关，占用传感器和光电管控制的调光。

模拟输出范围从基于气候的采光指标，如日光自治和有用的日光照度，到年度眩光和电照明能源使用。DAYSIM 还可以按小时计划占用，电气照明负载和遮阳设备状态，可直接与 EnergyPlus，eQuest 和 TRNSYS 等热模拟引擎相连。

4. Daylight Visualizer

Daylight Visualizer 是由威卢克斯公司开发的一款可视化自然采光分析软件。Daylight Visualizer 软件编写的主要目的是推动日光在建筑中的应用，帮助有关设计人员在建筑设计之前，通过准确地模拟采光量，对自然采光效果及空间效果有一个正确的、直观的了解。本软件于 2002 年 2 月已经通过国际照明协会（CIE）的国际计算机模拟采光计算程序标准的检验。

VELUX Daylight Visualizer 2.6 可直观迅速地建立三维模型，随意设置天窗和立窗模块，提供不同的窗体布置、玻璃性能、室内墙面、天空光量、地理位置、建筑方位等不同条件下的建筑自然采光分析比较，便于设计者找到最理想的采光方案。软件自带 3D 建模程序，可导入简单模型。对于复杂的建筑模型，可以由外部软件编辑好后导入。

12.1.5 全能型建筑环境模拟软件

1. IES VE

IES（Virtual Environment）（以下简称 IES VE）是由英国 IES 公司开发的集成化建筑性能模拟分析软件。IES VE 的核心思想是通过建立一个三维模型，来进行各种建筑功能分析，减少了重复建模的工作，保证了数据的准确和工作的快捷。IES VE 是英国以至于欧洲市场占有量最大的生态建筑模拟分析软件。

IES VE 的功能主要包括三维建模、建筑能耗分析、建筑负荷分析、建筑采光分析、人员疏散分析、电梯分析、日照分析、管路分析、经济性分析等等。

IES VE 除了兼容 gbXML 以外，同时提供 Revit 和 SketchUp 的插件，用来精确传递模型信息。

2. Ecotect

Ecotect 最初是由英国 Square One 研究公司开发的一款全面的绿色建筑性能模拟辅助设计软件，2008 年，Ecotect 被 Autodesk 公司收购，其后一直致力于改进原有的建模方式和优化可视化性能。Ecotect 作为一款功能全面的模拟软件可以对绿色建筑设计过程的建筑热环境、光环境、声环境，以及经济环境影响、造价、气象数据等重要建筑环境等多方面性能进行模拟评测，但实际该软件尤其擅长于室内光环境的模拟，它的其他功能相对于市面同类软件相对较弱。

Ecotect 的分析方法是一种交互式即时性的分析，建模开始时甚至只有一个简单的模型时，Ecotect 软件都会输出可视化的数字分析结果，然后随着设计的不断深入，比如在模型中加入一扇窗的参数，就立刻能在分析结果中看到该操作所引发的房间室内光环境的变化，长此以往，分析结果会随着设计的深入而越来越详细完善。Ecotect 内置强大的三维建模工具，能快速高效地建立直观可视化的三维模型，除此之外，Ecotect 还支持直接导入 DXF 和 3DS 格式文件，因此 Ecotect 可以与 Revit、ArchiCAD、AutoCAD、SketchUp 和 3DMax 等多种建筑设计软件共享其二维或三维模型，大大缩短 Ecotect 建筑光环境模拟的建模工作时间。

自 2015 年 3 月 20 日起，Autodesk 不再销售 Ecotect Analysis 许可，将 Ecotect Analysis 等类似的功能整合至 Revit 产品系列中。

3. PKPM- GBP

PKPM-GBP 基于经过两次修订的《绿色建筑评价标准》GB/T 50378—2019 及现行绿建地标研发而成，中国建筑科学研究院有限公司北京构力科技有限公司拥有自主知识产权，该系统包括了绿色建筑性能设计需要的全部软件模块。

PKPM-GBP 基于 BIM 理念的多源异构数据融合的开发技术，创新性地实现了"跨多种设计平台、真正一模多用、支持二次开发、建立绿建业内软件生态圈、公共数据互通、自动分析评价"等具备国际先进性的成果，涵盖了整体设计评价、室内外风、光、声、能耗模拟、热舒适性、污染物分析等绿色建筑全套性能设计模块，并可根据性能分析结论指导设计，自动生成 71 种分析评价报告书。

12.2 项目管理软件

友绿网在 2015 年就注意到"互联网＋"对于绿色建筑的影响，并以万科推出"万科云""设计公社"为例进行了介绍。2016 年绿星宝上线。绿星宝的主要客户群体是传统设计机构，解决了传统设计机构无专人学习绿色建筑知识、无人了解各类绿色建筑认证过程的问题，激发了想做而不能做或不敢做绿色建筑的潜在项目或设计机构。从绿星宝在绿色建筑设计咨询方面的业务模式和服务对象来看，可以将其称为传统设计机构的引路人。但绿星宝的模式并未能走远，2018 年，绿星宝被绿建斯维尔收购，成为其企业私有云服务的一部分。目前绿色建筑行业唯一在正常运营的移动端程序是友绿网开发的友绿 APP。

本次调研显示，有超过 43% 的受访者使用过绿色建筑评价软件（图 12-1）。

上述两个问题显示出绿色建筑设计和评价软件依然有较大的市场空间，绿色建筑设计咨询行业的智能化程度还有待提高。

图 12-1 是否使用过绿色建筑评价软件
注：指的是以绿色建筑评价标准为依托的打分软件

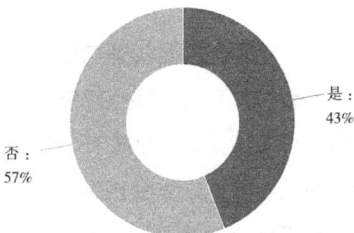

是：43%
否：57%

12.2.1 房地产企业的数字化水平相对较高

本次调查的房地产企业管理绿色建筑实施（包括设计和运行标识申报，后评估、能耗和环境品质监测等）所采用的方法中，绿色建筑管理系统（从标识申报到运行管理全链条）所占比重达 61%，建筑能耗监测系统所占比重为48%，环境品质监测系统占比为 27%，人工管理（Excel 表格、定期汇报等）仅占 24%，远低于绿色建筑设计咨询企业的人工管理占比，可见房企在绿色建筑实施方面的数字化水平相对较高（图 12-2）。

图 12-2 房地产企业管理绿色建筑实施（包括设计和运行标识申报、后评估、能耗和环境品质监测等）所采用的不同方法占比

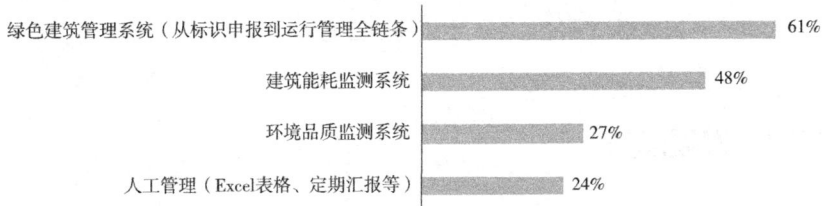

绿色建筑管理系统（从标识申报到运行管理全链条） 61%
建筑能耗监测系统 48%
环境品质监测系统 27%
人工管理（Excel表格、定期汇报等） 24%

12.2.2 绿色建筑咨询行业数字化水平较低

42% 的受访者表示所在公司只通过各种会议来管理和实施绿色建筑咨询项目（图 12-3）。

沟通协调全靠大会小会　42%
绿色建筑协同办公系统　30%
经验积累和传承全靠口口相传　28%

图 12-3　绿色建筑咨询公司通过什么途径管理和实施绿色建筑咨询项目

12.3　市场格局

在绿色建筑软件使用方面，国产绿色建筑设计软件的市场份额超过 70%。其中，PKPM 绿色建筑系列软件最具竞争力，最能代表智能化和数字化的发展方向。

2020 年 8 月，PKPM 发布了基于 BIM 建筑全生命期数据管理与应用生态的绿色建筑全专业的性能设计工具 v3.2。该最新版本可用于绿色建筑方案设计、初步设计、施工图设计过程中的性能分析、星级评价、辅助设计、结果验证等工作。软件极大地减少了设计师在建模、设置参数、结果分析等方面消耗的时间，提高了工作效率和成果的准确性，更利于优化建筑设计方案。并可基于计算分析成果，自动生成可溯源的、符合全国各地绿色建筑设计审查要求的报告书。

PKPM 的绿色建筑系列软件并没有止步于设计阶段的方案优化、合规审查等功能，而是紧密结合新国标的要求，将绿色理念延伸到建筑运维阶段。同样基于 BIM 建筑全生命期数据管理的理念，PKPM 推出了绿色建筑动态评价系统和健康空间管理系统。绿色建筑动态评价系统可根据相关标准要求，结合 BIM 技术实现绿色建筑技术展示，通过百姓监督、物业执行、政府监管的方式，让绿色建筑的运行真正可感知、可落地、可监管。健康空间管理系统在保证室内健康、舒适的前提下，能够快速集成常见传感器、采集器、摄像头等弱电设备，帮助业主快速打造智能化的展示和体验空间。

12.4　发展趋势

12.4.1　人工智能提高设计效率

人工智能、机器学习和生成设计正日益改变着传统的建筑规划和设计流程。据《经济学人》杂志报道，到 2037 年，人类所做的 47% 的工作将被机器人所取代，甚至那些传统上需要本科教育的专业。世界经济数据显示，

2015 年至 2020 年期间，全球减少 710 万个工作岗位，因为"人工智能，机器人技术，纳米技术和其他社会经济因素可以取代人工。"

目前人工智能已经渗透到建筑设计和性能分析领域，比如采用 Finch 算法的自适应性设计和人工智能利用机器学习来创造生成式风格。

当空间的总面积变化时，Finch 算法根据预定参数生成不同的空间配置。这有助于在项目的初始阶段规划区域，然后根据任务的具体要求对这些区域进行深化。目前，该算法已经由 BOX Bygg 和 Wallgren Arkitekter 开发并在 Grasshopper 平台上发布。

此外，处于起步阶段的创业公司 Higharc 已经开始重新考虑如何在不雇佣建筑师的情况下设计和建造新住宅。该公司旨在为数字时代打造新的住宅设计模式，通过自动化住宅设计和在线定制，让任何人都能够拥有定制的家。以给定的基地条件为基础，该团队希望让设计回归到与居住本身有关的因素，并能够使定制过程更加容易。正如 Higharc 所说，该公司可以"不需要雇佣建筑师就给你想要的房子"。目前该公司已经为日常用户和购房者开发了一个基于网络的住宅设计应用程序，试图将建筑智能直接嵌入到软件中。

在国内，AI 建筑设计公司小库科技近期升级了其 AI 设计引擎，并面向设计师群体发布智能装备等新品。其产品理念从完全依赖 AI 生成方案，变成让人可参与到设计的任意阶段，从而让设计过程更"可控"。

小库科技基于对数十万户型的深度学习，推出了针对建筑单体的新品，也即通过小库的 AI 设计引擎按需生成楼户型方案。基于该新品，用户在上传外轮廓后能秒速生产多种户型方案，并支持各类参数调整。用户在设计中，只要选择户型、核心筒，即可自动生成楼道，实现楼型智能拼合，并能实时计算反馈标准层面积、使用率等指标。该新品还提供海量的楼户型方案，用户可通过参数输入精准检索目标素材。

12.4.2 算法改善建筑环境

算法是建筑物的设计，建造和使用提供详尽信息的强大工具。建筑信息建模使用全面的软件来标准化和共享过去分别保存的跨建筑，工程和施工的数据。这意味着参与建筑起源的每个人，从客户到承包商，都可以无缝地在同一个 3D 模型上协同工作。

最近，新工具已经开始将这种信息与算法结合起来，以自动化和优化构建过程的各个方面。从解释法规、提供结构评估计算到协助采购更加精确，其应用范围更广泛。

但是算法还可以帮助设计阶段，通过揭示现有和拟议建筑中的隐藏图案，帮助建筑师了解如何使用建筑。这些可以是空间和几何特征，例如公共区域与私人区域的比率或建筑物的自然气流。它们可以是使用模式，显示最常使用和最不经常使用的房间。

或者，它们可以是视觉和物理的连接，显示人们从建筑物的每个点可以看到和看不到的东西，并使我们能够预测周围的人流。这在设计公共建筑的入口时尤其重要，因此我们可以将服务和逃生路线放置在最佳位置。

算法还可以用于扩展设计人员思考和生成可能无法实现的形状和排列的能力。建筑师无需根据自己的直觉和品味亲自绘制平面图，而是使用算法设计输入规则和参数，并允许计算机生成建筑物的形状。这些算法通常受自然界的思想启发，例如进化或分形（以较小的比例重复出现的形状）。

结合这三种用途（管理复杂的信息，显示图案并生成新的空间布置）代表了下一代算法设计，它将真正改变我们改善建筑环境的能力。例如，以非同寻常的弯曲结构而闻名的 Zaha Hadid Architects 使用算法自动测试数千种内部布局选项，或者找到外墙面板的排列方式，以让外墙板的规格种类不至于过多，易于材料的准备和建造。

算法对于新颖的建筑也很重要，例如 V & A 博物馆的 Filament Pavilion，并且会随着时间的流逝而适应环境的变化和用户的使用。如今，算法甚至可以为新冠肺炎大流行安排办公室，使最多数量的员工可以在建筑物中工作，同时又能安全地与社会隔离。

目前，自动化和人工智能无法完全取代建筑师和绿色建筑咨询工程师，但这并不意味着人工智能在绿色建筑的实践中不会发生深刻的变革：计算机和软件消除了烦琐的重复活动，优化了技术材料的生产，为建筑声、光、热环境的改善提供了更多可能的解决方案和更加直观的可视化结论。我们有理由相信，既然算法已经改变了建筑的外观和空间设计流程，也必将改变建筑的物理性能，以及建立在物理性能基础上的绿色环保性能和健康性能的设计优化流程。

第 13 章　产业篇

随着国家科技专项、住房和城乡建设部科技计划支持绿色建筑基础性研究，绿色建筑规划设计、既有建筑绿色化改造、绿色建造等共性关键技术取得突破，绿色建筑材料和产品性能不断提升。绿色建筑与互联网融合，运用物联网、云计算、大数据等技术，提高节能、节水、节材的效果，降低温室气体排放。

可再生能源利用、外保温、外遮阳、新型门窗、雨水回收、市政中水、预拌混凝土、预拌砂浆等绿色技术在部分地区已逐步强制推广应用（图 13-1、图 13-2）。

图 13-1　绿色建筑部品厂商厂房或办公楼是否有申报绿色建筑、健康建筑认证的计划（左）
图 13-2　绿色建筑部品厂商产品是否拥有 EPD（环保产品声明）和 HPD（健康产品声明）（右）

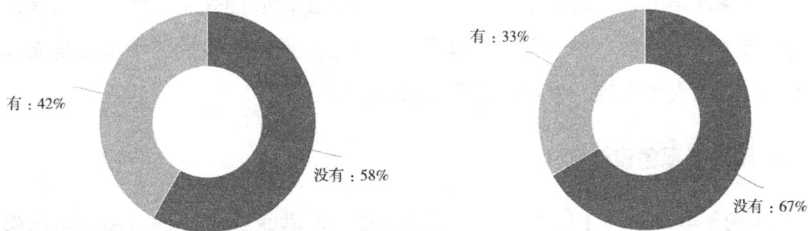

有：42%　　没有：58%

有：33%　　没有：67%

13.1　绿色建材

建材工业是支撑我国城镇建设的基础材料工业，同时建材行业也是能源消耗和污染排放大户。面向我国高质量发展、绿色发展和以人民为中心的新时代，发展绿色建筑和绿色建材势在必行已成为一种共识。

2013 年，国务院出台《绿色建筑行动方案》，提出大力发展绿色建材，开展绿色建筑创建行动。随后，《促进绿色建材生产和应用行动方案》《关于推动绿色建材产品标准、认证和标识工作的指导意见》《关于完善质量保障体系提升建筑工程品质指导意见》等一系列政策举措相继出台以支持绿色建材应用，推动绿色建筑提质增效。但是，在推广应用方面仍面临诸多问题，推广效果也不是很明显。

财政部在调研中发现，造成这一现象的主要原因有四点：一是目前对于绿色建材的支持政策以倡导性为主，缺乏强制性要求；二是支持政策主要是面向建材企业和施工单位等供给端，缺乏对需求端的要求；三是现行工程招标投标的采购需求缺乏标准规范，需求描述不明确、不具体，低价中标泛滥。施工单位为追求利益更愿意采购低价、低品质的建材产品，造成建材行业出现"劣币驱逐良币"现象；四是绿色建材和绿色建筑相关要求没有嵌入到工程设计规范中，即使建设单位有意使用绿色建材，但由于工程设计没有相关考虑，后续的施工阶段也很难使用绿色建材。2020年10月13日，财政部与住房和城乡建设部充分征求了试点城市、行业专家和北新建材等有关企业的意见后，正式印发《关于政府采购支持绿色建材促进建筑品质提升试点工作的通知》（以下简称《通知》），确定在具有一定绿色发展基础、有较好财力保障并且试点意愿积极的南京、杭州、绍兴、湖州、青岛、佛山六大城市开展试点。考虑到工程建设项目从立项、设计、施工到验收一般需要2~3年，为保证试点经历一个完整工程建设周期，通知将试点时间定为2年。

根据《通知》，政府采购政策支持绿色建筑和绿色建材推广应用试点，主要是从采购人角度、从需求端首次提出政府采购工程应当采用的绿色建筑建造方式和绿色建材种类，涵盖了从工程设计、施工到履约验收的工程建设全流程要求。在业内人士看来，试点内容亮点颇多：

1. 明确了绿色设计要求

《通知》要求试点工程要按照建设绿色建筑的要求编制设计方案，包括装修、门窗安装、建筑外地面、室内噪声、供暖、给水排水、电气照明等方面的绿色设计要求，相关指标为项目设计应当达到的底线。

2. 推行装配式建造方式

《通知》明确要求试点政府采购工程应当采用装配式等新型建筑工业化建造方式，装配率不低于50%。

3. 大力发展钢结构建筑

《通知》要求试点的展览馆、会展中心、体育馆应当采用钢结构，医院、学校等鼓励采用钢结构。

4. 明确了工程采购应当采用的绿色建材种类和指标

《通知》包含了18种建筑结构或材料大类，50种具体的绿色建材产品，基本涵盖了工程建设中常用的绿色建筑材料。同时，相关指标值均高于现行国家标准和行业标准。另外，按照《通知》要求，政府采购工程招标投标的价格竞争成为满足要求的绿色建材之间的价格竞争,从而避免了绿色建材因价格高被排挤在外的问题。

此外,《通知》还提出了推动工程造价改革、探索实施绿色建材批量集中采购、通过区块链等技术手段加强监督检查等一系列配套改革措施。

13.2　装配式建筑产业发展趋势

从 2016 年起,国内就陆续发布了相关政策,推动装配式建筑的发展,并制定了 2026 年 30% 装配率的目标。据《住房和城乡建设部标准定额司关于 2020 年度全国装配式建筑发展情况的通报》:2020 年,全国 31 个省、自治区、直辖市和新疆生产建设兵团新开工装配式建筑共计 6.3 亿 m^2,较 2019 年增长 50%,占新建建筑面积的比例约为 20.5%,完成了《"十三五"装配式建筑行动方案》确定的到 2020 年达到 15% 以上的工作目标。

随着政策驱动和市场内生动力的增强,装配式建筑相关产业发展迅速。截至 2020 年,全国共创建国家级装配式建筑产业基地 328 个,省级产业基地 908 个。在装配式建筑产业链中,构件生产、装配化装修成为新的亮点。其中,构件生产产能和产能利用率进一步提高,全年装配化装修面积较 2019 年增长 58.7%。

13.3　建筑保温材料行业发展趋势

我国建筑节能保温行业经过多年的发展,已经形成了一条完整的产业链。产业链的上游是建筑保温原材料行业,提供各类原料资源,如异氰酸酯、聚醚多元醇、聚苯乙烯、岩棉等;下游主要是建筑行业和房地产业,一部分面向房屋建设开发商主导的新建建筑节能保温工程,另一部分面向由政府部门主导的既有建筑保温改造工程。

外墙保温材料专指用于建筑墙体的一类保温材料,根据使用位置可分为:外墙保温材料、内墙保温材料、屋面保温材料,根据保温材料的内在成分可分为:无机保温材料和有机保温材料。

目前大多数为外部保温形式。传统外墙保温材料多采用珍珠岩和岩棉,而当下市场中多采用多功能复合型外墙保温材料。不断进步的技术成为外墙保温材料发展的重要推动力。估计 2020 年中国外墙建筑保温材料市场规模

1423.3 亿元，同比增长 21%。

在绿色建筑政策的驱动下，建筑保温材料行业的企业数量稳步增加。原有市场领先企业在产品和技术上占据优势，形成了一定的市场和技术积累。

2020 年，国家提出了以国内大循环为主体、国内国际双循环相互促进的新发展格局。目前疫情在世界范围内不断扩散，使得外部经贸环境不断恶化，此时开动内循环模式将极大地缓解出口压力，有效的促进经济平稳恢复，而且也能够扩大进口市场，使得中国投资更具吸引力，以内循环模式带动外循环发展。就目前来看，内循环为主，双循环促进的新格局推行势必将导致房地产市场受控。房地产市场受控，与房地产市场息息相关的节能保温材料又为何会迎来发展机遇呢？下面从以下几个方面浅述保温行业的未来发展趋势：

1. 被动房政策的推出，为节能保温材料产业保驾护航

2020 年 4 月 21 日，住房和城乡建设部办公厅发布关于组织申报 2020 年科学技术计划项目的通知，超低能耗、零能耗建筑被列为住房和城乡建设部科技计划项目重点支持方向。

2020 年 5 月 15 日，中国民主建国会在官网发布了《民间中央关于加快被动式超低能耗建筑发展的提案》，这也是被动式超低能耗建筑连续两年成为两会提案。

在此之前，部分省市也早对超低能耗建筑奖励颁布了一系列的措施。

随着各地政策的不断推行，被动房的强势发展可见一斑。适应被动房的建筑方案设计，保温材料厚度相比之前将会翻倍增加，使用量亦成倍增加。超低能耗被动房建设系列政策的陆续出台，使得建筑保温隔热行业迎来了极大的机遇。

2. 旧改政策提出升级改造，为节能保温材料提供了更大的舞台

"街老、院老、房老、设施老、生活环境差"已成为老旧小区常见的"四老一差"现象，2020 年以来，中央在重要会议上已多次强调要加强老旧小区改造，以改善居民居住条件。旧改是在原有的基础上进行升级改造，如通过增加停车位、提供无障碍设施、安装电梯、修葺外墙等解决"历史"问题。据初步统计，全国共有老旧小区近 17 万个，涉及居民超过 4 200 万户，建筑面积约为 40 亿 m^2。初步估算我国城镇需综合改造的老旧小区投资总额可高达 4 万亿元。旧改政策涉及多个领域，对于建材行业而言，老旧小区改造主要涉及水泥、防水卷材、外墙保温材料、管材、涂料等，落在保温材料上的产值预计将达到 200 亿，旧改政策的推行正好也契合了"内循环经济"的发展趋势。

3. 楼地面保温政策的落地，推动了保温材料的应用领域拓展

楼面保温隔声技术是用一体化的产品满足楼板保温和隔声的需要，有效解决楼板上下噪声干扰和传热的问题，有着显著的社会、经济和环境效益。《民用建筑隔声设计规范》GB 50118—2010、《住宅设计规范》GB 50096—2011 等现行标准均有隔声性能指标与要求，《建筑设计防火规范》GB 50016—2014、《建筑内部装修设计防火规范》GB 50222—2017、《民用建筑工程室内环境污染控制规范》GB 50325—2020 等现行标准对楼面保温使用的保温材料也提出了相应的要求。

楼地面保温引起越来越多省市的高度重视。各地政府部门也积极响应出台了相应的当地标准。例如，2017 年湖南省住建厅颁布了《湖南省居住建筑节能设计标准》DBJ 43/001—2017，2019 年安徽省颁布了《民用建筑楼面保温隔声工程技术规程》DB 34/T 3468—2019。据初步测算，2018 年、2019 年连续两年我国房屋竣工楼地面保温面积约为 30 亿 m^2，由此可以看出，楼地面保温的广泛应用，为节能保暖材料提供了更大的市场需求。

4. 保温材料翻新修复成为保温行业新的增长点

从 2005 年开始，国家已经逐步把外墙保温材料作为建筑验收的标准之一，相继出台了各种相关政策，之后又不断地修订、补充、完善。按国家标准，保温材料使用年限应不低于 25 年。从国家推行政策至今已过去了 15 个年头，应用外墙外保温技术的早期项目至今已有近 20 年的时间，虽然 25 年的使用年限并不代表外墙外保温 25 年之后就全部损坏了，但外墙外保温的热工性能、使用功能、安全性等方面的问题在近几年已逐渐暴露，开裂、渗水、脱落等问题频发，急需要整体提升改造，及时避免可能会对人身财产安全和社会稳定带来的极大负面影响。截至目前，据估算，我国房屋竣工外墙面积存量大约 200 亿 m^2。由此可见，未来几年大量建筑外墙需要翻新改造，将成为节能保温材料行业的新增长点。

5. 消费者保温意识的提升，推动保温材料的需求日趋增加

随着人们生活水平的提高，对追求高品质生活的愿望也越发强烈。就居住的舒适度而言，人们对保温的要求越来越高。尤其是在寒冷的冬季，气温普

遍很低，很多楼盘都会给外墙做保温，然而很多人觉得保温不够，因此自己再做一层，这个时候内墙保温孕育而生。

除此之外，越来越多的人装修时都会选择安装地暖，相对于传统的供暖方式，地暖有散热均匀、舒适安静、热损较小、老幼适宜、清洁健康、环保节能、不占空间及隔声等优点。地暖在北方采用较为普遍，近些年来也逐渐进入南方市场，2020 年全国人民代表大会和中国人民政治协商会议期间，全国政协委员、中国节能环保集团有限公司党委书记、董事长宋鑫就提出了清洁能源的推广势在必行，全国每年大约新增 1 亿 m^2 的清洁供暖。全国人大代表、民进中央常委、华中师范大学教授周洪宇指出，2020 年"南方百城"具备供暖条件的潜在家庭为 451~1 266 万户，到 2025 年将增至 1 778~3 125 万户，"南方百城"的供暖市场预计在 2025 年将达 5.8 万亿元。

同时，全国多个省份重拳出击，对不符合环保要求的企业已经加快了关停并转的步伐，之前他们拥有的客户资源将不得不寻找新的供货渠道。基于以上几点，对于生产保温材料的企业，要始终贯彻落实国家政策，以节能、环保、安全为主基调，在国家内循环经济的推动下，不断创新、突破，研发出更多符合市场需求的优质产品服务社会。

综上所述，未来几年节能保温材料市场前景可观。友绿网预测，2021 年中国外墙建筑保温材料市场规模有望突破 1 700 亿元。

13.4　门窗幕墙行业发展趋势

门窗被业内称为建筑物的眼睛，是建筑不可缺少的一部分。

过去的 2020 年，对于门窗行业而言是极其煎熬与难忘的一年。来势汹汹的新冠疫情，让无数商家、经销商和消费者度过了冷清的上半年。后疫情时期，门窗行业表现出独有的韧性和应变能力。

2020 版最新的国家标准《铝合金门窗》GB/T 8478—2020，已于 2020 年 3 月 31 日发布，并于 2021 年 2 月 1 日起正式实施，代替的 GB/T 8478—2008 标准。2020 版铝合金门窗国家标准，在标准适用范围、门窗分类术语、门窗基础性能要求、门窗用铝合金材料要求、门窗构造细节要求、门窗加工精度、门窗反复启闭耐久性试验、产品标识等方面都进行了较大程度的完善。而最新的铝合金标准，也为建筑门窗行业的发展提供了更为明确的风向标。

从整体趋势来看，铝合金门窗占绝对优势的市场格局正在发生变化，新型节能环保的断桥铝门窗、铝木复合型门窗成为未来新宠。

目前，消费者对建筑门窗节能的认识、对高性能系统门窗的认识已经上升到了一个比较高的认识层面，正在逐步形成为性能买单的市场趋势。而随着中国城市化进程和内外双循环的启动，门窗行业必定会迎来新一波需求高峰。从行业反馈数据来看，门窗行业的市场销售数据，对比同期甚至有小幅度增长，这给更多的企业和投资者带来了更大的信心。

友绿网认为：我国建材家居市场恢复至新冠肺炎疫情前同期水平尚待时日，但持续一年多的相对低潮发展已经让大部分门窗企业做好长期备战的准备。先脚踏实地生存下来，再谋求更好的发展将成为主旋律。

1. 门窗行业市场现状

2003 年我国门窗产量就达 2.8 亿 m^2，2005 年 3.2 亿 m^2，2007 年为 3.65 亿 m^2，产量呈上涨趋势，2008 年的产量则达到 6.32 亿 m^2，2010 年—2018 年稳定在 10 亿~14 亿 m^2 区间，年产值超过 6 000 亿元。

我国门窗行业的市场规模自 2012 年以来便呈现跳跃式增长，到 2017 年门窗行业市场规模达到 6 605 亿元，主要受益于下游房产和建筑产业的市场向好发展。

据中国建筑金属结构协会铝门窗幕墙分会发布的《2019—2020 年度中国门窗幕墙品牌及市场研究报告》显示，2019 年整个铝门窗幕墙行业的生产总值约在 6 300 亿~6 400 亿区间，相较 2017 年的生产总值约为 5 900 多亿，2018 年总体产值 6 100 多亿均有小幅提升。同时，在 2019 年的行业总产值中，幕墙和铝门窗占比的变化明显，由以前的各占一半，变为了铝门窗产值较为突出。

不断增长的节能需求以及对减少碳足迹的意识日益增强，是推动节能门窗行业增长的关键因素。节能门窗减少了人工供暖和制冷系统（如建筑物中的空调）的使用，减少了对化石燃料（如煤炭或天然气发电厂）的能源消耗，从而使建筑更加环保。这些因素在未来对市场维持增长都将具有极大的影响力。

在未来几年，我国门窗行业将迎来一个较为快速的发展时期。根据《研究报告》，预计到 2022 年，我国门窗行业的市场规模将突破 9 000 亿元。

2.门窗行业发展趋势

1）技术方面

（1）更智能：随着科技发展，"智能"已经成为一种生活方式和潮流，而5G正式商用也为物联网发展提供了新动力。伴随着这股浪潮，房屋将不仅是由钢筋水泥混凝土构筑的冰冷空间，智能化的家庭生活环境将大规模走进人们的生活。智能家居跟大家居融合的现象将越来越多，在门窗行业，将智能门窗跟智能家居融合必将成为行业趋势。

高品质需求之下，系统门窗企业纷纷升级自己的装备，门窗幕墙生产加工设备智能化程度大幅提升，不仅仅体现在下料、钻铣等某一个或几个环节，更多的是为门窗幕墙提供整套智能制造解决方案，信息化和智能化的进一步提升。智能化时代的到来，友绿网认为智能门窗或成为行业新风口。当然，除了更智能之外，未来的门窗还将更健康、更时尚、更安全、更节能、更私密。

（2）更健康：新冠肺炎疫情之后，人们对于健康及舒适性的需求空前高涨，健康宜居成为门窗幕墙领域关注的焦点。企业纷纷推出抗菌、抗病毒类执手，以及无需接触的感应开启五金。更多门窗产品配置了窗式通风器，具备杀菌、过滤等功能。

（3）更时尚：简约、时尚理念不断融入门窗产品的设计及研发，部分企业推出了室内外框扇齐平、隐扇设计的产品，将成为门窗传统开启框扇未来的转型升级方向。

（4）更安全：门窗幕墙安全性得到空前的重视，门窗、玻璃、型材、五金、密封产品的厂家都推出了专业解决方案。防火与节能的性能兼顾技术方面，涌现出了诸多新材料、新工艺。

（5）更节能：铝、塑、木、聚氨酯等门窗厂家及材料企业全面推出了适应各地节能标准、针对各个K值的系统解决方案。

（6）更私密：人们对自己的隐私越来越关注，为了应对在玻璃量丰富的房屋中居住的安全问题，消费者需要易于操作锁定和解锁的智能或联网家庭系统产品。

2）设计方面

（1）更多颜色：颜色将在2021年引起人们的更多关注。尽管白色门窗很受欢迎，并且是经典之选，但磨砂黑色和较浅的颜色在2021年可能更受关注，银色和灰色阴影也正在流行，并与现代住宅完美融合。得益于技术的发展，传统木饰面爱好者可以将他们的 uPVC 门窗制成金橡木色、鲁斯蒂克橡木色、暗橡木色、胡桃木色等。简而言之，从优雅的白色到前卫的黑色，从俏皮的蓝色到层压木的质感，预示着门窗颜色的无限可能性。

（2）更多空间：2021 年，消费者要求门窗和颜色能够给室内带来更大、更明亮的感觉。实际上，越来越多的人会选择新颖的门窗解决方案，使房间宽敞且通风。滑动、折叠式窗户和门将在较小和较大的空间中获得更多的使用，因为它们提供了更多的移动空间。滑动和折叠式窗户可以让更多的空气和自然光进入房屋，而滑动、折叠式门则提供了更多的移动空间。

（3）更多功能：2021 年门窗将在功能方面发生巨大变化，如拱形窗户、可倾斜和旋转窗户，可升降滑动门，可滑动折叠窗户和门等产品都可能成为市场主流，并且可以根据需求，提供定制方案。

13.5 智慧建筑行业发展趋势

1. 更绿色

智慧建筑推动了绿色建筑目标的实现，将建筑的环境危害降至最低。具有先进的数字服务和分析功能的智慧建筑技术使建筑管理系统更具可持续性和成本效益。用于照明、空气质量和气候自动控制的最先进传感器，以及智能仪表和能源管理系统，使智慧建筑能够实现对能耗的智能控制，从而节省大量能源，提高灵活性和舒适感，造福人民和调节微气候。智慧建筑还可以通过智能电网与不同级别（例如省或国家／地区）的能源网络集成，在电源管理中发挥至关重要的作用，在每座建筑物之间以及整个城市中进行有效的电力分配，最终形成一个可持续的节能城市。

物联网（IoT）和相关技术的出现使智慧建筑结构化，释放了建造可持续建筑的潜力。不断使用包括智能手机、智能小工具和各种传感器在内的物联网，可以使我们的建筑体验更加舒适和人性化，缺点是会带来功耗增加和其他潜在的环境危害（例如电子辐射和碳足迹增加）。因此，智慧建筑需要进一步绿色化，从而发展为绿色智慧建筑。

智慧建筑的绿色设计现在正成为挑战，以维持自然界的可持续性、节约不可再生能源为目标。3R（减量"Reduce"、重复使用"Reuse"和循环使用"Recycle"）原则同样适用于智慧建筑的设计、建造和运营，以使其绿色环保，从而有助于减少对环境的污染。智慧建筑不仅应当通过采取节能措施和智能设计来最大限度地减少建筑物对环境的不利影响，而且还要为市民提供一个可以适应用户的各种活动和需求的良好室内气候。

2. 更健康

当前，新冠疫情仍在继续。当人们坚守工作岗位时，要求建筑物能够更智能地为他们带来健康保障。传感器和智能控件可以帮助管理人来人往的办公楼，而可控的 HVAC 系统可以提供更清洁的空气。总之，可以利用一系列现有智慧技术和新兴方法来支持更安全更健康的工作和生活空间。

传感器数据可以在建筑空间的安全开放中发挥关键作用。许多智能控制器已经可以在 HVAC 系统和整个办公空间中支持各种传感器功能。

对于新冠肺炎疫情的防控，一项重要的指标是人员密度。一种新兴的方法将利用手机信号作为人员跟踪的手段。即使没有人群信号，也可以使用现有的二氧化碳（CO_2）检测器和其他环境控制来推动安全的建筑基础设施的发展。可以使用二氧化碳（CO_2）传感器来指示空间中有多少人。二氧化碳（CO_2）浓度越高，风险就越大。可以将其绑定到智能手机或放在门口，然后人们可以看到该空间中的二氧化碳（CO_2）浓度。

除了二氧化碳（CO_2）外，还可以利用传感器来发出其他相关的危险信号。传感器可以检测到挥发性有机化合物，这可能是过度清洁所造成的。如果建筑物现在清洗两到三次，将在建筑物中用掉更多的化学制品，需要及时将其排放出去。

除此之外，还有视频分析，它是建立安全基础设施的新兴方法。通过正确的分析，安全摄像机可以检测到潜在的拥挤情况，并可以向建筑物业管理理员甚至现场人员发出实时警报，告诉人们正在使用什么空间。当现场人员看到信息时，他们可以迅速地改变自己的行为。

高效的管理，需要数字化、机器学习、高级分析，所有这些都需要最大限度地利用数据，理想情况下，所有这些过程都应输入到现代化的控制系统中，该控制系统使建筑物业管理理员可以随时访问有关系统操作和人类行为的重要指标。

未来，智慧建筑将不断通过技术提升来为人们提供更健康的工作、生活空间。

3. 更高效

地产科技（PropTech）的兴起是过去 10 年全球房地产领域最重要的趋势。地产科技（PropTech）是信息技术和平台经济学在房地产市场上的应用。地产科技使得业主能够更加高效地组合各类资产，更加高效地应用空间。

通常情况下，地产科技与互联网信息技术、房地产金融、金融科技相互重叠，地产科技目标是通过借用数字科技，让信息处理更快、更有效，帮助房地产专业人士和公司研究、购买、出售和管理房地产。

PropTech 初创公司和具有前瞻性的公司正在使用构建连接来部署解决方案和软件服务，以满足数字环境中租户的新消费模式。

最近，具有数十亿美元节能潜力的先进传感器和设备开始在市场上浮出水面。它们作为新的计量技术、传感器、照明设备、恒温器、HVAC 系统等而存在。它们比前几代硬件更实惠，最重要的是，它们可以连接到互联网。这些设备和服务为 PropTech 初创公司的发展创造了完美的市场条件。

2020 年围绕 Proptech 行业与房地产所有者、OEM 和 FM 公司之间进行并购（M & As）的趋势将在 2021 年持续下去。因为收购公司可以认为是市场增长的快车道，也是与一直在开发尖端技术的初创公司一起获取知识和资源的一种方式，以进行建筑数字化转型。

13.6　智慧建筑技术五大趋势

随着技术人员、建筑师、工程师和建筑商希望增加建造的智慧建筑的数量以及采用自动化和控制技术进行改造的老式建筑数量的不断增加，友绿网认为行业需要注意以下五大趋势：

1. 预测性维护

从工厂规模的冷水机组系统到电梯再到照明设备，与物联网相连的设备将能够根据相关设备和世界其他地区的类似设备的历史性能数据，从预防和维修实时转换为基于条件的维护。

利用数据，建筑运营商可以看到潜在问题的迹象，并可以在产品和系统出现故障之前采取纠正措施。Mahmud 引用麦肯锡全球研究所的数据表明，通过专注于优化现有建筑资产并优先安排维护工作，公司可以节省大约 15%的资本资产支出"减少停机时间和相关成本的机会是巨大的。"

2. 融合网络

无线技术在智慧建筑开发和技术中起着关键作用，但就保持不同技术与Web的连接以及为整个建筑系统的优化而相互之间越来越多的连接而言，光纤仍然是最重要的。

在酒店方面，智慧建筑正在整合 4K 视频点播，访问控制，能源管理和占用控制，并通过中央仪表板和控件整合这些功能。关键是避免冗余。在不同的建筑系统中，交叉点越多，建筑作为一个整体变得越智能。

3. 无线改造

从布线到网络再到 HVAC，在建筑过程中最容易安装智慧建筑基础设施。但是，更大的机会是将智慧建筑系统带入成千上万栋普通建筑物中，这正是Wi-Fi 的用武之地。

更多的智慧建筑企业正在越来越多地关注无线技术，并将尽可能多的基础设施部署到云中以进行数据的存储和管理。无线技术也是使"哑楼"的建筑环境更智能的关键，因为用户不必打开地板和墙壁来更新基础设施。

对于新建筑物，无线技术也可以最大限度地减少铜线安装量，从而降低初投资。

4. 生物识别集成

围绕居住者的生物特征数据和增强型智慧建筑运营的交汇处进行更多的研究和产品开发。通过使用传感器来检测并触发对照明和热舒适度的控制，研究人员正在寻找方法，通过模仿昼夜节律来提高办公大楼的生产率并减轻医院和其他环境中的压力。

还有企业正在研究灯光和模仿昼夜节律的方法，以优化工作区和睡眠区，以利用照明和环境控制。

5. 自我意识

与机器学习并行的是，智慧建筑最终可能变得足够智能，可以在无需人工干预的情况下诊断和修复结构和系统的损坏。

研究人员正在研究用于建筑物的新传感技术，以输出有关结构完整性的数据。其中包括由麻省理工学院的研究人员开发的一种新的计算模型，用于测量地震事件后的结构破坏和应力。研究人员为贝聿铭设计的 21 层楼的麻省理工学院绿色建筑配备了 36 个传感器，以跟踪建筑物如何响应环境的变化。

建筑科学家同样正在研究在混凝土配方中使用细菌以使基础设施自愈，例如通过渗出碳酸钙填充微裂纹，以使其自愈。

无论技术在什么地方以及在多短的时间里引领着智慧建筑的发展和优化，为建筑物的使用者提供有关能源管理和其他已安装的智能系统的更好信息都是推进智慧建筑精神不可或缺的一部分。对维持智慧建筑的功效同样重要的是建筑人员的行为。

13.7　照明电器行业发展趋势

1. 智慧照明

伴随着健康照明的发展，对"智慧"的需求也在增加。人们希望照明灯具可以在合适的时间内调整亮度、自行判断房间内是否有人来决定要不要关灯、甚至到了公司以后还可以用手机控制家中灯光的开关。而这些需求也不断推动着智慧照明发展。

2013 年起，照明科技专家将注意力转向"情境灯"。利用省电、寿命长的 LED 灯泡，加上颜色变化，打造出浪漫、舒适的氛围，很适合饭店、居家使用。紧接着出现了"智慧光源"（Smart Lighting）的概念，基于对动植物和人类都好的照明方式，提供提升产量或健康的照明方式。

将所有电子设备和照明设备连接在一起已经成为趋势，物联网不仅连接计算机或智能手机，还连接其他支持 Internet 的小工具，包括 LED 等照明设备。为了提高连接效率，LED 需要添加一些传感器或摄像头，以及数据连接。这使得用户可以远程调节照明灯，或者对照明灯进行编程以在特定时间打开和关闭。

启用 IoT 的产品还可以通过收集数据和记录使用模式来为用户提供整个操作的最新信息，从而创造更好的照明体验。嵌入式传感器和自动控制功能可以监视和控制 LED 灯的亮度和色温。此外，它们还对人员的在场、移动，以及周围日光水平的变化做出响应。

物联网灯可以帮助管理会议室。带有智能传感器的灯可以告诉设施管理人员预订的会议室是否正在使用，以及有多少人使用。

物联网灯可以帮助人们实现个性化照明。只需使用智能手机检测到物联网灯，人们即可调整照明级别，甚至是灯光的色温，无论身在何处。

物联网灯可以管理交通。摄像头和传感器与交通信号灯和标牌结合在一起，可以监控交通，调节流量，并在必要时重新引导交通。

2. 健康照明

"人因照明"（Human Centric Lighting），顾名思义是以人为本的照明模式，各种思考与设计都以人类的健康与生活便利为出发点，可因人、时、地改变光源特性，让人永远保持最佳状态。

通过不断研究，照明科技专家发现，在对的时机照对的光，可让人跟动植物都变健康，因此出现健康照明概念（Healthful Lighting），旨在借由光照提升人的健康状态。

2017 年，诺贝尔生理学或医学奖授予杰弗理·霍尔（Jeffrey C. Hall）、迈克尔·罗斯巴希（Michael Rosbash）、迈克尔·杨（Michael W. Young）。三位科学家的获奖理由是：因发现控制昼夜节律的分子机制。美国三位遗传学家 Jeffrey Hall、Michael Rosbash、Michael Young 发现控制昼夜节律的分子机制与光有关，不仅让生物学界精神大振，连做健康照明的光学专家都兴奋不已。

简言之，光线可以调节人的昼夜节律（也就是生理时钟），早上起床接触日照后，褪黑激素逐渐被抑制，血清素上升。入夜后日光退场，褪黑激素再次占了上风。如果因为时差、咖啡因、失眠等问题，导致日间的血清素或夜间的褪黑激素分泌不足，昼夜节律就会失调，睡眠障碍也随之而来。

基于 LED 的以人为中心的照明，在相关色温（CCT）的光谱范围内是可控和可调的，并且可能对室内环境产生积极影响。基于我们的昼夜节律，这种照明能够刺激我们体内的特定生物学反应。对于以人为中心的照明，用户可以调整灯光的颜色，强度和色温，以适应地球白天和黑夜的自然周期。对于室内环境，光线看起来带有更多的蓝色成分或更高的色温，以模仿白天的户外昼夜节律。随着傍晚的到来，光线具有更高的琥珀色和红色成分，以模仿夜间的昼夜节律周期。灯光的这种调整可以改善个人的情绪、注意力、精力和机敏性。以人为本的照明在工业领域有多种应用，可最大限度地减少疲劳和错误；在医疗保健行业中，可以改善患者的整体幸福感；在教育环境中，可以提高学生上课时的警觉性。

再比如朝九晚五的上班族,白天待在办公室里晒不到太阳,就在灯的"配方"中加入一些蓝光,刺激血清素分泌,有提神醒脑、稳定情绪、提高活力及专注度的效果。模拟日光的照射还可为人体补充维生素 D。

到了傍晚准备下班,室内照明改为低蓝光的暖色配方,帮助上班族转换生理机制,告诉大脑可以开始准备分泌褪黑激素了!不同的时段使用不同的灯光,可将血清素和褪黑激素的分泌时段拉开,让人白天醒神、夜间好眠。

因此,健康照明必须依赖医学及光学两大领域的专业知识才能完成,无论是照度、色温、摆放位置,还是在人身上的刺激指数,以及如何避免伤眼的副作用,都是学问。

最近的健康照明新宠儿是模拟天空的蓝天灯。真实自然界中,由于在大气层中存在无数肉眼不可见的微小颗粒,太阳光经过大气层时,短波长的蓝光撞击这些小微粒,发生散射,从而使天空呈现出蓝色。这种现象称为瑞利效应,只有以此原理设计的"蓝天灯",才会呈现出非常自然、舒适的照明效果,就好像真实地置身在外界的天空下,将其安装在室内,相当于安装了一个天窗,这盏灯也被称为"阳光住进房间里的灯"。

世界上以此原理对自然光线模拟得最好的 LED 灯具,由意大利 Coelux 公司开发;当前产品系列售价从 2 700~4 000 美元不等,三菱电机研发的新型 LED 灯具"Misola"也将于今年 10 月投放市场,在日本地区的零售价格为 68 万日元(约合 4.42 万人民币)。目前我国已经有厂商推出了类似产品,而且价格更加合理。

3. 绿色照明

绿色照明是美国国家环保局(EPA)于 20 世纪 90 年代初提出的概念。完整的绿色照明内涵包含高效节能、环保、安全、舒适四项指标,不可或缺。高效节能意味着以消耗较少的电能获得足够的照明,从而明显减少电厂大气污染物的排放,达到环保的目的。安全、舒适指的是光照清晰、柔和及不产生紫外线、眩光等有害光照,不产生光污染。

美国国家环保局首先提出实施"绿色照明(Green Lights)"和推进"绿色照明工程(Green Lights Program)"的概念之后,很快得到联合国的支持和许多发达国家与发展中国家的重视,并积极采取相应的政策和技术措施,推进绿色照明工程的实施和发展。1993 年 11 月中国国家经贸委开始启动中国绿色照明工程,并于 1996 年正式列入国家计划。

随着我国经济持续快速发展，对能源的需求量越来越大，电力短缺现象严重。曾经一度照明用电占全社会总用电量的 12%，而采用高效灯代替普通白炽灯可节电 60%~80%，因此照明节电是解决中国电力短缺问题的有效途径，得到了政府与社会的充分重视。近些年来，绿色照明工程在我国得到了很大的发展和应用。

随着绿色建筑创建行动在我国的逐步推进和 2060 碳中和目标，绿色照明产品未来仍有很大发展空间。

13.8　太阳能光伏行业发展趋势

光伏是太阳能光伏发电系统的简称，是一种利用太阳电池半导体材料的光伏效应，将太阳光辐射能直接转换为电能的一种新型发电系统，有独立运行和并网运行两种方式。太阳能光伏发电系统分为两类，一种是集中式，如大型西北地面光伏发电系统；另一种是分布式，如工商企业厂房屋顶光伏发电系统，民居屋顶光伏发电系统。

目前，中国光伏产业经过多年发展，产业链完整，制造能力和市场占比均居全球第一。从光伏发电应用来看，随着政策支持和技术进步，我国光伏产业成长迅速，成本下降和产品更新换代速度不断加快。在此背景下，我国光伏应用市场稳步增长，装机量、发电量均不断提高。

从发电量来看，据国家能源局数据显示，2020 年前三季度，全国光伏发电量 2 005 亿 kW·h，同比增长 16.9%；全国光伏平均利用小时数 916h，同比增加 6h；平均利用小时数较高的地区为东北地区 1 141h，华北地区 1 010h，其中蒙西 1 264h、蒙东 1 240h、黑龙江 1 170h。

从装机情况来看，据国家能源局数据显示，2019 年全国光伏发电累计装机达到 204.3GW，同比增长 17.3%，其中集中式光伏 14 167 万 kW，同比增长 14.5%；分布式光伏 6 263 万 kW，同比增长 24.2%。截至 2020 年 9 月底，光伏发电累计装机 2.23 亿 kW。其中，2020 年前三季度全国光伏新增装机 1 870 万 kW。

从户用装机情况来看，2020 年度新建光伏发电项目补贴预算总额度为 15 亿元，其中，5 亿元用于户用光伏。户用光伏装机量也在不断扩大。数据显示，2020 年 1—11 月户用光伏装机规模破 10GW。

由于光伏发电技术革新不断涌现、光伏产品成本持续降低，平价上网在全球绝大多数国家和地区指日可待，光伏发电成为各国重要的能源结构改革方向。据悉，2021年国内光伏将正式进入平价上网阶段，产业规模将持续扩大。此外，国家发展改革和委员会和国家能源局测算下，"十四五"规划期间的光伏发电需求将远高于"十三五"规划期间。同时，国家能源局已经提出了"2021年我国风电、太阳能发电合计新增1.2亿kW"的目标。"十四五"规划期间，在多重利好影响下，我国光伏产业将稳步发展，产业链布局进一步完善，投资机会频现。

光伏和风电都是清洁无公害的可再生能源，"十四五"规划期间将得到进一步发展。预计2021年，光伏+风电的发电量将超8 600亿kW·h，到2025年将超14 500亿kW·h。

另外，从累计装机量来看，预计2021年到2025年光伏累计装机量的年均复合增长率约为18.9%，年均新增装机67.4GW，到2025年累计装机达581GW。2021年到2025年风电累计装机量的年均复合增长率为9.2%，年均新增装机为27GW，到2025年累计装机将至378GW。

随着近零能耗、零能耗等更高节能水平绿色建筑逐步应用和普及，以高效、智能化的光伏发电系统作为建筑能源形式的"光电建筑"，将成为越来越多光伏企业差异化发展的契机。

根据中国"碳达峰"和"碳中和"的目标，预计"十四五"规划期间国内年均新增光伏装机规模可达70GW，乐观预计的规模将达到90GW。从2019年到2025年，可再生能源将要满足99%的全球电力需求增量。到2025年，光伏在所有可再生能源新增装机里的占比将达60%，而整个可再生能源在新增装机里的占比要达到95%。"十四五"规划期间新增光伏发电装机规模需求将远高于"十三五"规划期间，未来5年还要继续爆发式增长。

2020年12月12日，中国在气候雄心峰会上提出：到2030年，中国单位国内生产总值二氧化碳（CO_2）排放将比2005年下降65%以上，非化石能源占一次能源消费比重将达到25%左右，风电、太阳能发电总装机容量将达到12亿kW以上。目标占比由20%提升至25%，增加5%。截至2020年底，风电、光伏合计不足5亿kW。要完成12亿kW的目标，还要新增7亿kW以上。换言之，未来10年，风电、太阳能发电合计年均新增规模至少要达到7 000万kW，才能实现"12亿kW以上"的目标。

13.9　太阳能光热行业发展趋势

2020 年以来，太阳能热利用在工程领域持续发展，太阳能供暖年新增突破了 1 000 万 m² 建筑面积。企业之间实现优势互补，实现技术与资金的有效对接大大推动了太阳能供暖进程。同时，在太阳能热水系统方面一直保持稳定增长的态势。很多企业都加入了房地产集采大项目行列。全行业继续以市场为导向，以技术进步为动力，积极努力推进供给侧结构性改革，行业进一步转型升级。

近年来，房地产集采正越来越成为趋势，集采量近 20 亿规模。四季沐歌、太阳雨、力诺瑞特、天普、京普、中科蓝天、豪客、沐阳等企业成为稳定的集采供应商，万科、保利、绿地、恒大、中海、中建、旭辉、正荣、华润、荣盛、中梁、中骏、中垠、中铁、金隅、路劲等中国房地产龙头企业成为太阳能光热企业集采的主要需求方。参与集采项目的企业年受益少则数千万元，多则几亿元。已经成为很多企业的主要业务来源，有的企业集采业务占到销售额的80％。集采项目推动了品牌的高度集中，实现了品牌二次分级。但也存在低价竞争，与空气能热水器竞争加剧等问题。

随着市场的不断变化，太阳能光热产业格局明显发生了变化，产业整合趋势日益明显。如原来生产真空管的企业，其集中和专业化程度明显增加，像山东龙光天旭、光普两家企业拥有从太阳能毛坯管窑炉到真空管制造的全产业链。同时，像搪瓷水箱企业山东龙普、昊华、华昇隆、江苏迈能、光芒等企业专注企业内部管理、产能、智能升级，成为行业搪瓷水箱主要代加工企业。以及平板集热器代加工业务多集中于山东"三金一哲"，即金亨、金久、金乐和哲能赫以及南方尚尔特、明日等平板太阳能代加工企业。江苏米希根新能源也以其强大的生产能力大力进军平板代工领域。

在北方煤改清洁能源利好政策的驱动下，随着技术创新，我国太阳能供暖项目得以大面积实施与落地。此次，共调查了太阳雨、四季沐歌、光源、道荣、维克莱恩、皇明、博日明、桑乐、力诺瑞特、飞天、天普、雨露、太标、兴红和汉诺威等近 20 家代表性太阳能企业。通过调查得知：2020 年太阳能供暖项目有了质的变化，今年新增用于供暖的太阳能集热器面积为 245 万 m²，新增建筑供暖面积 1 225 万 m²。无可置疑地，太阳能供暖成为太阳能热利用行业最重要的增长点之一。

第 14 章 职业篇

过去十多年来，绿色建筑从无到有，从星星之火到燎原之势，不仅有效地推动了建筑业和房地产业的绿色可持续发展，也创造一大批新的工作岗位和就业机会。梳理绿色建筑对就业市场的影响，对个人职业发展的影响，无论对于相关政府部门制定行业政策，还是对职业发展决策，都有重要的意义。

本研究将在 2013 年绿色职业发展研究报告的基础上，结合本次绿色建筑市场发展调研的结论，对绿色建筑行业中的就业群体、薪酬待遇、职业发展空间、企业需求、职业教育等方面进行全面论述。

14.1 人群画像

在 2020 年的调研中（图 14-1），67% 受访者为男性。将近一半（48%）的受访者年龄在 31~40 岁之间，20 多岁不满 30 岁的受访者占比 36%。而 41 岁以上占比仅为 16%。

与 2013 年调研结果相比（图 14-2），绿色建筑行业从业者人群日趋稳定。2 年以下新手占比仅为 22%，而 10 年以上占比（17%）明显高于 2013 年的比例（11%）。

绿色建筑从业者呈现出高学历特征。本科以上占比达 96%，45% 的受访者具有硕士学位，博士占比为 8%（图 14-3）。

从绿色建筑从业者的地域分布来看，北京、广东、江苏、四川、重庆等

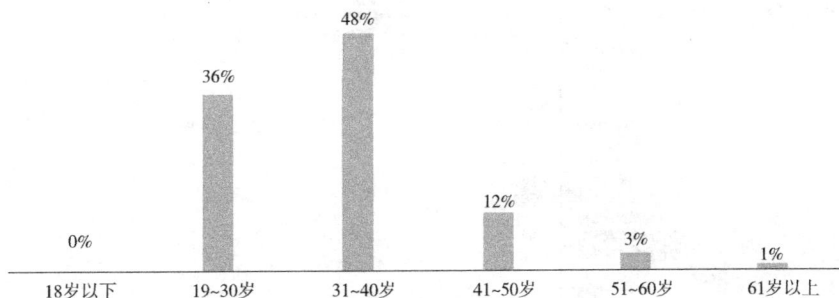

图 14-1 2020 年绿色建筑市场发展调研受访者年龄构成

2年以下 ▕▔▔▔▔▔▔▔▔▔▔▔▔▔ 22%
2~5年 ▕▔▔▔▔▔▔▔▔▔▔▔▔▔▔▔▔▔▔▔ 31%
5~10年 ▕▔▔▔▔▔▔▔▔▔▔▔▔▔▔▔▔▔▔ 29%
10~15年 ▕▔▔▔▔▔ 11%
15年以上 ▕▔▔▔ 6%

图 14-2 2020 年绿色建筑市场发展调研受访者从业时间分布

硕士 ▕▔▔▔▔▔▔▔▔▔▔▔▔▔▔▔▔▔▔▔▔▔▔ 45%
本科 ▕▔▔▔▔▔▔▔▔▔▔▔▔▔▔▔▔▔▔▔▔▔ 43%
博士 ▕▔▔ 8%
专科及以下 ▕▔ 4%

图 14-3 2020 年绿色建筑市场发展调研受访者学历分布

地更加关注绿色建筑行业发展。上海、浙江等绿色建筑大省参与调研的人群偏少。希望后续调研可以完善该部分数据,使其与绿色建筑市场发展的程度相当(图 14-4)。

　　参与本次调研的群体来自绿色建筑咨询公司和设计院的人群最多,合计占比达约 55%。相比于 2013 年,该群体对绿色建筑的关注度显著增加(20%),或许是由于从业人数的增加所致。而开发商群体对绿色建筑的关注度则明显降低,占比从 2013 年的 22% 降低到 2020 年的 15%(图 14-5)。

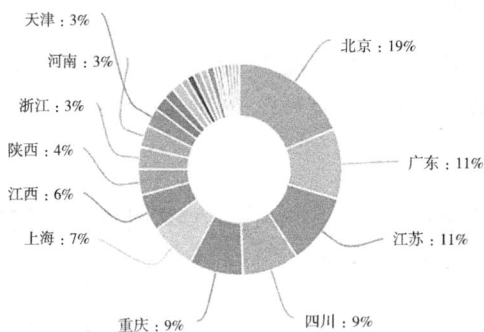

天津:3%
河南:3%
浙江:3%
陕西:4%
江西:6%
上海:7%
重庆:9%
北京:19%
广东:11%
江苏:11%
四川:9%

图 14-4 2020 年绿色建筑市场发展调研受访者地域分布

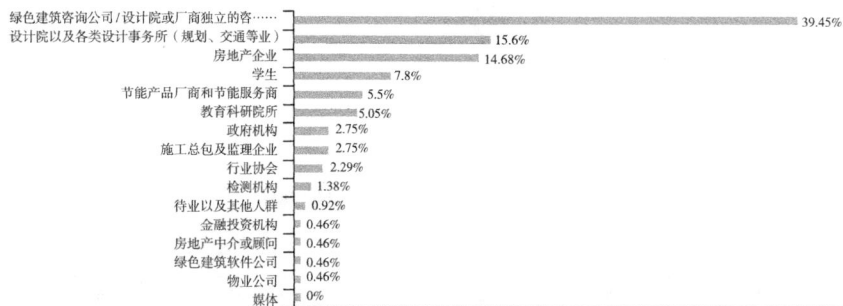

绿色建筑咨询公司/设计院或厂商独立的咨…… ▕ 39.45%
设计院以及各类设计事务所(规划、交通等业) ▕ 15.6%
房地产企业 ▕ 14.68%
学生 ▕ 7.8%
节能产品厂商和节能服务商 ▕ 5.5%
教育科研院所 ▕ 5.05%
政府机构 ▕ 2.75%
施工总包及监理企业 ▕ 2.75%
行业协会 ▕ 2.29%
检测机构 ▕ 1.38%
待业以及其他人群 ▕ 0.92%
金融投资机构 ▕ 0.46%
房地产中介或顾问 ▕ 0.46%
绿色建筑软件公司 ▕ 0.46%
物业公司 ▕ 0.46%
媒体 ▕ 0%

图 14-5 2020 年绿色建筑市场发展调研受访者所属机构分布

14.2 薪酬待遇

通过 2020 年的绿色建筑市场调研，对比 2013 年的数据，我们了解到 7 年间，绿色建筑从业者中高收入翻了 3 倍。2013 年，5 万~12 万年收入的人群几乎是一半左右，12 万~20 万年收入的占据三成，年收入 5 万元以下的占 14%，年收入 20 万以下的总和将近 90%，中高收入者比例非常低（图 14-6）。

您当前的薪酬/收入水平（税前，年薪，单位：人民币）

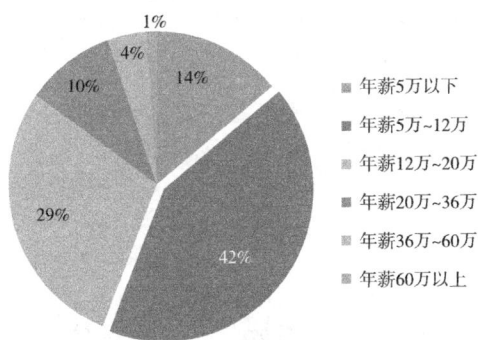

- 年薪5万以下
- 年薪5万~12万
- 年薪12万~20万
- 年薪20万~36万
- 年薪36万~60万
- 年薪60万以上

图 14-6 2013 年绿色建筑从业者收入分布

经过近 10 年的发展，20 万到 50 万的年收入人群总和达到四成，年薪 30 万以上的占比由 5% 增加到 19%，说明绿色建筑行业还是精英汇集的行业，高收入人群比例显著增加（图 14-7）。

图 14-8 绿色建筑从业者收入与学历之间的相关性分析表明，高学历者在绿色建筑行业更容易获得高收入。年收入 50 万元以上的人群，硕士和博士占了 70%。而持本科学历者，随着收入提高，占比逐步降低，从 62%（10 万以下）逐步降到 20%（50 万以上），趋势明显。

图 14-9 绿色建筑从业者收入与工作类型之间的相关性分析表明在绿色建筑咨询公司更有可能获得较高的收入。在房地产企业从事绿色建筑相关工作也能够获得高于行业平均水平的薪酬。

图 14-10 绿色建筑从业者收入与年龄之间的相关性分析表明 30~50 岁中青年是工作主力，收入也相应更高。

图 14-11 绿色建筑从业者收入与从业时间之间的相关性分析表明从业时间越长，越容易获得高薪。

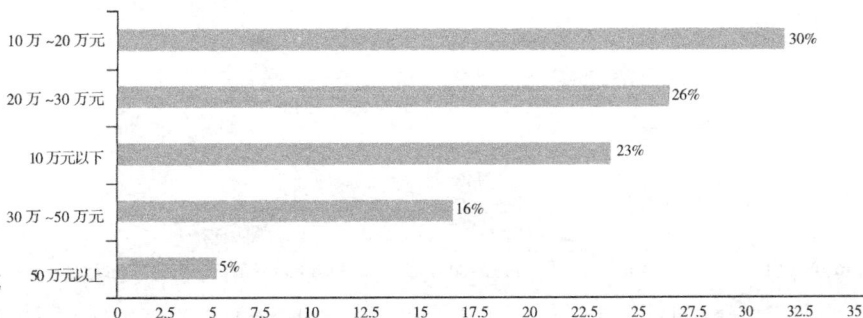

图 14-7 2020 年绿色建筑从业者收入分布

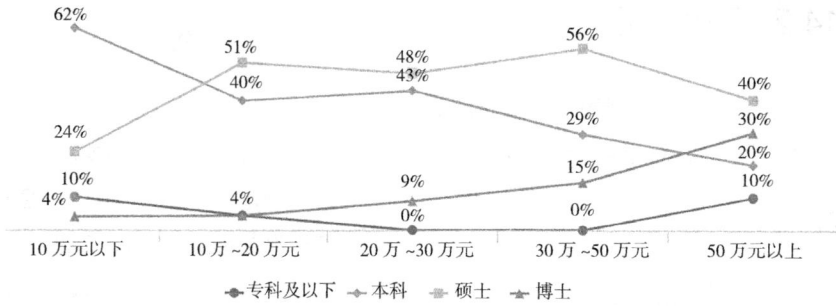

图 14-8 绿色建筑从业者收入与学历之间的关系

图例: 专科及以下　本科　硕士　博士

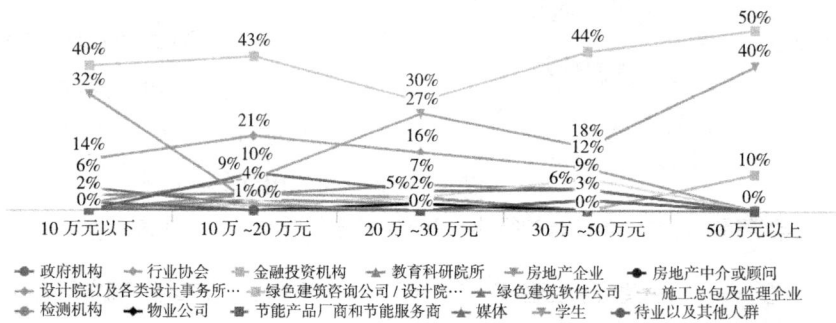

图 14-9 绿色建筑从业者收入与工作类型的关系

图例: 政府机构　行业协会　金融投资机构　教育科研院所　房地产企业　房地产中介或顾问　设计院以及各类设计事务所…　绿色建筑咨询公司/设计院…　绿色建筑软件公司　施工总包及监理企业　检测机构　物业公司　节能产品厂商和节能服务商　媒体　学生　待业以及其他人群

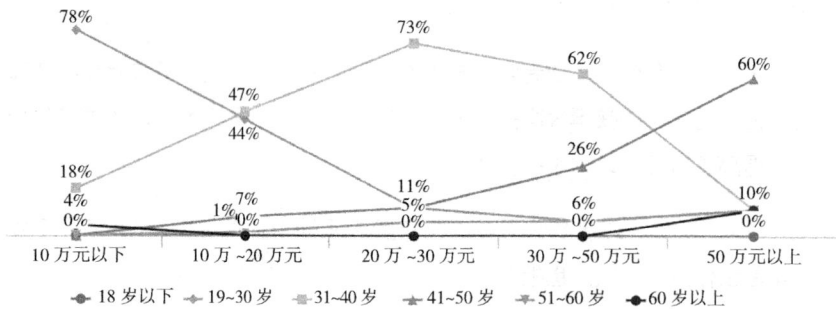

图 14-10 绿色建筑从业者收入与年龄的关系

图例: 18岁以下　19~30岁　31~40岁　41~50岁　51~60岁　60岁以上

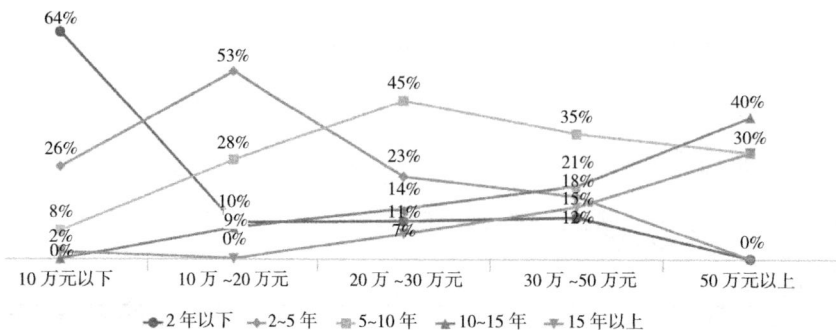

图 14-11 绿色建筑从业者收入与从业时间的关系

图例: 2年以下　2~5年　5~10年　10~15年　15年以上

14.3 企业需求

14.3.1 绿色建筑专才已成为绿色建筑咨询企业核心竞争力的一部分

如何衡量一家公司，或一个组织的"绿色"能力，或可持续发展方面专业技能的能力？当然不是看这家公司在装修上用了多少环保无污染的家具，或是使用了多少太阳能光伏板所发的电力，而是拥有多少理解并能熟练应用可持续发展方面的技能的专业人士（Sustainability Professional）。

对于国人而言，这是一个完全新兴的职业选择相当多的人对"Sustainability Professional"知之甚少，但这个群体将是塑造我们未来世界的支柱力量。

国际可持续发展专家协会（ISSP）公布的《可持续发展专业人士：2010年竞争力调查报告》（*The Sustainability Professional : 2010 Competency Survey Report*），该研究持续了 9 个多月的时间，旨在回答一个问题，"一个可持续发展专业人士应该做什么，怎么做？"调查是在将近 400 位在该领域工作的可持续专业人士中进行的。这份报告总结了在可持续发展领域工作的专业人士取得成功业绩所需要的最重要的能力。

该研究调查对象大部分（79%）在北美洲工作，其中 53% 为男性。这些人学历很高，93% 的人至少获得本科学位，60% 获得硕士学位，10% 获得博士学位，19% 的人已获得可持续性认证。其中包括 20% 的人正接受某些可持续发展方面的培训。大部分人（63%）有 3 年或 3 年以上在该领域有偿工作的经验（区别于一些环保志愿者），27% 有 10 年或 10 年以上的工作经验。从事咨询的占 36%，在组织机构（少于 100 人）内工作的占 56%。这个群体与国内最大的节能减排专业人士实名社区友绿俱乐部（www.iGreen.org/home）的人员构成十分类似，该社区已成为全球最大的 LEED AP 中文社区。

可持续专业人士在他们所在的公司或组织（或客户所在的公司或组织）面临的最重要的挑战是：①推进可持续发展价值观的理解（34%）；②应对气候变化和相关的能源要求（29%）。获得管理部门和客户的支持，证明财务上的可行性和吸引资金是他们面临的另外一个非常重要的问题。同时，在"需要的能力"清单上高居榜首的能力是"管理变革"——应对不断变化的商业优先等级，克服变革阻力，重新设计更具可持续性的产品和服务，同时确保符合环保要求。

创新对于咨询顾问和那些非营利的制造业（包括政府和教育机构）也比较重要。在制造业或服务业工作的人比其他行业更重视设计或再设计产品和服务。所有类型的组织都认为财政分析或投资回报率分析（ROI），审计（温室气体、可持续性）和风险评估很重要。

在可持续发展专业人士需具备的能力方面，除了规划和项目管理，根据行业的不同，对硬技能的要求也不同，比如建筑行业对 LEED AP 的资质的认同。这条规则的一个例外就是温室气体审计和行动规划。调查结果显示所有行业组织都需要管理、缓解和监测温室气体的帮助。

由于我国目前尚未针对绿色建筑咨询行业推出这样的执业资格认证，暂且只能以国际通行的 LEED AP（翻译为 LEED 认证专家，或 LEED 认证专业人士）为标准，所以衡量一家咨询公司、设计事务所，建筑设计院的"绿色"技能只能从机构所拥有的 LEED AP 的数量来衡量了。

直到今天，项目团队中有 LEED AP 资质的工程师依然没有作为 LEED 认证咨询的一项前提条件，而只是鼓励性地为项目增加一分，这虽然看起来降低了 LEED 认证顾问的门槛，但在工程实践中，招标方往往还是会将团队中是否有 LEED AP 作为一项衡量团队技术能力的重要因素加以考虑，可能会决定项目最终的归属。对于建筑设计项目而言，随着设计院之间竞争的激烈，业主对绿色、节能、可持续关注度的提高，有无可持续设计方面的能力就成为设计单位能否获得设计标的重要因素之一。在美国，对于设计公司而言，公司拥有的 LEED AP 数量已经逐步成为衡量一家公司在可持续发展方面工程能力、设计能力的一个重要指标，公司获得 LEED AP 证书的员工数量，逐步成为项目投标、甲方选择顾问公司的重要参考。目前中国有 LEED 专业人士超过 4 400 人，其中 LEED AP3 702 人。

14.3.2 企业最需要跨专业型人才

通过本次调研，我们了解到企业最需要的人才是"擅长绿色技术整合的工程师"，也就是通晓各个专业的跨专业型人才。

调研显示，在雇佣拥有 5 年或 5 年以上工作经验的员工时，企业最关注的 3 项技能或知识领域分别是：工程管理技能（70%）、绿色技能、技术熟练度（并列 39%）、施工过程的相关知识（38%）。对于企业而言，最不关心的几项技能分别是：商业开发技能（9%）、写作技能（8%）、商业运作技能（3%）。

未来 3 年内，绿色建筑行业内会出现最可能出现短缺的优秀绿色技工分别是："擅长绿色技术整合的工程师"（66%），"熟悉绿色技术的建筑师或设计师"（57%）、"擅长绿色工程管理的管理人员"（53%），而"绿色认证（如 LEED 和绿标）顾问工程师"则只排名第四（42%），最后是"环境能源模拟分析工程师"（34%）。

绿色建筑技术体系往往在知识方面横跨多个专业，比如风景园林、环境工程、材料学、技术评估、环境保护工程、建筑环境与能源应用等，绿色建筑的实现过程十分强调项目的整合设计、统筹管理、各专业工种的协调配合。以国际上公认的绿色建筑认证专家 LEED AP 为例，在实际工程中，LEED AP 往往担负着项目管理和协调的工作职责，在业主和设计院之间，业主和总包单位之间，业主和产品厂商之间进行协调，落实绿色建筑对产品和技术方方面面的要求。也正因为如此，LEED GA 和 LEED AP 有着广泛的职业发展空间。

14.3.3 员工持有的专业证书会增强公司的竞争力

对于专业证书是否有助于公司业务发展的问题，74% 的企业赞同"拥有专业证书的员工可以令公司更具竞争力并获得更多商机"，其中 23% 非常赞同，与其他 5 个选项相比，对该观点表示非常赞同的比例排在第一位。其次是，"专业证书可以通过预先筛选的方法优化员工的录用流程"（69%、17%），"拥有专业绿色证书的员工使公司扩大其绿色商业的规模"（68%、17%），"拥有证书对于公司的发展有很大的帮助"（64%、16%）。与上述各个方面相对应，企业并不十分认可的观点是："获得专业证书能使新进员工通过短期学习迅速为公司服务""专业证书可以减少培训成本"，这与国内长期存在的"考证"现象不无关联，许多工程师仅仅是为了挂靠，或为了自己的简历更好看而去考证，考证之前并无任何相关的工程经验，考证之后，首先想到的也并不是去参与项目实践，这种现象降低了企业对持有相关职业证书的潜在员工在实际操作能力方面的信任。

目前在绿色建筑领域广受认可的两个证书，一是城市科学研究会绿色建筑研究中心，所颁发的证书为住房和城乡建设部建筑节能与科技司举办的"绿色建筑评价标识专家培训会"继续教育培训结业证书。二是由美国绿色建筑委员会颁发的 LEED 认证助理证书 LEED GA，和 LEED 认证专业人士证书 LEED AP。较之于前者，由于 LEED 认证体系的技术先进性、品牌诚信度、操作简易度，以及高标准化使 LEED 认证体系在世界多达 135 个国家中得以广泛应用，使得 LEED AP 的证书在更加具有国际化的色彩，成为一个国际上通行的绿色建筑专业能力的背书。国内目前仅友绿网具备资质提供专业的 LEED AP 考前培训。友绿网还面向全球 LEED AP 及绿色建筑爱好者提供经美国绿色建筑委员会认证的中英文双语课程。友绿网的课程学时，可计入 LEED GA 和 LEED AP 所需的继续教育学时。

虽然市场上还有其他机构推出的建筑节能、绿色建筑评估相关的培训项目，但这些证书在主流的绿色建筑设计咨询领域并不具备权威性，并未受到广泛的认可。如果仅出于增长知识，增加自己的专业能力的目的，在充分考察培训讲师专业背景、培训机构售后服务能力的基础上，也可参加一些值得信任的机构举办的类似培训，比如由中国建筑节能协会举办的"总工程师建筑节能专业岗位培训班"和"建筑节能工程师专业技术资格培训"。

14.3.4 为绿色岗位提供更有竞争力的薪酬待遇

在吸引具有娴熟技能的新员工到绿色建筑领域工作的各种因素中，毫无悬念，最有效的因素是"更高的薪水"（83%，其中 36% 认为非常有效），其次是"更好的福利"（79%、27%），而企业"更加强调绿色建筑"，更加强调可持续发展方面的业务，也是吸引人的重要因素（65%、26%）。紧随其后的各项激励因素分别是："更优越的劳动保障"（68%、26%），"更多地使用先进技术"（67%、23%），"更积极地普及绿色建筑行业的职业机会"（71%、22%），"提供更多的技能培训/经验交流机会"（78%、22%），"在高等院校开展更多与绿色建筑相关的研究项目"（69%、21%），"中学、大学和职业学校中更多课程涉及绿色建筑"（53%、19%），"制定符合新员工自身特点的培训计划"（70%、19%）。

在过去的 3 年内，企业认为员工离开公司的主要原因是："其他公司提供更高的薪水"（37%），其次是"目前从事的岗位发展潜力小"（24%）、"职业发展天花板"（17%）、"想要在目前的领域中获得更高的学位"（4%）、"想要在行业中积累多个不同岗位的经验"（4%）、"退休"（3%）。

14.3.5 制定合理的培训计划有助于留住优秀的员工

所在公司在保持员工培训和专业知识更新方面所面临的主要挑战是"没有结合员工职业发展计划，培训目的性不强"（25%），其次是"没时间"（20%）、"在我的团体内缺乏培训资源"（11%）、"培训的费用太高"（11%）。

所在公司使现有员工的培训和专业知识得以持续更新的培训手段，最常用的做法是："支付证书项目所需费用"（41%），其次是"邀请专业讲师，定期组织内部培训"（41%），"对员工参加教育机构的培训项目或课程提供财政补贴"（29%），"对员工参加专业协会（包括会议在内）的培训课程进行财政补贴"（29%）。

在所有的培训项目中，企业认为最有效的培训方式是："参加培训班"（36%），其次是"为证书项目支付相关费用"（30%），"职业顾问项目"（22%）。

针对上述调研结论，我们建议企业针对不同职位对专业知识需求的不同，以及员工个人的兴趣爱好性格特征等因素，制定合理的培训计划，此举有利于留住优秀的员工，提升公司持久的竞争力。在培训计划的制定上，我们建议：

1. 尽可能报销员工为获得专业资质证书所需的培训和考试费用

如条件具备，可给予获得证书的员工一定的奖励。此举的优势在于，可回避请外部专家集体培训学习时间无法统一的问题，让员工用业余时间自己学习。

2. 为员工购买在线学习资源

目前网络教育的条件已经基本成熟，网络教育的优势在于随时随地可以学习、可重复学习、学习效果可量化评估，学习记录可保存积累等，相比于参加研讨会和会议，进行在线学习的效果更好，同样可以回避时间无法统一，时间分散的问题。目前友绿网已经通过美国绿色建筑委员会认定的几门课程：绿色地产、模拟软件、绿色建筑评价标识、LEED 认证系列等都已经实现网络点播或直播，并且配备了相应的题库用于检测学习效果，是绿色建筑相关企业不可多得的学习平台。

3. 分散集中培训的时间

在线学习的优势是时间比较自由，缺点是学习效果受学习者本人自控能力的限制，面对面的交流始终是最佳的方式。在调研中，使现有员工的培训和专业知识得以持续更新的培训手段，企业最常用的做法是"邀请专业讲师，定期组织内部培训"。请资深的专业人士到企业进行内部培训的确是一个最佳的快速提升员工知识储备的方法，但由于员工之间时间难以统一，放在周末占用了员工本该休息的时间，抵触情绪有很大，最佳的做法是，将集中的培训分散为几次。比如将两个整天的时间，分散成 4 个半天，或 2 个不连续的整天。

4. 鼓励员工参加由资深专家授课的专业培训班

绿色建筑的产业链较长，企业须全面培训绿色建筑的设计、施工、安装、评估、物业管理、能源服务等方面的人才，而对于建筑师，则更需要加强培训，不仅因为建筑师在绿色建筑的整合设计中起着统领作用，而且因为过去的建筑设计师从来没有在课堂里边学过绿色建筑，需要进行再学习、再培训、再教育。

14.4 职业教育

14.4.1 学校教育滞后

让人意外的是，大多数人认可的绿建行业职业证书的培训很少是从正规学校和获得，从受访者的回复中得知同时开有绿色建筑和健康建筑课程的建筑高校只占 7%，而这些受访者绝大多数都是建筑专业学校毕业。学校不教，而从事的行业中又是刚性要求，这种现象对于一个快速发展的行业而言是值得我们反思的（图 14-12）。

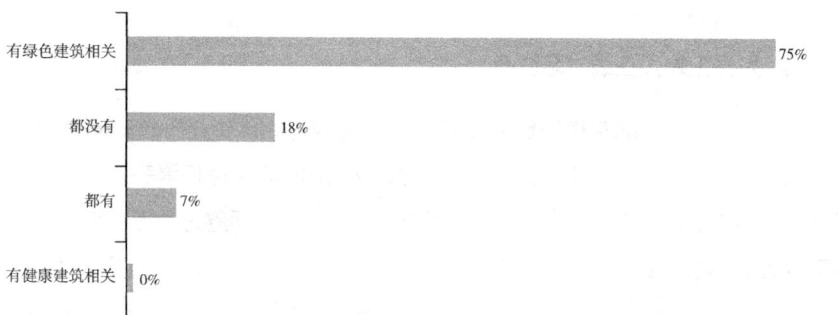

图 14-12 学校开设绿色建筑、健康建筑相关的课程的比例

从市面上相关的培训机构来看，培训一般分为两种，一种是单位支持的培训，另一种是单纯的主动寻求进步的个人行为，统计结果显示，鼓励员工参加职业技能培训的占 67%（图 14-13）。

一部分房企鼓励员工参加绿色和健康建筑的培训，是因为他们清楚从外部招聘的成本更大。调查显示，雇佣拥有丰富绿色技能的员工并不是一件很容易的事，选择"较为容易"的只有 13%，有难度和很困难的高达 55%（图 14-14）。

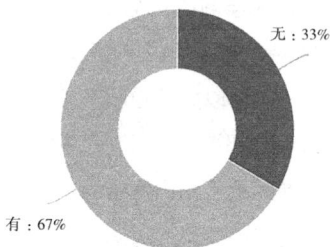

图 14-13 是否有政策鼓励员工获取专业的绿色建筑或健康建筑职业证书

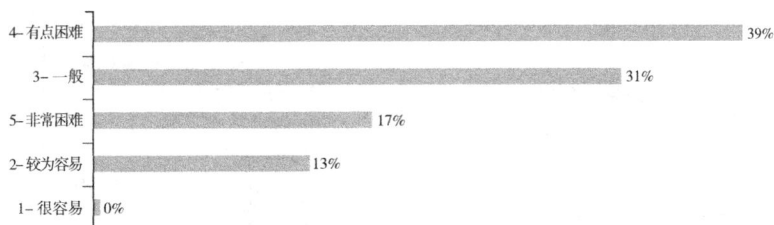

图 14-14 雇佣拥有丰富绿
色技能的员工难度分布

调查还显示，在剩下 34% 对员工参与培训并不特别鼓励和支持的公司中，完全不提供任何培训支持的只有不到 4%。绝大多数企业都很重视员工专业知识持续更新，可以为员工自学参加不同机构组织的培训提供财政补贴的企业分别有 51% 和 46%，为员工支付证书项目费用的企业占到 46%，邀请专业讲师定期组织内部培训的占到 46%（图 14-15）。

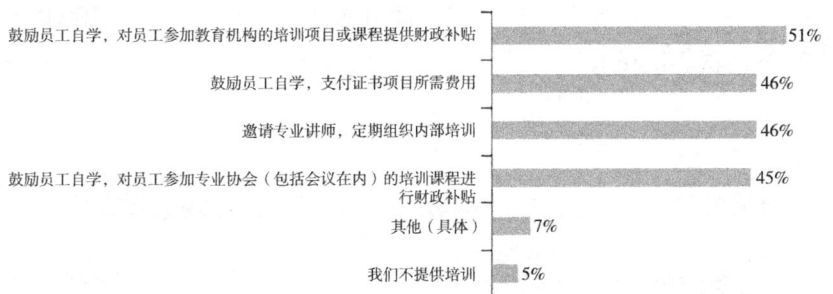

图 14-15 企业员工学习绿
色建筑知识的途径

14.4.2 学习渠道多元化

调查数据显示，通过会议、论坛和讲座学习绿色建筑、健康建筑、超低能耗建筑、被动式建筑相关专业知识的占比 66%，通过微信学习的占比 56%，通过专业书籍的占比 54%，通过网站学习的占比 47%。可以看出会议、论坛和讲座还有专业书籍仍然是人们获取相关知识的主要渠道，而微信、网站、手机应用也正在占据越来越重要的地位（图 14-16）。

图 14-17 表明高收入者更重视网站、会议、论坛和微信等学习渠道。

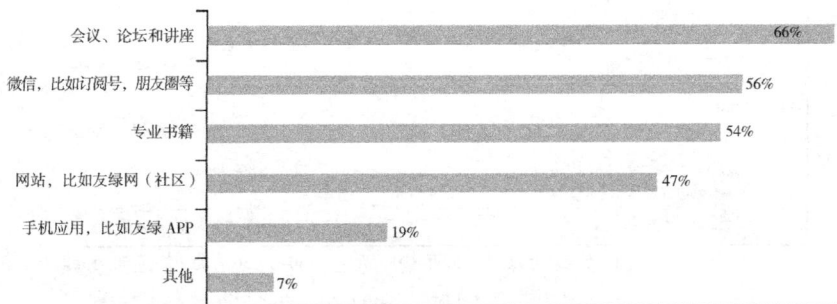

图 14-16 绿色建筑从业者
专业知识学习渠道分布

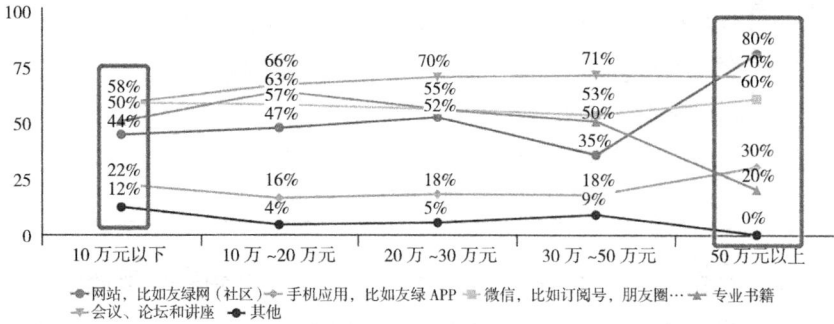

图 14-17 绿色建筑从业者收入与学习渠道之间的关系

- 网站，比如友绿网（社区） - 手机应用，比如友绿 APP - 微信，比如订阅号，朋友圈… - 专业书籍
- 会议、论坛和讲座 - 其他

14.4.3 持续学习是高薪的保障

绿色建筑 / 健康建筑专业知识在不断发展，业内人士需要持续学习才能跟上行业发展脚步。每 5 个工作日学习时间超过 1h 的占到 57%，而 10h 以上的有 8%（图 14-18）。

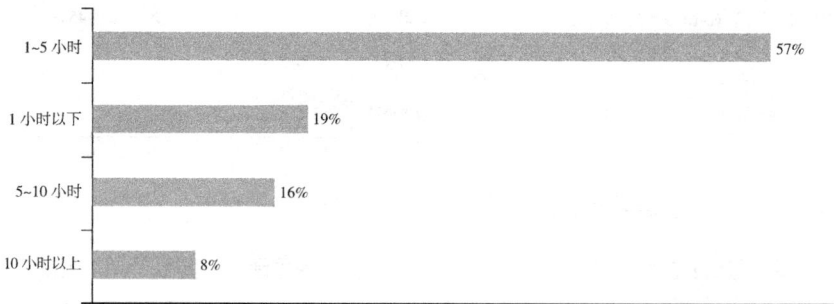

图 14-18 绿色建筑从业者每周学习时间分布

由图 14-19 可知，学习时间与收入呈显著正相关，花在学习上的时间越多，收入也越高。

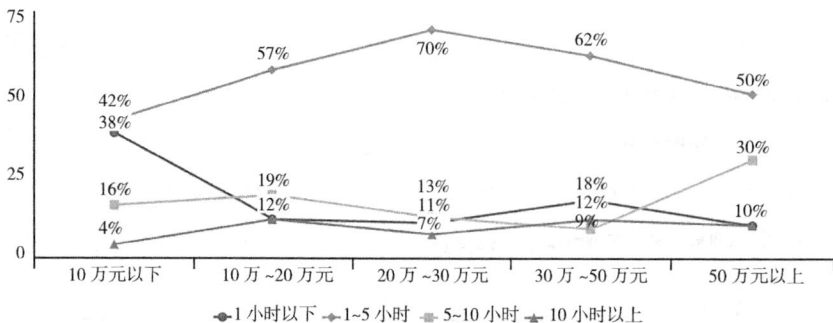

图 14-19 绿色建筑从业者收入与学习时间之间的交叉分析

- 1 小时以下 - 1~5 小时 - 5~10 小时 - 10 小时以上

14.5 职业证书

14.5.1 市场有需求

绿色建筑发展带来的产业升级，使得行业对绿色人才的需求几乎是全方位的，政府管理方面需要有相关背景的管理人才。开发建设机构需要配合项目的绿色开发和内部机制调整，配备了解绿色建筑技术原理、政策要求、绿色营销，以及相应绿色产品研发的协调人才。研究与设计机构需要同时针对政府与市场的需求，进行政策、技术、设计等方面研究的人才。部品与技术研发机构、金融服务机构等外围支撑机构，也同样需要了解本行业技术最新发展与国家最新绿色导向的技术专才。

问卷中超过 84% 人认为证书有用，其中认为能够提高自身专业素养和工作能力的人员占到 54%，认为能够提高公司市场竞争力的占到 31%（图 14-20）。

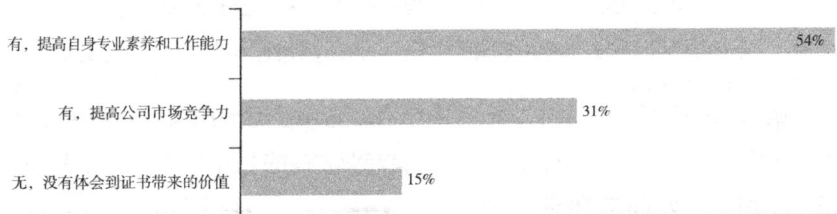

图 14-20　获得绿色建筑相关职业资格证书对公司和个人的用途

14.5.2 市场最流行的绿色建筑资格证书

有需求就必定有市场，目前持有绿色建筑相关认证证书的人群的数量增加很多，却依然处于供不应求的行情之下。但图 14-21 从中发现，市场认可的 BREEAM/Assessor 英国绿色建筑专业人士、PHI 被动房咨询师 / 设计师、DGNB 德国绿色建筑专业人士和 AH AP 主动式建筑专业人士的占比都没有超过 10%。

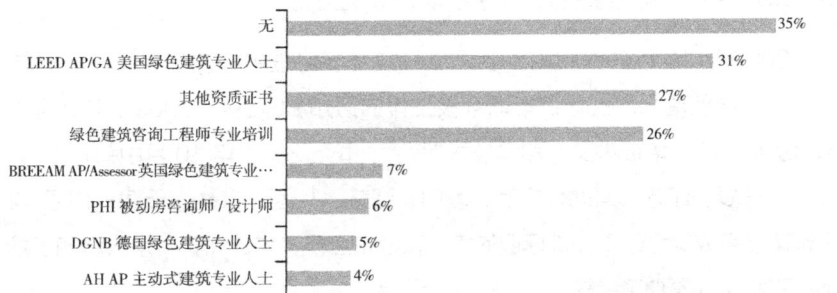

图 14-21　调研人群持有绿色建筑相关职业证书或接受过系统的专业培训的比例

认可度最高的是美国绿色建筑委员会推出的 LEED AP/GA 资格证书。美国绿色建筑委员会通过举办 LEED 专业人士考试来推动绿色建筑教育的发展，从而为 LEED 的推广建立了人才库和利益共同体。LEED 专业人士考试分为：绿色助理 GA（Green Associate）和专业人士 AP（Accredited Professional）两个级别。

绿色助理 LEED GA 主要针对学生群体，而专业人士 LEED AP 则主要针对绿色建筑相关行业的专业技术人员。

LEED 认证体系在中国的成功，也带动了中国建筑人才市场对 LEED AP 的需求。据国内在 LEED 培训领域的领先机构友绿网于 2013 年发布的一份《中国建筑行业绿色职业发展状况调查研究报告》，随着绿色建筑的快速发展，对绿色人才需求的不断扩大，导致绿色地产产业链各个环节中高端人才紧缺。一些经验丰富的 LEED AP，薪酬一路走高，年薪已超过了 36 万。

自 2001 年 USGBC 发起 LEED AP 考试以来，全球已有超过 22 万人获得了 LEED AP 证书，其中美国的 LEED AP 数量已经超过 18.9 万人。

据 USGBC 统计，大中华地区（包括台湾和香港）已有 LEED 专业人士 2090 人，其中 LEED GA 448 人，有专业方向的 LEED AP 903 人（即 LEED AP+，如面向建造和设计的 LEED AP BD+C，面向室内装修的 LEED AP ID+C，面向建筑运营维护的 LEED AP O&M，以及面向社区规划的 LEED AP+ND 等，图 14-22），没有专业方向的 LEED AP 739 人（即 LEED AP）。

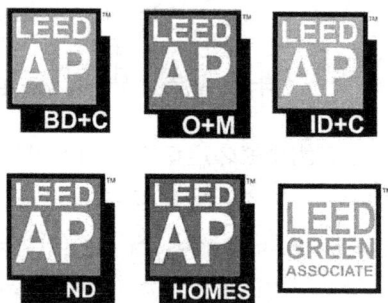

图 14-22 LEED AP 专业方向

14.5.3 亟待建立绿色建筑专才培训认证制度

2009 年 10 月住房和城乡建设部科技发展促进中心发布了《关于开展一二星级绿色建筑评价标识培训考核工作的通知》（建科〔2009〕109 号），出版了相关的"培训讲义"和"技术指南"。截至 2011 年 10 月中旬，上海、山东、宁夏、江苏、河北、广西、厦门、辽宁、陕西、吉林、天津、山西 12 个省市已完成绿色建筑评价标识的培训和考核工作，累计 1400 余人参加了培训，700 余人参加了考核。

我国目前还没有类似于美国 LEED AP 那样的专业绿色建筑评估工程师认证制度，在绿色建筑项目的实施过程中，很难确保技术应用的可靠性和评价的专业性。由于近几年绿色建筑行业的飞速发展，绿色地产产业链各个环节紧缺高、中端人才。一些从业经验丰富的工程师，屡遭挖角，而薪酬待遇也是一路走高。据友绿网在其社区友绿俱乐部进行调研显示，一个经验丰富的 LEED AP 年薪在 10 万左右的占 17%，15 万左右的占 38%，20 万左右的占 21%，30 万左右的占 21%。

在基础教育方面，需要大力普及建筑绿色理念，提供岗位技能培训，考核绿色建筑设计、施工、运营管理的专业技能人员执业能力。绿色建筑新理念的普遍认同绝不是一蹴而就，"大中专"教育中应考虑增设绿色建筑类科目内容，让毕业生自觉在工作中学习实践绿色理念。

在专才教育方面，建立类似于 LEED AP 的绿色建筑专才认证制度，不仅有助于提升行业技术水平，维护行业秩序，也有助于青年专家群体维持持续的知识更新，有助于新入行者找到进入行业的便捷途径。比如可以类似于国家一级注册建筑师，为维持其资质的有效性，要求每年必须修满一定的学时。也可以明确申报绿色建筑星级标识项目组至少有一个主要参与者是取得住房和城乡建设部科技司培训证书的专业人员参与、指导，从执业能力角度保证参与人员具备相应的绿色技能，也将提高星级标识论证的成功率及有效性。

从调研结果来看，对于资深专家，他们参加类似于授课、研讨会、项目评审会等活动的机会更多，因而其学习的频率也更高。青年专家而言，该调研问卷反映出的问题是他们明显缺乏绿色建筑方面的继续学习和持续的知识更新。青年专家参加学习的比例较少，有可能是青年专家都忙于一线工程，无法抽出时间，也有可能是缺乏专业的培训机会，或企业不愿意在培训方面投入，对于这个现象产生的深入原因，有待于本研究下一个阶段工作的深入。

绿色建筑在我国推广时间并不长，全社会还没有形成较好的绿色文化氛围，甚至连部分绿色建筑评价标识评审专家之间对绿色建筑一些理念的认识也不尽相同，更不用说其他从业人员。一部分的建筑业从业人员还停留在"绿色建筑 = 节能建筑 = 墙体保温隔热"这样一个老旧的片面传统认知上。

开发商中也仅有 39% 的受访者表示参加过专业系统的绿色建筑培训，厂商是这几类绿色建筑行业从业人员中，经常参加学习的比例最低的。这与友绿网历年来培训学员的分布情况十分吻合，大部分绿色建筑学员来自外资厂商，民营企业几乎没有。说明中国民营企业在人力资源的储备和培养上，还缺乏投入。这也是中国民营企业的普遍现象：重经营、轻质量、不重视人才培养和研发、对员工职业生涯规划等人文关怀缺失。

与传统房产不同的是，当前不仅需要市场对绿色地产持肯定态度，更需要的是商业经纪人和估价师认识到绿色地产的价值。尽管商业经纪和评估这两个行业正在努力加速其在绿色建筑领域的培训和教育，但是对于这些服务提供者来说，要真正提高他们对节能环保效益的理解和认可度还是需要相当长的一段时间的。

14.6 发展前景

在全社会环保意识不断增强的情况下，绿色、健康建筑已经成为众多开发商和建筑师的选择。他们深知，人们不但注重单体建筑的质量，对小区的环境、建筑材料、空气质量、节能等各方面均有需求，市场广阔，未来绿建行业大有可为。

调研中，有约 63% 的学生表明会将绿色建筑作为自己的求职方向（图 14-23）。

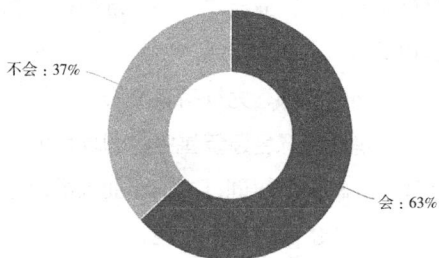

图 14-23 学生群体将绿色建筑作为自己求职的方向的比例

在机构选择方面，希望去政府机构、设计院、绿色建筑咨询公司是人们的首选。尤其是希望去政府机构的占到约 52%，这可能和疫情之后大家求稳的心态有关。其次是绿色建筑咨询公司、设计院、教育科研单位，以及房地产企业（图 14-24）。

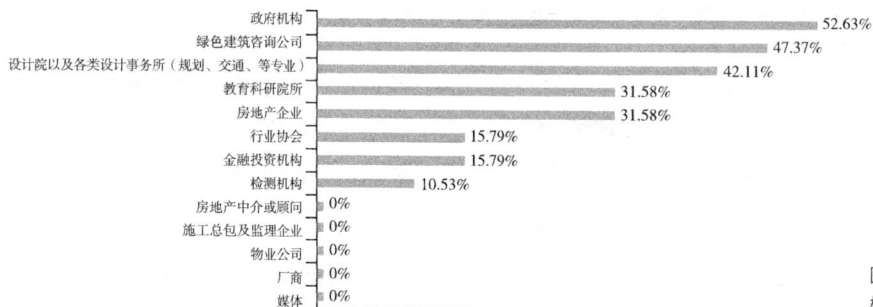

机构	比例
政府机构	52.63%
绿色建筑咨询公司	47.37%
设计院以及各类设计事务所（规划、交通、等专业）	42.11%
教育科研院所	31.58%
房地产企业	31.58%
行业协会	15.79%
金融投资机构	15.79%
检测机构	10.53%
房地产中介或顾问	0%
施工总包及监理企业	0%
物业公司	0%
厂商	0%
媒体	0%

图 14-24 学生群体就业机构选择意向

第15章 建议篇

15.1 推动绿色建筑立法

建筑领域是我国节能减排的三大重要领域之一，绿色建筑是建筑领域实现碳达峰、碳中和的重要手段。为确保3060目标的顺利实现，在国家层面针对绿色建筑的实施进行立法势在必行。

在地方政府层面，截至2021年4月，已有江苏、浙江、宁夏、河北、辽宁、内蒙古、广东等7省（区）颁布了地方绿色建筑条例，山东、江西、青海等地颁布了绿色建筑政府规章，为绿色建筑工作提供法律支撑。

同时，建议修订《中华人民共和国节约能源法》和《民用建筑节能条例》等法律法规，明确建筑业主保持建筑能源性能达标的义务，以及既有建筑能源性能达标改造的义务，将建筑能源性能达标纳入房屋出租、出售的市场交易条件。持有建筑能源性能不达标的业主应缴纳罚金。

在住房需求端，在我国即将实施的房产税中，研究设置新建建筑绿色增量成本融资、建筑节能及清洁能源利用融资的还款子项，与房产税一并征缴并转付给投融资人机制，为创设类似于PACE融资产品做好法律保障。

15.2 优化财政支持

建议考虑发行地方政府专项绿色建筑债、碳中和债，重点支持城镇老旧小区综合改造中水电气路、光纤、停车、电梯等小区内公共设施更新，对企业绿色贷款和发行绿色债券，给予贴息。

优化财政奖补模式。建议将财政奖补变为保费补贴、融资贴息或者融资风险分担等激励形式。配合金融机构开发依靠节能改造及清洁能源净现金流作为还款来源的长期限的金融产品，推广建筑节能及清洁能源应用。建议重点为建筑合同能源管理融资提供风险分担，引导金融机构更多支持建筑领域节能服务公司融资需求。

15.3 加强信息披露

通过建立诚信体系和信息披露制度，确保绿色设计在项目施工和运维过程中的落地。建立并落实守信激励、失信惩戒机制，完善信息披露机制。鼓励和引导房地产企业利用国际主流 ESG 评价体系、房地产可持续评估工具等进行可持续发展水平评价，吸引具有可持续投资理念的房地产基金、资产管理机构等各类专业投资机构的绿色资金支持。鼓励房地产开发企业及产业链相关企业，参考 TCFD、GRI 等国际信息披露准则开展企业的 ESG 信息披露，满足金融投融资相关要求，建议大型公共建筑、建筑能源性能不达标建筑应履行强制信息披露义务。

只有确保了信息的透明，将绿色建筑运营、建筑节能改造收益内部化、定量化，确保中长期节能环保项目的收益水平，才能让社会资本敢于参与固定资产投融资，吸引保险资金、养老基金等中长期社会资金的支持。

15.4 加强部门协调

绿色建筑发展单靠某一个部门较难推动，需要多部门形成合力、联手推动。目前全国尚未形成多部门共同推动的工作机制。发展改革部门的项目立项、自然资源部门的土地出让和规划许可以及住建部门之间，没有形成有效的联动机制。这类问题在强制执行绿色建筑标准的项目中尤显突出，一些应当执行绿色建筑标准的项目，政府部门出具给项目的土地出让、规划条件中没有提出绿色建筑指标要求或提出的条件本身就达不到绿色建筑标准要求，一些项目没有绿色建筑方案和投资估算就通过项目立项。这些项目进入工程建设实施阶段因不合规不能通过后，还要到推前期工作办理变更或追加投资。这些问题一定程度上增加了绿色建筑推广的难度和矛盾。目前，全面实施绿色建筑标准的省（市），均以立法形式确定与本文一致的源头管理措施（图 15-1）。

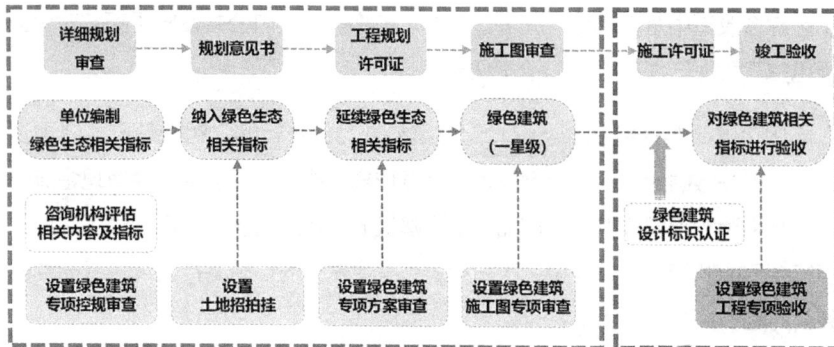

图 15-1 绿色建筑实施全过程管理

15.5 鼓励绿色金融

通过保险增信、信贷、债券等市场化手段建立绿色建筑长效发展机制，通过与绿色金融体系的结合，调动房地产企业开发绿色建筑产品的积极性，形成市场拉动的规模化发展态势。

在新建建筑方面，建议在房地产融资规模保持平稳的前提下，明确金融机构房地产融资中绿色融资的最低占比要求。鉴于绿色建筑及近零能耗建筑存在增量成本的客观情况，建议对个人购买绿色建筑的贷款期限，公积金贷款比例等予以优惠，对在房屋买卖合同中规定绿色性能和能源性能符合 2030 年碳达峰目标的绿色建筑项目，允许开发商发行绿色债券，为高质量绿色建筑开发商创造便利的融资环境。

存量建筑方面，在条件成熟的地区，建议对能源性能达标的存量绿色建筑、超低能耗建筑试点开展 REITS、绿色住房按揭贷款 MBS 融资等，为相关业主或银行机构提供融资便利，增加绿色资产的流动性，通过绿色信息披露倒逼绿色建筑持续运营。

深入研究并借鉴美国 PACE 融资机制，为新建绿色建筑增量成本融资、既有建筑节能改造及清洁能源利用融资等创设特殊优惠的绿色融资产品（主要支持业主可以拥有产权部分的建设及改造项目）。构建支持此类投融资风险更低、收益更加稳定的市场机制，动员更多社会资本支持上述重点领域。

15.6 强化建筑碳盘查

在绿色建筑评价标准中，将绿色建筑碳排放计算相关的条文设置为控制项而非优先项。

在目前实施的《绿色建筑评价标准》GB/T 50378—2019 中，对申报绿色建筑的项目进行碳排放计算还不是控制项。比如第 3.1.5 条规定："申请绿色金融服务的建筑项目，应对节能措施、节水措施、建筑能耗和碳排放等进行计算和说明，并应形成专项报告。"在提高与创新类别的第 11.2.11 条规定："进行建筑碳排放计算分析，采取措施降低单位建筑面积碳排放强度，评价分值为 12（相当于 1.2 分）。"

我国《建筑碳排放计算标准》GB/T 51366—2019 虽已于 2019 年开始实施，但由于其发布时间在《绿色建筑评价标准》GB/T 50378—2019 之后，在《绿色建筑评价标准》GB/T 50378—2019 中并无《建筑碳排放计算标准》GB/T 51366—2019 的硬性准则。为统一和明确建筑碳排放的量化数据，可在绿建标准的"环境宜居"指标中新增"建筑全寿命二氧化碳（CO_2）核算评价"项，建立两者的接口，有利于规范和引导绿色建筑开展碳排放计算，与国际接轨。

为支持建筑业早日实现碳达峰，应强化对建筑物碳排放量的核算、计量和统计分析，不仅有利于国家层面统计建筑物总的排放量，也有利于建筑物碳资产管理，有利于在建筑行业推动碳市场的发展。

15.7 引导建筑碳中和

出台具体措施，鼓励建筑物在设计、建造和运行等环节优先使用低碳技术，如超低能耗建筑、零能耗建筑、低碳建材等，在充分减碳脱碳的基础上，倡导建设方通过购买碳汇、植树造林等途径实现建筑碳中和。

碳中和是一个系统的概念，对建筑物的碳中和，有利于碳市场的繁荣，并由此鼓励其他减排技术的开发和应用。

15.8 给房地产企业设定碳排放限额

房地产行业本身及产业链对我国 GDP 影响占比超 30%。房地产业对建筑业、家居建材业、服务业有着巨大的影响力，一家房地产企业的供应商上万甚至超过 2 万家。房地产业在整个国民经济走向碳中和的历史进程中，可以起到引领作用，全力推动房地产行业的供应链减碳，可以实现建筑全生命周期的减碳。

故对房地产企业设定碳排放总量限额或每百万元产值碳排放限额，有助于发挥房地产行业的龙头作用，能够引起房地产行业上下游对碳排放的重视，引导市场在选择从设计到施工运行阶段的各类解决方案和产品时，将低碳视为考虑因素之一，还可有利促进建筑相关供应链行业（如钢筋、水泥、玻璃、空调等行业）为客户提供更多的绿色低碳产品。

15.9 推动绿色科技创新产业化

围绕既有建筑绿色化改造及拆除、新建绿色建筑精细化设计、超低能耗建筑及清洁供暖、绿色建筑室内环境提升、绿色建筑运营管理、绿色施工及装配式建筑建造、绿色生态城市和城区规划编制等重点领域开展共性技术研发、技术转移、成果转化等活动，推动建立绿色建筑产学研协同创新平台，特别是推动大数据、物联网、云计算、移动互联网、人工智能等新技术与绿色建筑深度融合，不断降低绿色建筑建造成本，提升绿色建筑的科技进步贡献率和信息化水平，以科技创新推动绿色建筑发展。

15.10 注重绿色建筑标准的国际化推广

中国本土的绿色建筑标准与发达国家推出的绿色建筑标准相比，国际化程度还很低，目前仅有日本，阿尔及利亚等国的个别项目采用了中国的绿色建筑标准。我国应借助一带一路倡议，在沿线国家大力推广中国绿色建筑标准。

第 16 章　案例篇

16.1　威卢克斯中国办公楼

1. 项目简介

威卢克斯中国办公楼采用梯形构造，智能的立面设计和门窗布局，是该建筑低能耗的关键。另外，它集成了地源热泵、混凝土埋管蓄冷蓄热、太阳能热水等节能技术，配备了智能化控制工具进行楼宇节能指标监测和自主调控。

从设计到运营，从理念到实践，威卢克斯（中国）办公楼为员工提供了健康舒适的办公环境（图 16-1），运行 7 年来平均建筑能耗远低于中国公共建筑标准。巧思设计的建筑立面，从窗户入手，寻找实现冬季被动阳光获取、夏季遮阳、采光和自然通风之间的平衡点。

水、阳光和新鲜空气是人类生活不可或缺的三大要素，也是威卢克斯中国办公楼的基本设计理念。充足的自然采光为员工创造了舒适健康的工作环境，更多的阳光接触机会极大提高了工作效率，员工病假缺勤率大幅下降。

图 16-1　威卢克斯中国办公
楼内部

2. 认证情况

图 16-2　威卢克斯中国办公楼 LEED 铂金运营认证证书

威卢克斯按照 Active House 体系设计建造的廊坊办公建筑，运行 7 年后在 2020 年初以 LEED 体系有史以来的全球最高分荣获运营建筑的最高奖——LEED 铂金运营奖，此次评分也是中国建筑首次获得全球绿色建筑体系的最高分。这是威卢克斯办公楼获得 Active House 国际认证之外另一项新的荣誉（图 16-2）。

3. 创新应用

作为办公空间，建筑物的内部热增量在确定热负荷和冷负荷中起着重要作用，为此威卢克斯（中国）采用了一系列节能技术（图 16-3）。

1）建筑主动蓄热 / 冷系统：这是一种在混凝土板中嵌入水管道的供暖 / 冷网络系统。搭配地源热泵和室外风机组（风量可变），建筑蓄热 / 冷系统能创造舒适室内气候并且可以大幅节能。

2）高效保温隔热且不透风的围护结构有效降低了冬季的热损失。岩棉保温地板：250mm 厚，屋顶：300mm 厚，墙体：200mm 厚。

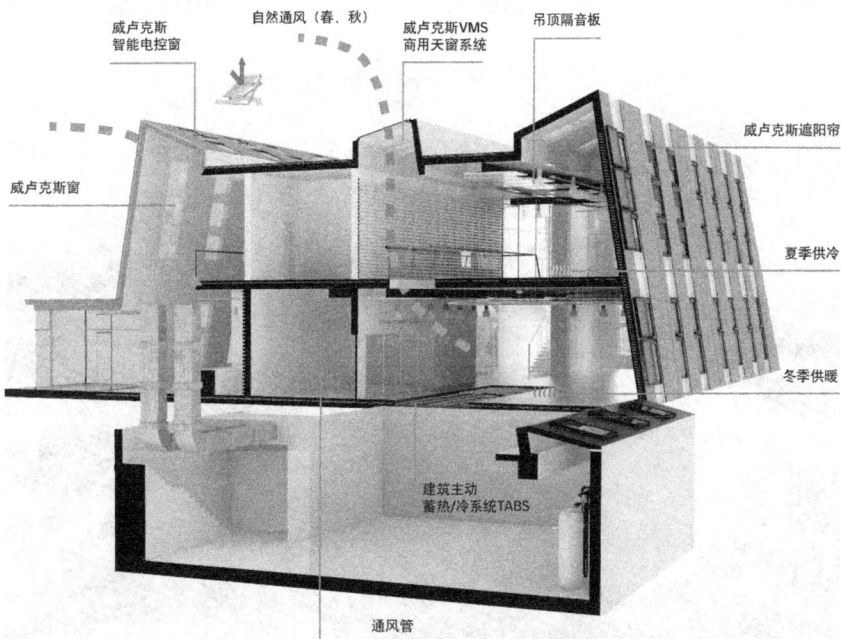

图 16-3　威卢克斯中国办公楼技术应用原理图

3）基于室内环境参数（温度、湿度、二氧化碳、PM2.5 等）智能控制的通风系统。

4）使用 VMS 商用天窗系统和智能电控窗。

5）太阳能集热器，用于室内生活热水供应。

6）智能控制的室内外遮阳帘，隔热效果极佳，减少炎热天气的制冷能耗。

7）使用地源热泵，利用土地热能，对建筑进行制冷或供暖。

16.2 合肥万科中央公馆Ⅰ地块西区 8-12、15-16 号楼

1. 项目简介

项目位于合肥市长丰县，汝阳路以南，桂林路以东，汕头路以西。总用地面积为 28 263.48m²，总建筑面积为 61 681.18m²，容积率为 1.70，绿地率为 40%。项目 8-10 号为 11F 住宅建筑，11-12 号、15-16 号为 18F 住宅建筑，共计 366 户。项目于 2017 年 7 月开始建设，2018 年 12 月获得绿色建筑三星级设计标识，2020 年 12 月通过绿色建筑三星级运行评价（图 16-4）。

从节约资源、保护环境、提升居住品质的目标出发，统筹协调建筑开发与环境保护的关系，在规划、建筑及施工运营的全过程中贯彻绿色理念。

中央公园分为 5 个住宅地块和 6 个教育、公园等配套地块；公园、学府、大城，本项目对标纽约中央公园生活方式，以学府化氛围为核心，项目周边交

鸟瞰图

图 16-4 合肥万科中央公馆Ⅰ
地块西区 8-12、15-16 号楼

通便利，规划有公交站和地铁站，5 个住宅地块居住建筑全部按照绿色建筑三星设计 + 运行标识要求进行规划、设计、施工和运行，是万科在合肥打造的升级综合绿色社区，引入"好服务""好社区""好房子"的设计理念，以品质、健康和性能为核心为居住者提供健康、安全、舒适绿色的心灵归宿。

2. 认证情况

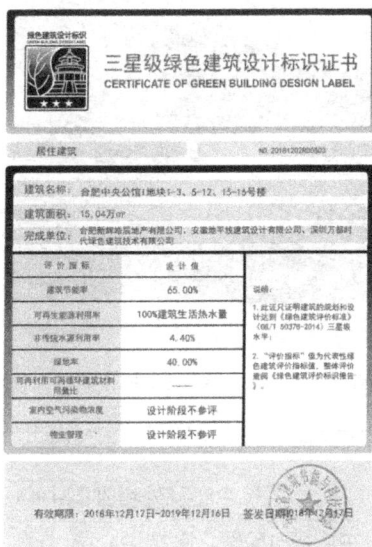

图 16-5　合肥万科中央公馆 I 地块西区 8-12、15-16 号楼三星级绿色建筑设计标识认证证书

本项目根据国家标准《绿色建筑评价标准》GB/T 50378—2014 于 2018 年 12 月获得三星级绿色建筑设计标识证书，于 2020 年 12 月通过三星级绿色建筑运行评价（图 16-5）。

3. 创新应用

项目采用 60% 装配率、100% 太阳能热水、3 个朝向的功能房间 100% 设置可调外遮阳、100% 正压除霾新风系统、100% 精装修、100% 雨水收集利用、100% 节水器具、外窗采用塑钢双中空三玻窗并内开内倒限位开启、建筑外立面一体化设计施工、地下车库机动 / 非机动车停车位与充电设施、本地建材等绿色技术及产品实现三星级绿色目标。

在规划设计阶段，考虑绿色需求并进行绿色策划，前期介入成本分析，并落实绿色建筑全流程咨询与指导。在施工建造阶段，采用 5+2+X 的工业化建造模式，施工废弃物减量，运用智慧工地管理模式，实现绿色施工与管理。在运行管理阶段，物业采用智能化运行平台，并采取人性化管理举措，践行绿色运营。

16.3　浙江大学医学院附属妇产科医院钱江院区项目（一期）

1. 项目简介

本项目为医院建设项目，一二期总用地面积为 87 842.7m²，一期划分用地面积为 54 509.37m²。一期建筑面积为 124 923m²，其中地上建筑

图 16-6　浙江大学医学院附属妇产科医院钱江院区项目

79 945m²，地下建筑面积 44 978m²。本项目为单栋建筑，地上 15 层，地下 2 层。工程总投资为 100 778 万元（图 16-6）。

建筑分成产科中心、生殖中心、教学科研中心、医技中心及外科肿瘤中心。其中产科中心和生殖中心高 8 层，教学科研中心高 15 层，医技中心高 3 层，处于建筑的中间部位。建筑最高高度为 61.7m。本项目除地下室外结构形式为钢结构。

项目从立项至完工开发建设周期约 5 年，目前项目已封顶，预计 2021 年竣工，2022 年投入使用。

2. 认证情况

本项目依据《绿色医院建筑评价标准》GB/T 51153—2015 获得了三星级绿色建筑设计标识证书，且依据《健康建筑评价标准》T/ASC 02—2016 获得了二星级健康建筑设计标识证书。目前是国内首个获得了二星级健康建筑设计评价证书的医院项目。

3. 创新应用

1）"工"字形主街串联各个分中心，形成一轴多翼的优质医疗布局。项目除地下部分采用混凝土框架结构外，地上全为钢结构，钢结构采用耐候型防腐涂料。于三层的医技中心医护人员休息区采用光导管。采用建筑信息模型（BIM）技术进行设计和施工。

2）集中空调系统的新风机进风管上设光催化型光电离子空气净化器。其风阻小于 1Pa，甲醛、苯、总挥发性有机化合物（TVOC）衰减率大于 90%，PM2.5 衰减率大于 85%，微生物、细菌衰减率大于 95%，能进一步帮助净化室内空气。设有空气品质传感器，监控参数为二氧化碳（CO_2）、总挥发性有机化合物（TVOC）或甲醛、PM2.5、PM10 等，并与新风系统联动。

3）采用了大量的无机环保材料和金属板，主要装修材料中几乎不存在甲醛、总挥发性有机化合物（TVOC）等对人体健康有害的挥发性有机化合物。

4）室外的儿童和老人等人性化休憩场地及运动健身场地。本项目在西侧健康疗养花园西南角设一块 300m^2 小型农场。

数据来源

为了尽量客观准确地展示绿色建筑行业的绿色发展现状,研究团队采用了多个数据来源相互验证的方法,以保证数据的可靠、真实。本报告数据来源于权威机构、公开信息和访谈调研、问卷调研四个渠道:

1. 权威机构

住建部科技与产业发展促进中心、中国城市科学研究会绿色建筑研究中心、中国房地产业协会人居环境委员会、美国绿色建筑委员会(USGBC)、英国建筑研究院(BRE)、国际 WELL 建筑研究所(IWBI)、德国可持续建筑委员会(DGNB)、AH 主动建筑国际联盟、德国被动房研究所等。

2. 访谈调研

在时间允许的情况下,我们尽可能对所研究的房地产企业领导、设计咨询公司绿色业务的负责人进行面对面访谈,一方面针对相关调研数据进行核实,另一方面进一步深入了解企业在能力建设、产品开发、技术体系选择,以及供应链管理等方面的细节。

研究团队共实地走访 4 家金融机构,17 家房地产企业,12 家绿色建筑技术服务企业,以及 4 家设备生产厂商。

3. 问卷调研

受中国房地产业协会的委托,友绿网发起的"中国绿色建筑市场发展报告"的预调研受到了从政府主管部门、行业协会、房地产企业到设计院、咨询公司、厂商、科研机构和学生的广泛关注。本次调研起始于 2020 年 6 月 1 日,问卷回收截止于 2020 年 12 月,共回收 2 291 份有效问卷。

4. 公开信息

企业年报、社会责任报告和企业管制报告,对于部分未参与调研的房企,研究团队通过检索和查阅企业 ESG 报告、CSR 报告,获得企业在绿色建筑方面的战略表述、年度开发面积、申报绿色认证的项目面积等数据;住房和城乡建设部网站、各地住建委官方网站公示项目信息;企业官网、企业领导在各个论坛、研讨会上的发言,都能反映企业的绿色价值观,有少部分企业,还会以新闻发布会、新品发布会的形式,对绿色价值观进行宣扬和强化。

参考文献

1. 历年报告

[1] 中国城市科学研究会. 中国绿色建筑 2013—2019[M]. 北京：中国建筑工业出版社，2013—2019.

[2] 住房和城乡建设部科技与产业化发展中心（住房和城乡建设住宅产业化促进中心），北京康居认证中心，江苏南通三建集团股份有限公司，天津格亚德新材料科技有限公司. 中国被动式低能耗建筑年度发展研究报告（2017—2020）[M]. 北京：中国建筑工业出版社，2017—2020.

[3] 清华大学建筑节能研究中心. 中国建筑节能年度发展研究报告（2007—2020）[M]. 北京：中国建筑工业出版社，2007—2020.

[4] 中国建筑节能协会. 中国建筑节能现状与发展报告（2012、2013）[M]. 北京：中国建筑工业出版社，2012、2013.

[5] 江苏省住房和城乡建设厅，江苏省住房和城乡建设厅科技发展中心. 江苏省绿色建筑发展报告 2018[M]. 北京：中国建筑工业出版社，2019.

[6] 重庆市绿色建筑专业委员会. 2019 年重庆市建筑绿色化发展年度报告 [M]. 北京：科学出版社，2020.

[7] 中国房地产报绿色地产研究中心，北京柠檬树绿色建筑科技有限公司. 中国绿色地产发展报告（2011—2020）[R/OL].

[8] 中国建筑节能协会. 中国建筑能耗研究报告（2018—2020）[R/OL].

[9] G20 绿色金融研究小组. G20 绿色金融综合报告 [R/OL]，2016.

2. 相关文件

[1] 全球建筑联盟. 2020 年全球建筑行业形势报告 [R/OL]，2020.

[2] 北京市住房和城乡建设委员会. 北京市住房和城乡建设白皮书 2020[Z/OL].（2020-09-11）.

[3] 上海市住房和城乡建设管理委员会. 上海绿色建筑发展报告 2019[Z/OL].

[4] 深圳市建设科技促进中心. 深圳市绿色建筑发展报告 2019[Z/OL].

[5] 四川省住房和城乡建设厅. 2019 年四川省绿色建筑发展报告 [Z/OL].

[6] 国际铜业协会. 中国绿色建筑和健康建筑的发展现状与趋势 [Z/OL]，2020.

[7] 住房和城乡建设部科技与产业化发展中心，美国能源基金会. 绿色金融支持建筑节能与绿色建筑实施路径研究（2019）[Z/OL].

[8] 中国建筑科学研究院,美国能源基金会. 近零能耗建筑规模化推广政策、市场与产业研究 [Z/OL].

[9] 国际碳行动伙伴组织（ICAP）主页 [EB/OL]. www.icapcarbonaction.com/zh/ets-map（2020 年 10 月 30 日检索）

[10] 康涅狄格绿色银行 C-PACE 项目指南 [Z/OL]. https：//www.cpace.com/Portals/0/Program%20Guidelines/CT_C-PACE_Program_Guidelines_6_26_20%20Final.pdf（2020 年 10 月 30 日检索）

[11] Ramon Pascual Pascuas，etc. Impact and Reliability of EPCs in the Real Estate market[C]. AiCARR 50th International Congress：Beyond NZEB Buildings，2017.

3. 期刊

[1] 赵建勋. 关于完善市场机制促进建筑节能与绿色建筑发展的思考 [J]. 建设科技，2020，417（20）：1-20.

[2] 黄俊鹏，王莹. 中国房地产业的绿色转型 [J]. 建设科技，2017（8）：23-29.

[3] 黄俊鹏，王莹. 中国房地产企业绿色科技发展的驱动力分析 [J]. 建设科技，2017（21）：60-66.

[4] 黄俊鹏，王莹. 中国房地产企业绿色发展竞争力评价指数研究 [J]. 建设科技，2017（23）：39-44.

[5] 黄俊鹏，王莹，王文广. 商业地产绿色运营的驱动力分析 [J]. 住宅产业，2018（12）：53-61.

[6] 黄俊鹏，王莹，王文广. 商业地产企业绿色运营竞争力评价指数研究 [J]. 住宅产业，2019（1）：56-64.

[7] 国务院发展研究中心"绿化中国金融体系"课题组,张承惠,谢孟哲,田辉，

王刚. 发展中国绿色金融的逻辑与框架 [J]. 金融论坛, 2016, 21 (2): 17-28.

[8] 冯威, Nina Z.Khanna, 周楠, 薛峰, 那伯识, 李金萍. 美国绿色建筑发展、经验及对中国的启示 [J]. 工业建筑, 2016, 46 (12): 6-12.

[9] 高云庭. 美国绿色建筑评价系统研究 [J]. 西部皮革, 2019, 41 (13): 106.

[10] 卢求. 德国 DGNB ——世界第二代绿色建筑评估体系 [J]. 世界建筑, 2010 (1): 105-107.

[11] 钱立华, 方琦, 鲁政委. 国际绿色消费信贷的发展与产品分析 [J]. 兴业研究, 2019, 11.

[12] 王志成, 约翰·凯·史密斯. 美国绿色建筑产业化发展态势 (上)[J]. 住宅与房地产, 2016 (Z2): 122-127.

[13] 王玉玲, 乔渊, 傅晓亮, 向飞, 酒淼, 解子昌. 国外绿色建筑保险发展情况综述 [J]. 建设科技, 2019 (5): 41-49.

[14] 殷帅, 武朋. 绿色金融支持绿色建筑现状及展望 [J]. 北方金融, 2019 (1): 55-58.

[15] 赵伟. 房地产绿色金融产品概览 [J]. 城市开发, 2019 (12): 37-39.

[16] 马伊硕, 郝生鑫, 曹恒瑞. 中国被动式低能耗建筑的发展模式和发展趋势 [J]. 建设科技, 2020 (19): 8-12+28.

[17] Michael Bendewald, Iain Campbell, 路舒童, 蒙姿合. 资产评估性清洁能源 (PACE) 融资机制在中国新建建筑行业的应用潜力—— 一个撬动能效投资并实现减排目标的创新融资机制 [J]. 财政科学, 2017 (3): 142-151.

[18] Junpeng Huang, Jianhua Fan, Simon Furbo, Qingqing Li. A Policy Study on the Mandatory Installation of Solar Water Heating Systems-Lessons from the Experience in China[J]. Solar Energy, 2020, 206: 614-627.

关于友绿网

友绿网是一个构建在知识社区和产业大数据上的绿色地产云智库和知识服务平台。友绿网由网站（iGreen.org）、社区（iGreen.org/home）、APP（uGreen.cn）、会议和友绿微信订阅号等资讯分发平台共同构成。

友绿智库现有上千份关于绿色建筑、健康建筑、能源管理、智慧科技等领域的高质量研究报告，友绿学院现有与绿色地产、绿色建筑、建筑碳资产管理、健康建筑、地产科技、LEED、WELL、BREEAM、AH house、PHI、Active House 等标准和技术理念相关的数百节视频课程，其中90%以上均可免费点播。

经过十多年的积累，友绿数据搭建了中国房地产企业绿色开发数据库、中国商业地产企业绿色运营数据库、全球地产科技创新企业数据库、全球高性能建筑（绿色、智慧、健康）标杆项目数据库、全球绿色建筑认证体系数据库，全球健康建筑认证体系数据库，中国绿色建筑设计咨询企业数据库，以及全球地产科技企业家数据库。上述数据库全方位、多角度汇集了全球房地产业在绿色、健康和智慧领域的最新实践，是了解行业现状、拓展行业人脉、获得客户资源的最佳平台。

目前友绿网已经成为国内最具影响力的绿色建筑和地产科技新媒体之一。友绿社区是国内最大的绿色建筑专业人士实名社区，友绿微信订阅号被公认为最具原创力和公信力的地产科技和绿色建筑科技信息源。

版权声明

免责条款

本报告中行业数据及相关竞争力评分主要为公司研究员采用桌面研究、行业研究、专家访谈、市场调查及其他研究方法，并且结合各大绿色建筑评估认证机构公开的市场数据，通过 PRIMB 模型计算获得；企业数据主要为访谈和问卷调研获得，均为客观、真实数据。

由于有限的时间和资源，本研究报告未能对数百家企业做逐一的拜访，仅采用抽样调研的方式结合本研究团队历年积累的各家企业绿色开发和运营数据对房地产行业绿色发展进行了较为全面的分析。对于参考的第三方数据，本研究数据来源和参考文献部分均注明了出处，如有不符合实际情况的地方，欢迎与我们联系（114@igreen.org）进行修正。

本报告只提供给用户作为市场参考资料，本公司对该报告的数据和观点不承担法律责任。

致谢

感谢以下单位对本书编写的支持，特此表示感谢。

中国房地产业协会住宅技术专业委员会

主动式建筑国际联盟

中国建筑节能协会被动式建筑专业委员会

中国建筑学会主动式建筑学术委员会

中国建筑金属结构协会清洁供热分会

山东力诺瑞特新能源有限公司

深圳万都时代绿色建筑技术有限公司

国际铜业协会

北京柠檬树绿色建筑科技有限公司